DIREITO DE FAMÍLIA

CEBEPEJ
Centro Brasileiro de
Estudos e Pesquisas Judiciais

Esta obra teve a Coordenação do

CENTRO BRASILEIRO DE ESTUDOS E PESQUISAS
JUDICIAIS – CEBEPEJ

Rua Tabatinguera, 140, 7º andar, cj. 712/713
CEP 01020-901 – São Paulo – SP
Tel. 3104-5778
URL: http://www.apamagis.com/cebepej

CAETANO LAGRASTA NETO

DIREITO DE FAMÍLIA

MALHEIROS EDITORES

CEBEPEJ
Centro Brasileiro de Estudos e Pesquisas Judiciais

DIREITO DE FAMÍLIA

ISBN: 85-7420-210-X

Direitos reservados desta edição por
MALHEIROS EDITORES LTDA.
Rua Paes de Araújo, 29, conjunto 171
CEP 04531-940 — São Paulo — SP
Tel.: (0__11) 3842-9205
Fax: (0__11) 3849-2495
URL: www.malheiroseditores.com.br
e-mail: malheiroseditores@zaz.com.br

Composição:
Acqua Estúdio Gráfico Ltda.

Capa:
João Baptista da Costa Aguiar

Impresso no Brasil
Printed in Brazil
08.2000

Aos meus queridos pais,
Francisco e Ida,
que tanto me ensinaram nas leituras e na vida;

àqueles com quem também partilho amor e sentimento:
Eunice, Valeria, Marcello, Juliana e Camilla,

dedico este livro.

SINGELAS PALAVRAS DE APRESENTAÇÃO

Esta apresentação seria totalmente dispensável não fosse a modéstia do Autor, que quis fossem as palavras introdutórias de lavra de um amigo mais idoso.

Trata-se de obra que não requer qualquer espécie de palavra prefacial. Foi escrita por quem, nos sete anos de atuação nas Varas de Família da Capital paulista, sempre se esmerou no correto exercício da judicatura especializada, que exige, acima de tudo, sensibilidade humana. À leitura do livro sente-se, de imediato, a alma do verdadeiro juiz de família, que, mais do que simplesmente produzir belas e eruditas decisões, preocupa-se com o conteúdo humano de cada demanda, com o drama das partes envolvidas. Sempre se mostrou verdadeiro cultor da justiça coexistencial, que é a que verdadeiramente deve ser praticada nas Varas de Família, com a preocupação muito mais de pacificar conflitantes do que solucionar os conflitos. E, para isto, não bastam apenas os conhecimentos técnico-jurídicos do magistrado, sendo de superlativa importância, como deixa bem claro o autor desta importante obra, a sua formação multidisciplinar.

As preocupações do Lagrasta pela justiça coexistencial são bem anteriores à sua atuação nas Varas de Família. Já estavam presentes, certamente, quando do seu ingresso na Magistratura. Tive a oportunidade de constatá-las bem sublinhadas quando participamos, juntamente com o Mestre Cândido Rangel Dinamarco, da Comissão encarrregada da elaboração da lei federal dos Juizados Especiais de Pequenas Causas, que se transformou na Lei 7.244/84. Posteriormente à aprovação dessa lei demonstrou Lagrasta sua grande vocação para a justiça coexistencial, no Juizado Informal de Conciliação da Lapa, Capital de São Paulo, ao lado do admirável e incansável Juiz Nicolau Del Sasso, o primeiro e verdadeiro Juiz dos Juizados Especiais de Pequenas Causas, que, com suas preciosas orientações e comovente exemplo, formou vários outros juízes igualmente abnegados e de igual quilate.

Essas preocupações do Lagrasta estão bem evidenciadas no artigo intitulado "Juizado Especial de Pequenas Causas e Direito Processual Civil Comparado". Ficaram mais salientes durante sua judicatura especializada, quando ao longo de mais de sete anos aguçou a sua sensibilidade e aperfeiçoou as técnicas de pacificação e composição dos conflitantes.

Agora, para o enriquecimento da cultura jurídica brasileira, toda sua experiência, que se irradia em todas as direções, seja no âmbito da doutrina, seja no plano da atuação prática do Direito, com interpretação crítica dos institutos jurídicos e dos precedentes jurisprudenciais, vem exposta neste livro com clareza e elegância.

É uma obra útil para o público em geral, inclusive o leigo, e é indispensável para estudantes, advogados, juízes, promotores de justiça, enfim para todos os operadores do Direito que não queiram ficar limitados aos acanhados horizontes dos conhecimentos técnico-jurídicos e pretendam, ao revés, ter uma visão crítica do Direito de Família.

KAZUO WATANABE

AGRADECIMENTOS

À minha esposa, Eunice, e a todos com quem tive e tenho a honra de conviver, naquilo que se convencionou chamar de relacionamento familiar. A ela, pela revisão diligente dos textos e pela inexcedível paciência, quando minha luta com o computador ameaçava ser ganha por ele. A todos, pelo muito que me ensinaram nos embates difíceis da convivência e do perdão.

À Maria Rosa Braguini, amiga e pesquisadora.

Ao Professor Caio Rosenthal, pelas sugestões precisas no lidar com a Medicina.

À Dra. Sonia Pedrina Figueiredo, que além das pesquisas solicitadas, muitas outras realizou pelo próprio discernimento.

À Edleusa Paraguassu de Oliveira Soares, funcionária dedicada e de uma paciência inquebrantável, pelo tanto que repetiu e digitou textos e correções.

Ao Maurício Salvadori, quase perdido nos meandros indiciáticos dos alfabetos remissivos.

A todos eles, e a muitos outros que a memória falha esqueceu, o muito obrigado!

“ (...)
O amor nasce, alimenta-se, morre com a extinção provisória das [letras
que, imediatamente, renascem das suas cinzas. O amor perece
com as letras que restitui ao mundo; e deixa-nos, de novo,
na mesma, às voltas com o velho alfabeto tomado de vertigens.”

EMMANUEL HOCQUARD

“Existia outra mulher. É uma situação vivida por muitos jovens casais – talvez a maioria –, mas que quase nunca dura muito: ou o casal se reconcilia ou então se dissolve de uma vez. A vida continua. A dor, a amargura e o horror estimulante do ciúme sexual acabam por se atenuar e desaparecer. As pessoas envelhecem. Perdoam a si próprias e umas às outras e às vezes até chegam a perceber que o que têm a perdoar em si próprias e nos outros é a juventude.”

JANET MALCOM

Observação da Editora

As palavras ou expressões grafadas em ***itálico-negrito*** remetem às "Anotações dos Capítulos" (pp. 222 e ss.), evitando-se, assim, as notas de rodapé no texto (v. p. 219).

SUMÁRIO

Terceira Parte – *ENSAIO BIBLIOGRÁFICO ENCICLOPÉDICO*

Quarta Parte – *BIBLIOGRAFIA TEMÁTICA*

PREFÁCIO

Seria indesculpável omissão deixar de considerar a obra de ***Oliver Sacks*** (1997) como influência definitiva e primordial para que, finalmente, começasse a escrever este livro sobre o futuro do Direito de Família.

Volto, então, às perguntas de Sacks no prefácio de *O homem que confundiu sua mulher com um chapéu*: **o que fiz** e **por quê**?

Narrar experiências sobre a função do juiz de Família, formas de agir, influências pessoais no contato com os seres humanos, a lei e a jurisprudência, e, principalmente, utilizar a influência cultural, sem esquecer das origens e atavismos de povo e raça, é o arrimo e substrato para o que irão (?) ler.

Minha formação profissional esteve sempre dividida entre as viagens e a cura. Sempre fui apaixonado por barcos e mares e pela felicidade humana (física e espiritual).

Influenciado por ***Durrell*** (*O Quarteto de Alexandria*), ***Mika Waltari*** (*O Egípcio*) e *Memórias de um Cirurgião*, de ***Majocchi***, oscilava entre a Diplomacia e a Medicina. Questões financeiras impediram-me ambas e, franzino, dispensado que seria do Serviço Militar (o que acabou com os sonhos de Marinha), dirigi-me ao Largo de São Francisco, em 1964, e, posteriormente, à carreira de juiz de Direito, graças à amizade e conselhos de Magistrados como Sylvio do Amaral, Dácio Aranha de Arruda Campos e Augusto de Macedo Costa Jr., dentre outros.

Aquela incerteza, recheada de leituras, colecionadas, inicialmente, por meu pai, atravessou-me a vida e acabou por influenciar minhas filhas, Valeria, que ingressou em quatro Faculdades de Direito e uma de Medicina – hoje, juíza – e Juliana, no 6º ano de Medicina, após ingressar, também, em quatro Faculdades de Medicina e uma de Direito, enquanto Marcello, advogado, e Camilla, terceiranista, mais objetivos, dirigiram-se diretamente ao Direito.

Uma inconclusa opção, entre corpo e alma, encontrou feliz resposta na judicatura de Família, quando, ao consolar espíritos – creio eu – acabei por amenizar desvios mentais e de comportamento, com evidente origem nos traumatismos familiares, das partes e meus...

O que fiz?

O que de mais importante poderia apresentar à Vida, além de meus filhos, produto de relacionamentos onde a sabedoria oriental, lembrada por Truffaut (*Jules et Jim*), encontra como padrão de infelicidade o do homem que possui duas esposas: a primeira esposa e a segunda esposa e como recompensa o amor e a dedicação dos filhos? Ao receber um amor na madurez, compreendi o valor da harmonia nos contatos humanos, completado por uma vida profissional pautada pelo rigor e pela independência.

Por quê?

Seria, talvez, para entender e transmitir uma das muitas formas de se atingir o justo?

Despidas de bom-senso são as pessoas que não conseguem resolver suas querelas, tendo que recorrer ao Judiciário, na lição de Confúcio (***shuo full***), não sendo nova a teoria que considera a expressão verbal como a mais capaz para resolver desajustes e problemas somatizados, que infestam não apenas os consultórios psiquiátricos como os fóruns.

A comunicação entre os seres, em qualquer hipótese, evidencia o *sentimento*, alcançando o amor e revela-se como a primeira e mais importante característica do ser humano. Não que isso consiga torná-lo superior ou distingui-lo dos animais; adquirem estes uma forma de conduta e expressão que nem todos podem entender, mas que se mostra, igualmente, revestida de afeição, dignidade e respeito para com o semelhante, ou seu dono.

Se acontecimentos do cárcere são resolvidos na linguagem do cárcere, os de família devem ser resolvidos por seus atores e linguagem. Certo que, para isso, é necessário apostar na interação e no contato, sem temer o ***sentimento***, que poderá aflorar ou, para sempre, ficar escondido.

As experiências de Sacks, com o L-Dopa (*Tempo de Despertar*), vinculadas à medicação e às experiências sensoriais (música, cores etc.), quem dirá?, não poderiam ser experimentadas nos fóruns, nos desvios e desajustes familiares?

Não posso dizer que me interesso mais por doentes do que por pessoas, mas, creio, interesso-me tanto por pessoas como por doenças. Não por qualquer tipo de doença, mas por aquelas mentais, ligadas ao comportamento e, logicamente, aos sentimentos humanos.

Varas Criminais, da Infância e da Juventude, e de Família e das Sucessões são, essencialmente, laboratórios de vida, obrigando seus lidadores e analistas a uma extensa especialização que, por óbvio, não se resume à lei e à sua interpretação, com cega exclusividade. Há de existir uma constante troca de impressões e mensagens entre partes e seu juiz, para que ambos participem de um ***relato de caso*** (Sacks), sem que o equivocado comportamento dos juízes e juristas possa perturbar uma verdadeira interação – hoje quase inexistente – nos fóruns; há um anticlímax, um distanciamento absurdo, capaz de impedir que seres humanos (julgador e partes) travem alguma espécie de conhecimento. Na história do Processo e do Direito não existe o "quem"; partes, réus, profissionais, não conseguem, perante a Justiça, adquirir ou assumir suas verdadeiras identidades.

Fato desconcertante na vida jurídica é o jargão das decisões que, nada obstante dirigidas, também, e principalmente, aos mais humildes, por eles quase nunca são entendidas. Autores e réus não contam suas histórias ao juiz, apenas tentam afirmar ou se defender de um fato. E, como não alcançam o científico, perdem-se, todos, no romântico (Sacks).

As narrativas – para chamá-las de alguma forma – das partes no Processo são parcializadas, interrompidas, falsas (não porque sejam conscientemente falseadas, mas porque impedidas da real expressão) e incapazes de contar a verdadeira história do narrador. Naquelas Varas, dado o número de audiências diárias, hoje isto é quase impensável, apesar de se constituir na base da busca da verdade processual. No espaço de tempo de um interrogatório (10 ou 15 minutos), será possível conseguir ganhar a confiança daquele autor ou réu? entender-lhe vida e vicissitudes? permitir-lhe colocar a realidade que medeia entre intenção e gesto?

Não. Não é possível! Daí a necessidade de juízes treinados para comunicar e apreender os sentimentos, em reduzidos intervalos de tempo e insípidos contatos humanos.

O que dizer, então, das escolas de magistrados? (Lagrasta e Borges, 1991).

Reflexo de uma precaríssima formação de 1º e 2º graus, deságua a dos juízes na, também inconsistente, universitária – enfatizando a incapacidade intelectual de professores e métodos e, conseqüentemente, dos alunos –, com isto consolidando-se inexpressivas e frustrantes carreiras e vocações, fruto de deficiente formação cultural, até mesmo para a mínima compreensão dos problemas sócio-econômicos de nosso Continente. Concursos insuficientes, mal-formulados, vagas nãopreenchidas no quadro geral da magistratura, acabam encaminhando jovens vocações – mal treinadas – para outras carreiras ou, na seqüência, para o compromisso massacrante de uma Vara especializada nas Capitais. Este compromisso gera outro tipo de fenômeno: a carreira rápida, evitando-se o controle da pequena Comarca, substituído pelo anonimato da grande cidade – em todo o caso, omitido o aperfeiçoamento e estágio necessários nas entrâncias inferiores, que deságua na insegurança e inexperiência de uma judicatura mais complexa.

Este é o pano de fundo do cenário desastroso dos julgamentos de uma família, de uma criança, de um delinqüente ou de um contrato, todos, em geral, trazidos para um contato apressado, sem qualquer condição de transmitir razões, afeto ou compreensão. Mal sabendo exprimir-se, e com difícil concatenação de idéias, defrontam-se com um juiz que, para o exercício destas relevantes funções, apresenta-se, ele também, com deficiente preparação profissional e humanística, constantemente agravada por incipiente experiência pessoal.

O futuro da empregabilidade e do profissionalismo está na interação com outras pessoas, na comunicação com o cliente, e é o resultado de uma aprendizagem permanente. Os juízes, na sua grande maioria, estão longe de atingir qualquer destes requisitos, quer pela formação estritamente conservadora, quer pela insensibilidade de seus órgãos dirigentes em proporcionar-lhes rigorosa reciclagem e aperfeiçoamento. Minha intenção é trazer-lhes o fruto de gratificante e, às vezes, dolorosa experiência profissional e de vida; demonstrar-lhes o rigor com que deve ser observado o aperfeiçoamento profissional e o critério científico e crítico com que deve ser utilizada a Jurisprudência.

Outono de 2000

O AUTOR

Primeira Parte

FAMÍLIA E FIM DO MILÊNIO

CAPÍTULO I

FORMAÇÃO CRÍTICO-JURÍDICA DA FAMÍLIA BRASILEIRA

A linguagem jurídica, diante da sistemática do ensino, ressente-se, desde logo, da discussão de casos nas salas de aula. É necessário partir dos fatos para a adequação legal; não o contrário. A experiência vivificante acaba diminuída pela consciência mecânica de que os fatos subjugam-se, exclusivamente, à lei ou – o que é pior – a uma inexpressiva e alienante jurisprudência. Perdem-se desta forma as visões criativa e crítica.

Cada família, cada componente do drama familiar, é absolutamente *uno*; assim a dramatização de suas origens e de sua formação devem ser analisadas e interpretadas, em presença da lei, buscando-se, acima de uma falsa conciliação ou de um inútil formalismo, a pacificação integral do conflito.

O papel do perdão, da conciliação e da reconciliação resultam insuficientes, se não houver o término da querela. Não basta atribuir-se a guarda de um filho a pai ou mãe, exclusivamente, visto que o menor necessita destas duas figuras básicas para sua formação. É insuficiente atribuir-se ao alimentando parcela de bens, a título de verba alimentícia, pelo alimentante, se aquele, ou seu representante, não conseguirem administrar o patrimônio ou pensão e se este não puder ser, também, responsabilizado pela formação escolar e educacional, pelo acompanhamento diário da prole ou, o que é mais importante, puder omitir-se em participar ativamente da formação e desenvolvimento dos filhos. Desimporta que um deles esteja, na maior parte do tempo, ausente, pois que, quase sempre, ambos estão ausentes – ainda que vivendo sob o mesmo teto – em razão das atribuições profissionais e condições sociais subumanas. O que não é possível é impor ao guardião que venha a suportar sozinho estas atividades e, no fim do dia, tenha que cuidar da alimentação, higiene e saúde do filho. Este não conseguirá formar uma idéia clara do que é viver dentro do núcleo familiar. Mais grave será a negação total da visita e a mera divisão dos períodos de fim-de-semana e férias escolares, pois, enquanto um dos pais assume integralmente todas as responsabilidades, o outro dispõe de seu tempo para o descanso e para buscar novas formas de união e de felicidade. Impõe-se, desde logo, a discussão e adoção da ***guarda conjunta***, assim podendo ser definidas as funções e a responsabilização eventual do genitor desidioso.

Constantemente, têm sido confundidas a responsabilidade conjunta pela guarda, educação e formação da criança, com o direito, meramente obrigacional, à cobrança, anos depois, de indenização, alegando, um dos pais, ter sido obrigado a, sozinho, suportar aquele sacrifício. Nestas condições, o que se impõe é o imediato recurso ao Poder Judiciário, desde que verificada, ou logo após confirmada, a desídia ou o abandono. A cobrança posterior acaba por ser confundida com vingança, chantagem ou orgulho ferido, ante uma relação fracassada ou a triste constatação de que o amor se acabou – sempre, porém, com prejuízo à prole – se o guardião não consegue provar que foi impedido de trabalhar, estudar e desenvolver-se profissionalmente.

Reflexo importante de um distanciamento irresponsável é contribuir para açodar egoísmos, ressaltando componente psicológico que na separação estará sempre latente: o *remorso*, capaz de impedir o desfrute de novas formas de felicidade, e que acaba por destruir relacionamentos, produzindo uma ininterrupta seqüência de lares desfeitos e filhos abandonados.

A questão mais destacada, no trato civilizado e humano do desfazimento das relações, centra-se na aceitação de que a união chegou ao fim e que os parceiros podem buscar novas experiências. Saber se darão certo, ou não, é matéria que escapa ao conhecimento e domínio humanos, incapazes de prever o futuro. Assim, partindo-se de um comportamento responsável e altruísta é possível constituir-se nova entidade familiar, formada pela prole e um dos pais, com participação, eficaz e efetiva do outro, sendo que o elemento essencial deixa de ser a união dos adultos, prevalecendo a busca do bem-estar e felicidade das crianças.

A tendência nas separações é a de livrar-se de um relacionamento frustrado, com absoluto esquecimento da prole. Parece que aquele que quer deixar o lar, por incompatibilidade de gênios ou de relacionamento, ou por ter encontrado novo parceiro, pretende fazê-lo, primeiro, com total desprezo ao patrimônio construído, pagando uma pensão, que dificilmente será cumprida, e, por fim, voltando as costas à prole. Evidencia-se, desta forma, que a responsabilidade passará a ser exclusiva daquele "que fica". A idéia é livrar-se rápida e definitivamente de tudo; tudo, inclusive dos filhos.

Os imigrantes latinos, os escravos, em suma, os explorados e excluídos pelo colonizador, na sua grande maioria, além de responderem passivamente a esta conceituação vesga da realidade, sofrem pela formação distorcida e a-cultural, baseada em conceitos patriarcais milenares, inverídicos, retrógrados, machistas e supersticiosos. Padecendo, atavicamente, de precária formação cultural, que se reflete sobretudo na ausência de uma visão moderna de mundo, alegam fatores ultrapassados como a infidelidade do outro – tornando-se, aos próprios olhos, vítimas – ou ressaltando a própria fidelidade, como se isto pudesse se constituir num aval para o amortecimento de consciências, para um melhor pensionamento ou para conseguir a maior parte dos bens e a guarda dos filhos.

O advogado que induz a esta falsa premissa, tem visão estreita da problemática, facilitando a defesa da parte contrária, conduz o magistrado a um arremedo de solução, à (falsa) conciliação, incapaz de atingir a pacificação dos contendores, visto que o lar estará desfeito, com nefastos reflexos na vida dos ex-parceiros, mas, o que é mais devastador, no futuro profissional e na formação moral e de convivência dos filhos.

Não é possível, em sã consciência, analisar-se a vida privada do povo brasileiro, usando como parâmetro o direito europeu, exclusivamente. Este serviu para a criação dos Códigos e para a formação dos lidadores do Direito, devidas, de início, à colonização portuguesa e, depois, à influência dos escravos e imigrantes – substitutos estes da mão-de-obra daqueles – mas, ao cabo, a composição racial heterogênea assimilou costumes e acabou construindo novos institutos jurídicos (a mancebia, o concubinato) à margem da legislação. Hoje, a prevalência econômica de uma classe burguesa empresarial, de uma classe média empobrecida, além do universo restrito do funcionalismo público e do apregoado fim do emprego, devidos à globalização econômica neoliberal, impõem, quando nada, um futuro diverso e estranhável para o Direito de Família.

Há que se admitir, de início, não ser possível comparar o que é ser juiz de Direito em longínquo grotão e defrontar-se com Vara especializada na Capital de um Estado. Da mesma forma que é diversa a experiência do magistrado que exerce função na Grande Rio, na Grande Recife, na Grande São Paulo, daquele que a concretiza – nem sempre em final de carreira – numa destas Capitais. A periferia das grandes cidades – fenômeno mundial que pode ser observado, sem grande esforço em Buenos Aires, Cidade do México, Santiago do Chile etc. – é o espelho da verdadeira condição da maioria do povo de um país. Ali vão se alojar os ***condenados da terra***, de Fantz Fanon, os excluídos, os pequenos empregados, inclusive do serviço público, vivendo como favelados, em "bairros de lata" (casebres cobertos de chapas de zinco), nas ***"cabeças de porco"***, nos cortiços, expressões mínimas e esmaecidas da dignidade que ainda resta aos subempregados, a formar extenso ***proletariado "lumpen"***. Não há, contudo, que se partir da falsa premissa de que estas pessoas desconhecem o valor e o significado de expressões como: lar, família, respeito, afeto, sentimento, amor, honestidade etc. A condição econômica empurra-os para uma ***vida doméstica*** difícil, sem infra-estrutura física e espiritual, com o inevitável abandono da prole à própria sorte, isto é, à rua; quando não, em extremos de desespero, acorrentados à própria cama ou fechados, a cadeado, nos barracos, como noticiam os jornais, ou, por fim, às mãos do traficante do bairro. Qual outra solução oferece-lhes um regime globalizado de miséria, esta nova espécie de ***fascismo***?

Dizem os governantes que não há verbas para Saúde, Educação, Segurança etc., e disto aproveitam-se, entre outros, organizações macrocriminosas, compostas, num dos extremos, por todas as espécies de máfias e, noutro, por políticos corruptos. São notórios os desvios com relação aos filhos dos mais pobres: prostituição infantil; *mulas* no transporte de entorpecentes e trabalho escravo nas minas e olarias. A descoberta desta mão-de-obra, absolutamente disponível e indefesa, aguça a ganância dos narco ou prostituto-traficantes, inclusive junto aos filhos da classe média, em razão da crescente pauperização desta, tornando-se habituais as notícias de que filhos de empresários, servidores públicos e profissionais liberais têm sido aliciados e engajados nos esquadrões do tráfico e da prostituição, pelo ***banditismo***.

O quê fazer?, perguntam-se pais e mestres, sabendo, intimamente, que também acabarão responsabilizados por esta situação de descalabro – não só pela condição pessoal de suas vidas como pela indiferença e alienação com que têm aceitado todas as espécies de dominação, desde a do desgoverno político até aquela econômica –, se a origem da problemática do menor delinqüente está na Família, considerando-se esta como o resultado de interferências na própria conceituação cultural e psicológica, estampadas na ausência de critério na escolha dos governantes e na total ausência de a estes exigir respostas à concretização de uma real política de ***Direitos Humanos***, voltada às necessidades públicas.

Assim, a presença de um colonizador lânguido, desacostumado às inclemências tropicais, afeito às facilidades do sexo escravo, subjugado pelo Império, que procurava conseguir o máximo da Terra Nova, despreocupado em estabelecer regimes convenientes de administração, num arremedo de recompensa aos intermediários, que, a qualquer custo, deveriam enviar riquezas à ***Coroa***, acabou por caracterizar um conceito decadente e diverso da instituição Família e do que se deveria entender por regramento moral. No dizer de Laura de Mello e Souza (*Folha de S.Paulo*, ***brasil***, 1, p. 9, em 20 de março de 2000): "O Brasil não é apenas uma democracia racial, como dizia Gilberto Freyre, mas um país que discrimina, o tempo todo". A partir desta constatação, a pesquisadora analisa a colonização "sem mulheres": o colonizador deixava mulher e filhos em Portugal, chegando-se a relacionamento ilícitos (com negros e índios): "Como havia pouca mulher branca, as uniões que se fizeram foram ilícitas. Em nosso inconsciente, gostaríamos todos de descender de famílias brancas. E o fato é que não descendemos".

Esta permissividade foi substituída, em razão da chegada dos ***imigrantes europeus***, expulsos de seus países por guerras, racismo, perseguições e miséria, pois, ao mesmo tempo em que substituíam a mão-de-obra escrava, acabaram, depois de alguns anos, por adquirir as fazendas e reformular os hábitos, influenciando e moldando um novo estatuto de família e de moralidade, nas mesmas senzalas de onde, submetidos a uma convivência promíscua e degradante e a um trabalho desumano, assistiram à ruína dos ocupantes da Casa Grande. Perdidos os senhores em vícios e desmandos, acabam os novos-escravos por impor hábitos, algum progresso na vida privada, nada obstante mantenham-se acorrentados a princípios ultrapassados e de ancestralidade rural, onde predominam as estreitas noções de família e honra, quase supersticiosas, sempre distantes de uma visão "americana", devida ao começo da industrialização e à moral protestante. Estas, enquanto oprimem os operários, estuprando-lhes as filhas e mulheres, no interior das fábricas, das minas ou dos terreiros insalubres, moldam-lhes a consciência na busca do comércio e do lucro, enquanto, rapidamente, fazem com que cidadãos e fiéis progridam, graças também aos esforços de guerra, a partir daquela do Paraguai, fazendo uso da farta disponibilidade de mão-de-obra desqualificada dos negros libertos, das mulheres e das crianças, submetidos a salários ínfimos. Atinge-se, desta forma, um Estado Novo paternalista, com sua legislação trabalhista, civil e penal, extraídas do "são sentimento do povo", da onda fascista que varria o mundo e que concretizou a missão de abafamento, inconsciência e regressão do movimento operário prontamente reduzido a um estado de inércia.

Desde sempre, quando não do início do século, o povo tem sido expelido para os extratos periféricos. Dos cortiços, os escravos – agora libertos – foram expulsos para os morros, diante da especulação imobiliária desenfreada, que destruiu, com a ajuda da vesga interpretação das origens da febre amarela, as *cabeças de porco*, fenômeno característico de cidades como o Rio de Janeiro, em que o mar e a montanha delimitam a faixa de cidadania urbana; noutras, em que esta faixa espraia-se numa distância razoável, os centros urbanos também foram sendo objeto de reformas e especulação imobiliária, porém propiciando a expulsão do proletariado para uma zona plana da periferia, em geral, próxima às várzeas. A miséria acaba enclausurada em novas espécies de guetos (bairros e vilas operários) e seus habitantes adquirem hábitos e comportamentos familiares, ligados estreitamente, de início, ao trabalho e, depois, ao vício, à languidez, às dificuldades de locomoção, à ausência de escola, centros de saúde, creches e infra-estrutura de segmento básico, herança que vem sendo transmitida de geração a geração, em reiterada acomodação e silêncio, vivenciando um retorno a indisfarçável abandono, agora agravado por cega violência.

A constante renovação deste ciclo assustador de miséria e exclusão é elemento de análise e compreensão daquilo que constitui o amplo espectro da "família brasileira", não mais sendo possível omiti-lo, a partir de Gilberto Freyre. Nada obstante, novos historiadores revelam não encontrar em sua obra qualquer conhecimento aprofundado das civilizações indígenas: "... A agenda dele se voltava para os negros. Temos nesse autor uma espécie de mito, o mito do enraizamento" (Manuela Carneiro da Cunha, *Folha de S.Paulo*, ***brasil***, 1, p. 9, em 20 de Março de 2000), destacando a atuação histórica de Darcy Ribeiro, como sendo um dos "primeiros a chamar atenção para essa recuperação", da historiografia indígena. Desta forma, evidencia-se que a verdadeira História dos 500 anos de Brasil ainda está por ser escrita, enquanto que a da família brasileira apenas está esboçada.

O juiz e todos os lidadores do Direito devem ter presente a origem de seu próprio povo, não descuidando dos elementos político-ideológicos, sob pena de se tornarem meros servidores da lei, ou dela intérpretes mecânicos e desumanos que, ao invés de buscar atingir uma verdadeira visão do universo familiar, identificam-se à condição de falsos intérpretes de uma realidade que lhes é desconhecida.

A proposta deste livro nasce prenhe de dificuldades e armadilhas que, no âmbito do Direito, serão constante e reiteradamente encontradas na repetição de conceitos que se estratificam, em razão de uma total ausência do desejo de inovar ou ousar e impregna a vida jurídica brasileira, acostumada à repetição, até à náusea, de parêmias seculares, sustentando-se na interpretação amorfa da jurisprudência que, nos tempos atuais, acaba formatada por pedidos, contestações e julgamentos inexpressivos, tragados pelos meandros da preguiça ***informática***. O absurdo tem sido tão evidente que não se pejam os "novos juristas informáticos" de elaborar e atualizar modelos de petição inicial, contestação, réplica, despachos, decisões, recursos e acórdãos, com uma desfaçatez incômoda, que acentua a absoluta ausência de criatividade e que propicia completo desamparo às partes e ao progresso da ciência jurídica, além de à inteligência, é claro.

Escudam-se alguns juízes na rápida pesquisa jurisprudencial, enquanto nos Tribunais Superiores, ante a inútil e esmagadora repetição de recursos, principalmente por parte da administração pública e suas autarquias, chegam, os mais afoitos de seus membros, a acenar com um ***controle externo do Poder Judiciário***, submetendo-se ao jugo de eventuais *súmulas vinculantes*, como se isto fosse capaz de impedir, por parte das instâncias inferiores, a análise e o julgamento, caso a caso, ou os juízes de pensar. Esquecidos os "novos juristas" de que a afirmação do concubinato como instituto jurídico, a merecer respeito e proteção, na condição precária de entidade familiar, somente foi possível pela longa, salutar e incansável construção da jurisprudência, independentemente do que poderiam pensar alguns ex-ministros do Supremo Tribunal Federal. A investida ditatorial do Poder Executivo, ao monopólio da jurisdição, tem início com a criação de ***medidas provisórias***, cada vez mais restritivas à plenitude da prestação jurisdicional, enquanto acena – como solução alternativa à demora daquela prestação – com vincular os julgamentos a súmulas, dizem, em questões e aspectos específicos, mas que logo atingirão o objetivo principal: a submissão política do Poder Judiciário e o patrulhamento ideológico dos julgadores. Em seguida, ou antecipadamente, investem na criação de cargos de árbitros ou juízes leigos, inconstitucionalmente capacitados a julgar questões de fato e de direito, como vem definido na lei da arbitragem.

Ante estas inseguranças, qual o espaço reservado ao Direito de Família? Qual o papel a ser atribuído aos seus personagens? Qual atitude devemos esperar do julgador e do intérprete?

Tendo sempre padecido da incorreta compreensão de suas particularidades processuais – sublinhe-se que, quanto à aplicação da lei material, não podem ser aplicadas cegamente, eis que, para cada um dos atores de uma cena, constantemente reprisada, há que existir adequação particular, a cada caso.

A imagem que vem à mente do lidador é a de uma tragédia onde os atores falam cada um o próprio idioma e agem de acordo com a respectiva formação, restando ao público interpretar cada uma das falas e atingir o final com uma só idéia de todo o drama, sem qualquer preocupação, daqueles e destes, com o argumento ou com o destino que lhes estaria reservado na condição de personagens de tragédias particulares e recíprocas, enfim, com a história, com o enredo.

As glórias e vicissitudes da formação de um Continente encontram-se estreitamente ligadas – hoje – à movimentação dos povos e ao fim das fronteiras, além, é óbvio, do término de uma dominação mundial através de duas ideologias, de duas potências em disputa à dominação mundial. Partimos agora para uma única hegemonia, travestida de globalizada, que a todos os países pretende unir, visando a concretizar uma soberania compartilhada, capaz de afastar a selvageria econômica e de permitir, ao maior número possível de seres humanos, o desfrute dos progressos da civilização. Exemplos disto: a União Européia, o Mercosul, a Alca, o Nafta, as comunidades asiáticas etc. Mas, mesmo dentro dessa visão ideal de um mundo melhor, encontra-se o germe da dominação, do poder imperial de um país sobre os demais, ou de uma comunidade sobre as outras. Não resta dúvida que comunidades formadas por povos muçulmanos, ou aquelas do Leste Europeu, poderão estar excluídas dos benefícios da Europa Comunitária, assim como os Estados Unidos unem-se ao México e ao Canadá, no Nafta, buscando impedir a concretização de uma Comunidade ao sul do Continente Americano, enquanto tentam reavivar e manter sua exclusiva hegemonia bélica, econômica e de princípios.

Não estará longe o dia do desaparecimento da democracia em cada país. A democracia neoliberal pretende enfeixá-los, todos, ou partes continentais deles, sob a orientação econômica do livre mercado, sem se preocupar com as diferenças regionais. Essas diferenças, evidentes e acentuadas, quanto ao passado cultural e à formação ético-religiosa, deverão ceder passo, pregam os arautos daquela ideologia, à concretização do bem-estar de todos.

Aqui o equívoco. Não há como igualar árabes e africanos; franceses e bolivianos; gregos e americanos, americanos e hispano-americanos. Não há como julgá-los de forma idêntica e através de uma única lei. Há países em estágios diferentes daqueles que usufruem da informática, da internética, da rapidez da informação e da absorção da cultura por fibras óticas. Nem por isso estes povos deixam de apresentar outras questões ou dramas referentes à organização familiar, que jamais poderão ser encarados como estágios menos desenvolvidos ou atrasados. O que é o atraso? O que é progresso? Sob o ponto de vista das relações de família, há que se buscar um ponto de equilíbrio, que permita ao intérprete a consciência de ter apreendido todas as sutilezas do relacionamento entre parceiros, entre estes e os filhos, entre todos os componentes da família, no bairro ou na aldeia, atingindo-se um julgamento participativo e justo.

O juiz do interior deve ter parâmetros diversos daqueles que ilustram o juiz das Capitais e, este, do juiz situado na periferia. A formação de um povo é o resultado das origens – no nosso caso, da colonização, imigrações, migrações, culturas, raças, miscigenações – e, cada vez mais, vêem-se estas circunstâncias aprofundadas e enfatizadas como fatores distintivos no momento de conciliar ou julgar. Não se pode imaginar um bom juiz de Família que não disponha, quando nada, de uma larga margem de tempo para sopesá-las, interpretá-las e dirigi-las a uma eficaz participação dos contendores, buscando-se a pacificação definitiva do conflito.

Estas afirmações dirigem-se, inicialmente, ao advogado – primeiro conciliador da questão de Família – que, no recôndito de seu escritório, na presença das partes litigantes, ouve largamente as razões, de um e de outro; olha para os infelizes filhos e imagina como serão sustentados e formados; examina com parcimônia o pensionamento e a divisão do patrimônio amealhado, sem se deixar impressionar pelas chantagens ou pela alegada incapacidade ou inferioridade de qualquer dos separandos.

A petição inicial de separação ou divórcio deve ser singela, mas, nem por isto, desleixada ou superficial. Ali estarão – evidenciadas ou subjacentes – as lutas, conquistas e fracassos de seres humanos; o futuro de seres humanos; a criança e sua formação; os sonhos desfeitos e por-fazer. Ilude-se o profissional advogado que pretenda fazer fortuna com os litígios da Vara de Família: não que seja impossível; apenas, que a "fortuna" pode implicar no açodamento de ânimos, na valorização indevida do amor-próprio ferido, dos abjetos sentimentos de vingança, quando não da chantagem, tendo como principais vítimas os filhos, usados como moeda de troca nas estéreis e intermináveis disputas sobre guarda e visitas; por fim, nas aparentes manifestações de acordo, que implicam no desapossar-se de parcela considerável de patrimônio ou na sua injusta conquista, sempre prejudiciais aos filhos.

Os lidadores do Direito de Família, mais do que quaisquer outros, devem estar treinados para encarar o morador da favela, o migrante nordestino, o mulato ou o negro, como encararia um descendente de japonês ou italiano, um árabe ou um judeu; da mesma forma que encara o portador do vírus da Aids ou o homossexual. Se repugna a presença de um ser viciado em tóxico, com desvio sexual de conduta, portador de moléstia transmissível ou incurável, também deve ser considerado e questionado que o exame destas circunstâncias, conjunta ou isoladamente, não poderá conduzir a uma prévia condenação, pois não são poucas as uniões de fachada, nada obstante formalizadas, que conduzem parceiros e prole a um total desregramento e desequilíbrio.

Não há como prever um comportamento padrão, capaz de assegurar a sobrevivência da Família, que não esteja baseado no amor e no respeito entre todos os seus atores, mesmo que distante de um estado de perfeição ou do equilíbrio absoluto. Desde que presentes estes mínimos ingredientes, torna-se mais fácil a pacificação definitiva da demanda, afastando-se um estado constante de beligerância e desrespeito, bem como facilitada a concretização de uma conciliação igualitária. Novamente, enfatiza-se a perspectiva de que não há causadores exclusivos da separação de seres humanos; não há pecadores irredentos; devendo-se buscar incansavelmente a divisão de tarefas e responsabilidades, capaz de atingir a felicidade de todos os participantes, independentemente da influência que possam ter a má formação ou a má palavra de parentes ou vizinhos de rua.

A separação ou o divórcio dizem respeito, com exclusividade, ao casal; aos parceiros e às crianças por eles concebidas. Ninguém, a não ser com a aquiescência destes, salvo o Poder Judiciário, pode interferir no desfazimento de uma entidade familiar, mesmo que não seja o fruto de certidão de casamento ou de sua sacramentalização; repelindo-se as hipocrisias, os "casamentos de aparência", as soluções divinas – ou por seus intérpretes – os dogmas ideológicos, supersticiosos, condutores de uma condenação *post mortem* e que não busquem, de forma incessante, atingir a paz e a felicidade perene dos participantes diretos do drama.

Não se crê que as atuais Doutrina e Jurisprudência do Direito de Família estejam conscientes destas diferenças; que tenham conseguido afastar os aspectos dogmáticos da construção de uma família, em determinado país e sob determinada religião e que, respeitosamente, admitam idiossincrasias político-econômico-ideológicas, devidas a uma mistura de raças e culturas, capazes de desconsiderar dogmas, superstições, sabenças populares ou a comodidade de um julgamento estratificado.

Os lidadores do Direito, especialmente do Direito da Família, padecem, sejam eles doutrinadores, postuladores ou intérpretes, de uma doença: não lhes foi ensinado, desde os mais elementares estágios da educação, até os bancos acadêmicos ou escolas de profissionais-juristas, o conhecimento de que *é preciso ousar*!

Raramente são apresentadas petições iniciais que ousem traduzir a realidade da separação, motivos e soluções, ansiosamente aguardados. Quando, por fim, conseguem redigi-las, vêem-se, muitas vezes, massacradas por sentenças e acórdãos inúteis, devidos ou à "capacidade" de argumentação do contestante ou ao temor reverencial dos juízes, sempre preocupados em não ferir a suscetibilidade de colegas experientes e mais adiantados na carreira, quanto aos aspectos éticos, religiosos ou jurídicos, proferindo decisões inúteis ou formulando pedidos descabidos, que somente fazem alimentar a querela, distanciando as partes da pacificação, ao entupir, inutilmente, o Judiciário com falsas demandas.

O futuro da magistratura de Família passa, em larga escala, pela adaptação dos Códigos Civil e de Processo Civil, por mais amplas reformas da Constituição, mas, com ênfase, à das leis de Organização Judiciária, pois enquanto os juízes não puderem optar conscientemente pelo exercício numa destas Varas; dispor de pautas racionais, com número de processos que lhes permitam largas tentativas de conciliação, serena apuração e julgamento dos fatores acima enunciados; de equipe multidisciplinar, convenientemente treinada para lidar com a estrutura judicial da questão de família, dificilmente atingiremos um estágio civilizado no tratamento das partes e na adequação de suas realidades dramáticas ou, para alguns, anti-sociais.

Impõe-se ajudar na busca de uma nova relação familiar, baseada na felicidade e no ***sentimento***, sem deixar para trás, como experiência frustrante e amarga, uma construção que, apesar de inacabada, não deve, necessariamente, ser objeto de mera demolição. Se assim for, prevalecerão sempre o remorso e o ódio, incapazes de construir qualquer nova edificação cuja base não seja a de uma falsa felicidade, assentada sobre o esquecimento e o abandono daqueles que, outrora, foram tão preciosos e queridos e que, por imperativo de consciência e civilidade, assim deveriam permanecer.

CAPÍTULO II

DIÁLOGOS

As condições tecnológicas, absolutamente enganosas, propiciadas por avanços informáticos ou internéticos, pretendem tornar, mais do que nunca, dispensável a leitura, especialmente a leitura de um ensaio jurídico; impedir o contato com o livro, como se fosse possível aprisionar a cultura, exclusivamente, no quadrado frio da tela resplandecente, na sua mecânica e obsessiva reiteração de teclas, erros e correções.

Quando me propus a escrever sobre experiências que pude apreender durante longo exercício, como titular de Vara de Família, na Capital de São Paulo, desde logo, imaginei que as não poderia restringir – a exemplo de quase todos os que se aventuram nas letras jurídicas – à enfadonha transcrição de jurisprudência "disquetada" e à amorfa citação de velhas doutrinas.

Como seria possível transmitir experiências e conhecimento sem repetir fórmulas ultrapassadas? Como deveria apresentar nova disposição gráfica – a hipotético editor – sem resvalar pela aridez repetitiva que, quase sempre, pretende esconder sub-reptícias investidas ao direito autoral?

Minha proposta é também a de denunciar – que seja, em tom coloquial, quase de narrativa – as precárias condições da Justiça de nossos dias na compreensão e aplicação de um Direito em constante mudança, como o de Família, entregando uma visão de seu futuro. Aí estarão, como não poderia deixar de ser, as partes, seus advogados, os curadores, os porteiros de sala, escreventes, Diretores de Ofícios, assistentes-sociais, lidadores que já sabem constituir esse Direito, talvez, no mais desgastante e, ao mesmo tempo, gratificante de qualquer carreira jurídica.

Contar fatos de audiência, formas de comportamento, desilusões e vitórias, sem qualquer preocupação com formalismos inúteis – crê-se – é algo absolutamente desvinculado de tudo aquilo que se convencionou chamar de: o direito de família perante o direito processual civil e sua feição doutrinária etc., etc.

1. ...E prolegômenos

Ao iniciar nova atividade, como auxiliar de Vara da Família, na Capital de São Paulo, vindo de uma outra experiência árdua, em Vara Criminal e de Menores da periferia (Guarulhos), o fiz sem renegar a alguns vícios comportamentais, não só devidos à inexperiência e insegurança, mas, principalmente, a uma certa insensibilidade aos dramas familiares: não que os não tivesse, mas que sublimara, ante os acenos e rigores da carreira.

Assim, tinha por hábito ouvir as partes, sem a presença de seus advogados. Como, em geral, às audiências não comparecessem os curadores – promotores de Justiça – além do que, na esfera penal, o juiz, muitas vezes, instruía, defendia e acusava, considerei que também na Vara de Família a presença de ambos seria desnecessária. Anote-se, ademais, ser voz corrente nos fóruns, entre juízes e promotores, o princípio de que os advogados, não tendo interesse num acordo, apenas atrapalham... e vice-versa: dizem estes que juízes e promotores buscam a conciliação, a fim de evitar a instrução e o julgamento. Assim, imaginava, de nada adiantariam as ponderações dos representantes das partes: importante era o acordo, e ninguém melhor do que elas para decidir sobre o destino da prole, de seus bens e dos alimentos, perante o magistrado. Assim, reunia-me apenas com elas, e sem dar qualquer satisfação aos patronos.

Como sempre, havia grande rotatividade de juízes-auxiliares, razão pela qual os advogados não se preocupavam em tomar qualquer providência perante a OAB. Porém, o tempo foi passando e eu permanecia na Vara, até que certo dia, um advogado, contemporâneo de Faculdade, resolveu representar ao Conselho de Ética e Disciplina, da Subseção de São Paulo. Ao analisar os dizeres da Representação, acabei concluindo que estava enganado e, de certa forma, denegando Justiça àquelas pessoas que, como último refúgio para suas angústias, haviam contratado advogado para defendê-las, dispondo-se a comparecer perante o juiz. Ao responder o pedido de informações, revi o posicionamento e declarei que não mais pretendia repetir o malfadado expediente, não só pela conclusão anterior, mas porque nada me assegurava que conseguiria esclarecer as partes, de forma isenta e impessoal, sobre detalhes de um acordo. Motivo não encontrei para persistir numa praxe que – no fundo – tentava esconder a inexperiência, ainda que sob a máscara de enérgica segurança.

A questão foi facilmente superada. Sem ferir minha convicção, não de todo exagerada, de que patronos despreparados ou apaixonados pela causa, inviabilizariam os acordos, passei, desde então, a instalar a audiência, ouvi-los, sem a presença das partes, fixar os pontos controvertidos da demanda, inclusive tomando conhecimento de fatos que não estavam descritos na petição inicial e que dificilmente poderiam surgir na contestação, para, em seguida, autorizado pelos advogados, entrevistar-me a sós com os litigantes. Aquela agradável conversa inicial, baseada no respeito recíproco, que sempre deve nortear a atividade dos profissionais do Direito, regada a café morno, diminuía resistências, aproximava adversos, tornando a tomada dos depoimentos um exercício leal e eficaz na busca da verdade, na concretização da Justiça, ansiadas por aqueles infelizes seres divididos.

O magistrado e os advogados devem ficar atentos às posturas novidadeiras ou que arranhem qualquer princípio constitucional, quer os de garantia aos direitos do cidadão, quer ao exercício pleno da cidadania ou a conceitos ético-profissionais. Não há por que tergiversar: o juiz que esmurra a mesa ou tem medo de enfrentar uma audiência, ou não é juiz, ou para ela não se preparou. O advogado que esquece da eqüidistância e respeito que deve observar em relação ao colega, às partes e ao juiz e funcionários, também estará pouco à vontade para analisá-los. A audiência é uma experiência que se renova a cada dia. Não se conhecem fórmulas, e muito menos soluções mágicas, que possam resolvê-la ou torná-la menos árdua.

2. Na audiência

Há juízes que praticamente se recusam a tentar conciliações ou, mesmo, a fazer audiências: não deveriam ter prestado concurso para a magistratura e, muito menos, candidatarem-se a uma vaga nas Varas de Família!

Para eles as causas são números ou estatísticas resolvidas através de expedientes processuais, alguns previstos, outros nem tanto. Utilizam-se do processo como fim exclusivo, nunca como meio para se atingir o justo. A experiência em Vara de Família e Sucessões, convenceu-me de que lá não seria possível aplicar, em qualquer hipótese, o instituto processual do julgamento antecipado da lide; a tônica deveria ser a da conciliação, do acordo, sempre, e apenas como última hipótese a sentença.

Com maior razão, deveria personalizar o tratamento às partes, propiciar-lhes a benéfica e indispensável oportunidade de disporem de "*um dia na Corte*". É anseio do cidadão e dever do Poder Judiciário propiciar este encontro entre aquele que postula ou é acionado e o seu juiz, não como mero expediente a cumprir, mas ensejando-lhe a possibilidade de ser ouvido, independente de suas razões parecerem irrelevantes à solução da causa.

Acreditei, e acredito, que a presença de menores no Fórum é fator absolutamente dispensável e inútil. Ainda que precariamente, os juízes podem se socorrer de assistentes sociais ou psicólogos. Digo precariamente porque longe estamos de poder contar com uma adequada infra-estrutura, capaz de auxiliar o trabalho do magistrado de modo condizente com o respeito que partes e advogados merecem. Os serviços instalados – desde aquela época – padecem, dentre outros defeitos insuperáveis, da quase absoluta inobservância e desobediência, por parte daqueles profissionais, dos prazos processuais e do desconhecimento dos meandros processuais. A análise da origem e razões da separação é extensa e imprevisível em seus desdobramentos; a vida do casal e de sua prole, as influências externas de parentes, o convívio escolar, o regime de visitas, as férias, as viagens ao exterior, os festejos de Natal e fim de ano, são algumas das circunstâncias que em geral provocam açodamento num "estado de crise". Para a elaboração de Parecer ou Laudo é essencial a disponibilidade de um prazo, que não costuma ser aquele definido nos Códigos, mesmo quando assumido por profissionais experientes e capazes de apresentá-los em menos tempo do que o exigido. Por outro lado, estes profissionais, auxiliares do juízo, nunca são alertados para as dificuldades do comportamento processual ou das necessidades do juiz, em sua convicção, de atingir um julgamento rápido ou demorado, conforme as circunstâncias de cada caso. Além do mais, esta espécie de prova, na sistemática processual brasileira, impõe que o perito ofereça uma solução, ao invés de propor ao magistrado as diversas possibilidades de solucionar a contenda, cabendo a este a escolha daquela que melhor se ajuste às pretensões das partes ou de seus filhos.

O juiz de Família deve ter sempre presente que na sua jurisdição não deve exigir o cumprimento excessivamente rigoroso ou demasiadamente informal dos prazos, para si, para as partes e para os seus auxiliares; contudo, a definição obrigatória, nem sempre observada pelo juiz, dos pontos controvertidos da demanda, com a conseqüente formulação de quesitos, torna a perícia, no mais das vezes, insuficiente para a solução adequada dos problemas familiares. Procuram alguns peritos sobreporem-se ao juízo, chegando mesmo, algumas vezes, a tentar substituí-lo, com conseqüências desastrosas à demanda.

A posição particular de não permitir a presença de crianças no Fórum não quer dizer, de forma alguma, que o juiz esteja desobrigado de com elas se avistar. Não são raras as experiências para manter este posicionamento: ao invés de aguardá-los na audiência, é mais coerente ir em direção àqueles infelizes, conduzindo-os a locais menos formais e mais agradáveis.

Antes de iniciar a narrativa de algumas destas experiências, devo consignar que, nas Varas de Família em que auxiliei e fui titular, trabalhei com alguns operosos Curadores de Família, que compareciam às audiências, na medida da gravidade exigida pela discussão ou acompanhando diligências externas. Compreendiam que era mais relevante para as partes, para os advogados e para a solução do conflito, receberem manifestação fundada no contato direto, ao invés de simplesmente lançar cotas impessoais ou interferir nas audiências, forçando ou obrigando um acordo insustentável. Após os depoimentos pessoais, as inquirições de testemunhas ou de peritos, esgotados os argumentos do magistrado, para se atingir a conciliação, acabavam aqueles por auxiliá-lo, com novos argumentos, visando sempre a um objetivo comum. Esta era uma circunstância de todos conhecida e respeitada, por promotores, advogados, juízes-auxiliares e dos demais auxiliares do juízo, num clima de concórdia e lealdade.

Bem, mas retomemos os fatos.

A primeira, que recordo, ocorre estando eu na companhia do Dr. Paulo Ayres de Camargo, Procurador de Justiça do Estado de São Paulo, hoje aposentado, ao visitar uma avó que assumira a guarda de seus netos e estava prestes a devolvê-los aos pais, por não mais conseguir resistir às pressões destes. Impunha-se a inspeção judicial, para tentar demovê-la do intento, uma vez que os pareceres e laudos, absolutamente necessários, tardavam. Os advogados, por sua vez, cansavam-se da espera e dos reiterados e inoportunos telefonemas. Surpreendida com nossa presença em sua residência, conseguimos convencê-la de que a atitude desprendida e piedosa muito iria contribuir para o futuro daquelas crianças, enquanto se aguardava o mesmo desprendimento por parte dos pais, que, no momento, utilizavam-se dos filhos para, reciprocamente, chantagear e ferir.

Sempre autorizados pelos respectivos advogados, que dispensavam-se a presença, não podíamos esquecer que nossas palavras e gestos, nestas visitas judiciais, deveriam revestir-se de absoluto comedimento e discrição, para que não fossem mal interpretadas, tornando-nos suspeitos ou impedidos aos olhos das partes. Uma visita como esta, numa cidade como São Paulo, é de imaginar-se quão dificultosa era: trânsito, locomoção, número de audiências diárias, processos para despacho e sentença, enfim, a premência do tempo. Conseguimos um prazo e o processo continuou sua marcha, mas as pessoas continuaram problemáticas e os menores alvo da incompreensão e egoísmo dos pais. Com a juntada dos laudos dos peritos e assistentes sociais a situação parecia continuar na mesma. Havia solução que dependia, exclusivamente, da compreensão dos menores. Não tive dúvida, combinei com os advogados nova autorização perante os pais e comuniquei-me com o diretor da escola onde estudavam as crianças. E lá fui, ao final do dia, levando-os para jantar numa conhecida lanchonete. Após uma conversa tranqüila, onde pude colocar-lhes sucintamente o problema e sua solução, acabei conduzindo-os para a residência da mãe, estabelecendo-se um novo regime de visitas, que perdurou até o momento em que a guarda pôde ser a ela deferida, definitivamente.

Não fosse o desprendimento daquela avó e a inspeção judicial junto aos menores, e dificilmente alcançaríamos no processo a pacificação do conflito. Os menores foram prestigiados e passaram a compreender melhor o que era a Justiça, o fórum, sem que necessitassem lá ir ou entender o que é processo, regime de visitas, poder parental.

Quando ouço falar de acesso à Justiça, gosto de dizer que o acesso é também representado pela consciência do magistrado, e que não basta abrir as portas do fórum, para que o povo nele adentre; é necessário que o juiz caminhe em direção ao povo, deixando de lado uma tão propalada, como inútil, inércia, que deve, para alguns, revestir todo o exercício da função jurisdicional. Quando imprescindível – e na Vara de Família geralmente o é – juiz e curador devem preencher o vazio deixado pelo Estado-Administração e buscar, por quaisquer meios disponíveis, a solução das aflições e angústias de pais e filhos, deslembrados de eventuais sacrifícios.

Outro episódio deveu-se a processo de inventário de bens de casal, onde o valor da partilha era enorme e lavrava sério desentendimento entre os cônjuges, na mesma proporção que entre um dos filhos e o separando. O litígio envolvia algumas fazendas e a disputa era pela administração, além da divisão, sendo que os filhos do casal, todos universitários e com excelente formação, estavam capacitados para administrá-las, porém, excessivamente envolvidos na demanda, acabaram por engalfinharem-se inutilmente, enquanto as propriedades tornavam-se improdutivas e eram administradas por estranhos.

Aqui, uma curiosidade: os juízes não têm, apesar de não lhes ser vedado, o hábito de designar audiências em processos de inventário ou partilha de bens de casal, ou mesmo de direito sucessório, onde há litígio, o que se constitui em inexplicável retrocesso para o bom andamento da Justiça, com repercussão na economia processual.

Bem, após conturbadas audiências, que se desenrolavam com providências paliativas, finalmente, esgotada a capacidade de argumentação e persuasão, concluí, juntamente com os advogados, que havia uma derradeira possibilidade para que as partes deixassem de ter prejuízos inúteis, inclusive com o pagamento de administradores, e voltassem a desfrutar do patrimônio comum, até sua divisão definitiva, num clima de concórdia e respeito. Autorizado, conforme consignado no termo de audiências, parti para uma inspeção judicial nas fazendas, às vésperas de um feriado prolongado, locomovendo-me ao teatro do litígio, de avião ("Bandeirante"...) e acompanhado por perito indicado pelo INCRA. Após percorrê-las de jipe, anotamos os elementos essenciais sobre a controvérsia, havendo audiência designada para a segunda-feira seguinte, dia 26 de dezembro, às 8 horas. Evidente que as impugnações apresentadas durante o curso do processo perderam substância e foi possível dispensar os administradores, colocando em seus lugares os filhos do casal, com a total pacificação dos litigantes e o retorno a um clima de civilidade. Na audiência, surgiu relevante questão, até então subjacente, resumida no fato de ter o separando determinado, àquele mesmo filho, que arrematasse, em seu nome e no da ex-esposa, uma das fazendas, objeto de leilão em garantia bancária, fornecendo-lhe, para tanto, o numerário. Concretizada a operação, recusou-se o filho a repassar a fazenda para o nome dos pais. Esta circunstância foi exposta pelo separando, após conversa reservada, no meu gabinete, o que ensejou a oitiva do filho, sendo-lhe determinado que, em 48 horas, consumasse a transferência, deixando assim de prejudicar aos pais e irmãos. As atitudes, hostil do pai e de vítima da mãe, desapareceram, formalizando acordo que, igualmente, conduziu à pacificação do litígio, afastado o mau filho, pivô de grande parte das desavenças.

Vê-se como incabível o pragmatismo de José Carlos Barbosa Moreira quando discute, em recente manifestação (*Revista Jurídica* 258, abril de 1999), a validade da obrigatória audiência inicial de tentativa de conciliação. A experiência demonstra que no Juízo de Família é a audiência de conciliação ferramenta essencial à consecução da pacificação da demanda: afirmação lastreada na vivência de resultados.

Relevante nestas questões foi a participação dos advogados. Quanto maior a disputa, quanto maior a fortuna e patrimônio dos separandos, mais facilmente vêm à tona manifestações de poder, logo seguidas de profundo ódio egoístico, o que não quer dizer que nas pequenas disputas, com pessoas de formação cultural inferior e precária disponibilidade econômica, também não surjam; óbvio que, nestas, sem que possuam as partes envolvidas tempo e dinheiro suficientes para sustentá-las, indefinidamente.

A compreensão e o respeito entre os lidadores do Direito é o primeiro passo para se atingir a conciliação e a pacificação do litígio entre as partes. Dificilmente o juiz conseguirá atingir o âmago da questão ou circunstância a ela subjacente, desprezados o conhecimento e a sensibilidade dos patronos das partes. Esta posição de relevo – apanágio dos grandes advogados – deve ser defendida e buscada por todos os profissionais que se prezam e fazem da Justiça o receptáculo de nobres anseios e perenes sonhos.

CAPÍTULO III

DE SOLIDÃO E LIMBO

Todos os que militam na área do Direito de Família padecem sentimentos de ansiedade ou desconforto, diante do conteúdo trágico dos processos discutidos nos foros.

O grande segredo destas Varas é, para o juiz, não proferir sentenças inutilmente, porque ninguém melhor do que as partes para solucionar o problema dos filhos, fixar valores do pensionamento ou dividir "espólios".

Limbo e solidão são conceitos aplicáveis à situação dos filhos de pais separados, aos cônjuges e companheiros, aos familiares de doentes e, igualmente, aos lidadores do Direito.

Filhos convocados a opinar sobre a separação, a escolher um dos pais ou obrigados a freqüentar um dos genitores, assim como pais ou mães vivenciando situações de constante chantagem – usando os filhos ou sendo por eles usados –, no persistir, conduzem à negação da liberdade e ao descrédito da Justiça.

Conseqüências que atingem, na mesma medida, os advogados (primeiros conciliadores da questão, repita-se), promotores de Justiça (desde que participantes conscientes das audiências e do efetivo atendimento ao público) e os juízes (repositórios normais de toda a insatisfação e dor de uma situação, ainda admitida como marginal).

Os termos *solidão* e *limbo*, apesar de não constarem da interpretação jurídica, constituem-se em elementos essenciais à compreensão e desenvolvimento do Direito de Família.

Na lição pragmática de que dos fatos devemos extrair o Direito está a melhor constatação, ao contrário do que pensam alguns juristas, de que, a partir do momento em que alcançamos a convicção sobre um acontecimento, estaremos aptos a julgá-lo e prontos a abandonar o neutralismo formal da processualística, admitida a parcialidade. Pensar que o magistrado será sempre neutro ou imparcial é um engano. Não há juízes neutros e imparciais, salvo até o momento em que lêem a petição inicial e sua contestação, aplicando à questão os princípios da hermenêutica jurídica, aliados a uma sólida formação cultural e treinamento profissional.

Voltando à temática, constata-se que a separação mal resolvida conduz pais e filhos à *solidão* e ao *limbo*.

Por um trágico erro de enfoque, a sociedade brasileira ainda pensa que a situação de separação conduz a uma subjetividade marginal. Pais e filhos de casamentos destruídos pensam e agem, com poucas exceções, como se fossem marginais, e nestas se incluem os estigmatizados pela condição de minoria, como por exemplos, os homossexuais, os soropositivos, os menores abandonados, os portadores de doenças mentais; contudo, ninguém pode se considerar minoria, delinqüente ou estigmatizado, por assim pretender o Estado, a religião ou a moral. Pensar que a separação conduz a um estado de marginalidade é tão prejudicial à vida como manter, pela aparência, por temor social ou por hipocrisia, uma relação que já está destruída.

A separação consciente, levada a cabo de maneira civilizada, torna-se elemento de resguardo à vida em sociedade, da mesma forma que forçar a sua mantença acaba por identificar círculos de convivência neurótica. Qualquer destas duas hipóteses conduz à criação de monstros, gerados pela inadaptação a um comportamento saudável e adequado.

1. A marginalidade real

Nem mesmo os lidadores do Direito estão livres de envolvimento com situação de marginalidade, em razão do comportamento adotado na condução de sua atividade profissional.

Advogados indiferentes e distantes dos problemas dos centros de contenção da pobreza (favelas, cortiços e guetos), descuram da instalação de escritórios de periferia (*Law Communes*), voltados ao atendimento imediato daquelas populações, que se vêem impedidas de qualquer acesso a uma ordem jurídica justa, salvo por recorrerem aos juizados especiais – incompetentes até mesmo para decidir sobre questões de despejo ou alimentos, quanto mais sobre família.

Os promotores de Justiça, diante da imposição de atendimento ao público – como os advogados – numa constante atividade de assistência jurídica, deveriam encaminhar e orientar os necessitados, sempre aprofundando o estudo e a discussão da questão de família, assim justificando a atividade profissional e a defesa dos mais rudimentares Direitos da Cidadania.

Por fim, os juízes deveriam abandonar a função exclusiva de julgamento, numa verdadeira ***mudança de mentalidade***, visando à pacificação da demanda, através do tratamento igualitário das partes no processo (***Modelo de Stuttgart***), além de avançar soluções criativas, capazes de afastá-los de um burocratismo baseado no marasmo intelectual e da condição de meros "abafadores" da insatisfação coletiva.

Dentro da definição de *marginalidade real* há que incluir as mulheres e os menores, em lugar de destaque. Dados estarrecedores demonstram a proporção do extermínio, exploração e marginalização de crianças, no Brasil (v. Capítulo XII). As mulheres, por sua vez, mais da metade das que trabalham, não possuem carteira assinada, sendo preteridas nos cargos de direção, admitidas ou promovidas com salário inferior ao dos homens, além de enfrentarem jornada dupla, no trabalho e no lar.

Estas circunstâncias ligam-se, intrinsecamente, à nova conduta da Família: se a mulher não pode permanecer no lar e o Estado não fornece a seus filhos infra-estrutura (creche, escola), evidentemente que os menores estarão destinados ao abandono nas ruas ou à influência deletéria dos televisores, visto que o homem não assume, ainda que por deformação machista, qualquer parcela desta responsabilidade, com raras exceções. Assim, as mulheres são exploradas nos dois ambientes, com enorme sacrifício da saúde física e mental, enquanto que os menores – se não recebem o efetivo amparo do genitor masculino, através de escolaridade e assistência em período integral ou semi-integral – acabam por engrossar ou um sistema de marginalidade específico, sendo forçados ao ingresso prematuro na exploração do trabalho-escravo, ou nas fileiras do crime, "trabalhando" para marginais adultos ou para policiais desqualificados, única forma de conseguir um "salvo-conduto" para a vida; caso contrário acabam sumariamente chacinados.

Este é um fenômeno sociológico de tipo "mafioso", capaz de explicar o surgimento de "justiceiros de bairro", que vendem proteção, ao mesmo tempo que são mostrados à opinião pública como *cidadãos acima de qualquer suspeita*, ou julgamento, capazes de fazer "justiça" rápida e eficaz, pretensamente garantindo a "satisfação" da vítima, enquanto esta e as testemunhas preferem optar pela lei do silêncio, sonegando provas para a condenação dos delinqüentes. Fenômenos como os da favela Naval, em Diadema, com extermínio e abuso de autoridade, são fatos que demonstram a existência de um sistema criminoso que conta com a participação de agentes da autoridade. Respaldado por membros das polícias, pelo silêncio ou indiferença dos governantes e da classe média, revela-se capaz de aliciar e renovar os quadros da delinqüência, escondendo-se sob a aparência respeitável do voto ou de atividades lícitas (advogados, políticos, jornalistas, industriais, comerciantes, juízes), muitos dos quais, que hoje aparentam indignação à "bandidagem", pedindo duras penas ou mesmo a pena de morte, amanhã estarão prontos para retomar a atividade ditatorial ou a própria tortura política, servindo como lacaios ao governante do dia ou como seus propagandistas ou financiadores.

Os separandos – com um mínimo de consciência – têm noção do que os espera e a seus filhos se não houver real entendimento e civilidade, quanto às definições futuras. Intuem ou admitem que, se não houver empenho na atribuição conjunta de responsabilidades, acabarão por reincidir nas agressões, no dispêndio inútil de dinheiro nas lides forenses ou na freqüência às clínicas psiquiátricas, quando não, às delegacias de polícia. Sabem também que qualquer omissão poderá encaminhar seus filhos ao vício e à criminalidade. O estreito relacionamento entre situação econômica, violência e desagregação familiar, enfatiza seja alcançada a pacificação da demanda, com maior relevância do que a mera conciliação.

2. *A marginalidade aparente*

O menor poderá escolher com qual dos pais irá viver? Qual o regime de visitas a que estará submetido? Será possível viver por períodos com cada um dos pais? Estes poderão definir e dividir as atribuições do guardião, de forma que não haja prejuízo para qualquer deles? Ou só a mulher deve continuar com dupla jornada de trabalho?

Da incapacidade ou descaso no enfrentamento dessas situações é que surge a sensação de *marginalidade* (*solidão*) ou *remorso* (*limbo*), se distantes de uma solução verdadeira, capaz de apaziguar o sentimento de orgulho ferido e minimizar a dor de um amor desfeito.

Promotores de Justiça e juízes podem encetar um trabalho conjunto de mediação e transação com as partes, mesmo durante a audiência; porém tanto estes como os advogados têm o dever de dirigir esforços ao esclarecimento das partes sobre as conseqüências do prosseguimento da demanda. Para tanto devem, também, atuar junto aos centros de miséria, sem confundir assistência judiciária com assistência jurídica, uma vez que a ampliação da segunda implica na restrição adequada da primeira. Famílias esclarecidas sobre seus direitos e deveres, bem como os dos filhos, não se tornarão clientela crônica dos fóruns.

Por outro lado, os juízes de Família devem ser juízes dotados de sensibilidade diferenciada, cientes de que sua função primordial não é, como em outras áreas do Direito, a de sentenciar, mas a de conciliar, pacificando as demandas. É necessário que se afastem de uma mentalidade excessivamente burocrática, que os impeça de progredir na busca de uma solução justa, em razão de compromissos mundanos ou do adiantado da hora do expediente. Devem eles tratar a todos com urbanidade, conversar, aconselhar, sem temor de, ao procurar a conciliação, resvalarem para a parcialidade. Um acordo somente poderá ser feito com o coração aberto, sem quaisquer reservas, mentais ou ideológicas, com o sentimento, também exposto pelo juiz, evitando-se o ambiente formal e a posição rígida de eqüidistância, tão necessária às vezes, mas que impede, na Vara de Família, atinja-se o *relato de caso*, o diálogo verdadeiro.

O formalismo ou a neutralidade aparente tornam-se elementos paralisantes e acabam por impedir o acesso a uma ordem jurídica justa. Não bastam leis, é necessário que seus intérpretes estejam conscientes e entendam a realidade que elas procuram expressar. Exemplo dessa incapacidade encontra-se no Japão, onde apesar de a conciliação ser aplicada como instituição processual milenar, hoje parece fadada ao insucesso, diante da mentalidade formalista de seus juízes.

O conceito, finalmente admitido pela Constituição brasileira, de igualdade entre homem e mulher, o reconhecimento da união estável e da entidade familiar, impedem que pessoas separadas raciocinem como se fossem marginais ou culpados exclusivos de uma situação que pode e deve ser solucionada a favor dos filhos, da saúde mental de todos os envolvidos e suplantar a aparência hipócrita de falsa estabilidade e respeito.

3. *Falsa solução*

Não se admite que a tentativa de transfigurar a questão familiar, de jurídica em meramente psicológica, induza a uma solução real. O juiz pode e deve ser assessorado por assistentes sociais, psicólogos, psiquiatras etc., mas a sociedade não pode esperar que delegue a função primordial de julgar a membro de qualquer outra especialização (árbitro, juiz de paz, psicólogo, assistente social, médico, religioso etc.).

Esta espécie de solução representa agressão a um dos mais importantes predicados do Poder Judiciário: o princípio do *monopó-*

lio da jurisdição. As reiteradas investidas dos outros Poderes a este princípio demonstram que não foi por acaso que o legislador constitucional estendeu as garantias constitucionais, que sempre foram apanágio exclusivo da magistratura, a outras instituições, também com o intuito de enfraquecer o comando do julgamento, forma consagrada para afastar o arbítrio e a improbidade, garantindo a independência dos juízes e a estabilidade das decisões.

O juiz de Família deve manter constante contato com as partes e seus filhos, seja através da audiência, seja na inspeção judicial. A presença de assistente social ou psicólogo não é suficiente para suprir a eventual ausência do magistrado ou a possibilidade de intermediação por profissionais, para tanto testados e capacitados. A solução deve ser o resultado do esforço de todos os participantes do processo: advogado, promotor, juiz e seus auxiliares, além, obviamente, das partes, sob pena de se atingir uma solução momentânea e aparente, para um conflito que perdurará no tempo – sempre, porém, sob a condução exclusiva do magistrado, visto que de pouco adiantará recorrer a profissionais de outras áreas quando o conflito atingir situações paradoxais e de extrema beligerância.

4. Soluções reais

Somente atingiremos a Justiça das decisões se abandonarmos o formalismo neutral do Processo e enveredarmos – junto com as partes – pelo nebuloso caminho da *solidão* e do *limbo*. Neste caminho não há como computar lucros ou prejuízos: há a tentativa desesperada de se atingir um ponto de repouso, que possa fazer com que uma família retome a busca da felicidade.

O juiz deve mudar de mentalidade: após atingir o convencimento, não mais deve se considerar neutro e imparcial.

A ***igualdade entre homem e mulher***, somente poderá ter livre trânsito nos foros se à mulher não for atribuída, com exclusividade, além do exercício profissional, a carga adicional de conduzir os afazeres domésticos. Ademais, não poderá ser tratada, desde o início da contenda, como ser inferior, marginalizado, como a definia, até recentemente, o Código Civil, passível de receber "proteção" diversa daquela dispensada ao homem. Esta igualdade, enfatize-se, também é motivo para impedir que ela pretenda injusto pensionamento ou indenização por serviços, desde que não tenha sido obstada, pelas circunstâncias, de prosseguir na sua formação e desenvolvimento profissionais.

Para escapar da marginalidade e do remorso é necessário que os lidadores do Direito tenham consciência de que, ao serem procurados, quase sempre, a única solução é a separação ou o divórcio. Nestes momentos de ansiedade e angústia, devem sopesar que a possibilidade de reconciliação deixou de existir e que é chegada a hora de ajudar as partes a decidir sobre os percalços de uma separação.

O Estado pode e deve ser acionado através da tutela de interesses difusos, de ações populares ou civis públicas, para propiciar aos cidadãos a necessária infra-estrutura que lhes permita trabalhar sem abandonar os filhos. Aqui, o medo de interpor ação fadada ao insucesso, através de julgamento de extinção ou de improcedência, não pode tolher o trabalho de advogados e promotores, mas deve ter a especial atenção e o reconhecimento dos juízes, ao despachar e julgar estas justas pretensões.

Às partes deve ser dispensado igual tratamento e esclarecimentos constantes, não só por parte de seus advogados como por parte do juiz da causa, ao lhes indicar as conseqüências de se negarem à transação ou ao acordo, enfatizadas as dificuldades e prejuízos advindos do prosseguimento do processo.

O aparente sacrifício, devido à diligente dedicação, será plenamente recompensado, não só pela pacificação do conflito, mas, principalmente, pelo sentimento de realização dos partícipes, ao atenderem aos imperativos morais, das respectivas funções. Enfatiza-se, uma vez mais, não apenas a realização do acordo, mas o fim do litígio. Um acordo em que uma das partes mantém o sentimento de insatisfação ou de logro, redunda, quase sempre, na retomada da lide, da mesma forma que, como no exemplo em que o pai não conseguia superar o sentimento de estar sendo enganado pelo próprio filho, qualquer solução será parcial e paliativa.

Nunca entendi como demasia admitir – inclusive perante alunos da Escola Paulista da Magistratura – que, na Vara de Família, ao Código de Processo Civil não é concedida a mesma primazia de que goza nas outras jurisdições civis especializadas, uma vez que compreendi que nela dispensam-se instrumentos e conceitos que, em outras, são valorizados como imprescindíveis ferramentas de trabalho. Na Vara de Família o que deve prevalecer é a aplicação do direito substantivo, enquanto a processualística, em sua dinâmica e formalismo, dificilmente ultrapassa a discreta posição de meio para se atingir o justo.

Ao pretender uma promoção para uma Vara desta natureza, deve o juiz saber que se dirige a uma das mais trabalhosas e dignificantes funções para as quais foi admitido na carreira. Desde sempre, irá perceber que nunca estará suficientemente treinado para exercê-la, especialmente se lhe faltar aquele mínimo de experiência de vida. Não há fórmulas para esta última, a menos que tenha aguçado a capacidade de observar à própria família ou que tenha tido a oportunidade de se interessar pela dos outros. Esta deficiência é perene, enquanto que o caminho de cada juiz de Família deve ser trilhado a partir de um único objetivo: a rigorosa observância ao respeito pelo próximo, especialmente por crianças, doentes e idosos. Além de especial senso de observação, necessitará de razoável formação cultural e humanística. O juiz de Família, mais do que outros, deve ser paciente, estar preparado para ouvir, aconselhar e demonstrar que suas audiências são presididas com transparência e compreensão, o que, obviamente, não quer dizer que suas audiências, despachos e decisões possam resvalar para um sentimentalismo barato, ou que se confundam paciência e apatia, agressividade e descaso, sempre enfatizado o rigor, como o resultado de decisões penosamente refletidas.

Doloroso será lidar com pessoas que se consideram diferenciadas em razão da disponibilidade econômica e, portanto, "poderosas", fator complexo na árdua função junto às Varas de Família.

Deve-se deixar claro, desde o início, em qualquer judicatura, que o juiz tratará a todos igualmente – com urbanidade e sensibilidade – não só em relação à lei, mas durante todo o desenrolar do processo, especialmente das audiências. O juiz indiferente às fraquezas de um dos contendores, seja por patrocínio medíocre, por falta de condição econômica à própria mantença ou, mesmo, por não poder sustentar o pagamento de perícia essencial ao desate da demanda, acaba por se tornar escravo ou *guardião do sistema*, nunca um verdadeiro juiz.

Lembro de fato ocorrido, lá pelo final dos anos 70, quando o mero despacho saneador de um processo abalou as Varas especializadas e transformou-se em verdadeira batalha. Tratava-se de fixar e fazer cumprir regime de visitas. Por anterior despacho nos autos, as visitas seriam acompanhadas por assistente social, em local diverso do saguão do fórum central (à época, especialmente indicado – nos finais de semana – para receber os pobres ou os mais belicosos e recalcitrantes), verdadeiro luxo, visto que os demais curvavam-se ao ambiente comum, admitido como o único meio possível, à disposição dos juízes, para efetiva fiscalização, protegendo-se os menores do orgulho, do ódio, do egoísmo e da eventual sanha vingativa dos genitores.

A colocação de pais e filhos no frio saguão de entrada do Fórum João Mendes Júnior, muitas vezes, servia para que admitissem que o contato e o brinquedo, que traziam naquelas infelizes visitas, seriam melhor aproveitados num ambiente familiar, alegre e descontraído. A vergonha de partilhar uma "intimidade comum" – se assim podemos definir – repercutia intensamente, apressando uma solução conciliatória, mais justa e digna.

Mesmo aqueles infelizes filhos de pais abastados já haviam percebido que a disponibilidade econômica servia para distingui-los das outras crianças e poderiam – aqui, apesar do desconhecimento, mas com a intuição do desajuste – agradar a um dos genitores, em detrimento do outro e a este humilhar e desprezar. Os atrasos, as faltas, o abandono, após alguns segundos ou minutos de visitas, os atos de insubordinação, de galhofa, nada obstante o desespero do genitor que os aguardara durante toda a semana, foram se tornando constantes e os menores acabaram, de certa forma, por assumir o controle do processo: compareciam às visitas quando e como entendiam, demonstrando descaso pela determinação judicial, apresentavam-se com guarda-costas, além de ocupar inutilmente todos os finais-de-semana da assistente social.

Havia que tomar uma decisão, restauradora da dignidade da Justiça e capaz de efetivar a proteção judicial, já deferida, ao visitante. A revogação do anterior despacho, determinando que as visitas se realizassem no mesmo lugar e horário das demais famílias, ocasionou uma avalanche de recursos: um agravo de instrumento, dois mandados de segurança e duas representações, uma perante a OAB e outra para o Conselho Superior da Magistratura.

Esta hecatombe – parte da vida de qualquer magistrado – acabou sendo resolvida, depois de quase 5 anos de batalhas judiciais, entre o juiz e o advogado. As partes, por sua vez, assentaram-se numa vida que imagino triste e difícil, por escolha própria e pelo passado que ostentavam. Juiz e advogado, tempos depois, se reconciliaram, restando uma lição: a defesa da Instituição ou das partes jamais podem ser confundidas, buscando-se sempre a redação objetiva e cuidadosa das peças processuais, dos despachos e informações, omitida, sempre que possível, a adjetivação. Esta advertência, partida do, então, Corregedor-Geral da Justiça, em reunião do Conselho Superior da Magistratura, veio acompanhada de uma exortação: era necessário continuar a decidir, como fora decidido, para que aquela espécie de "poder" e seus seguidores entendessem que a Justiça é distribuída de forma igual para todos, apesar, e por causa, das diferenças econômicas entre eles; *porém, sem adjetivos...* Outras circunstâncias negativas a envolveram: a exacerbação inútil da lide, o excessivo interesse das partes e advogados, na vitória "a qualquer custo", uns para que pudessem se vangloriar de uma situação familiar, onde impossível recuperar a felicidade dos envolvidos, enquanto outros enriquecendo bolorento arquivo, onde consignados expressivos honorários.

Por outro lado, de nada adiantaria, naquele caso, uma sentença erudita, recheada de citações inúteis e de jurisprudência, distante da realidade do caso concreto. Inútil será a sentença que se faz tardar, incentivando disputas; que omite as agruras daqueles que participaram do processo, tendo que voltar para suas casas com a estranha sensação de que a Justiça é cara, complicada, inatingível e que suas razões não foram sequer ouvidas.

Estas circunstâncias enfatizam a necessidade – já admitida constitucionalmente – de que os lidadores do Direito não prescindem de educação dirigida e constante reciclagem, para um perfeito desempenho da atividade profissional. O estudante brasileiro está sendo, para ainda uma vez repetir o raciocínio de Paulo Freire, *treinado, mas não formado*. O bacharel tem sido empurrado muito mais em direção a um emprego, do que para ser um profissional que domine o conhecimento. A ***globalização da Economia***, por sua vez enfatiza o fim do emprego e dá importância ao saber fazer, ao lazer, à Estética e ao conhecimento, ao contrário da especialização pura e simples (De Masi, 1999). Os reflexos destes fatores na manutenção dos relacionamentos e da prole serão imediatos!

CAPÍTULO IV

O PROFISSIONAL E O PROCESSO

1. Especialização

Já advertira, linhas atrás, sobre a paralisia que atinge os lidadores do Direito nesta espécie de litígios, com reflexos evidentes nos despachos, sentenças e acórdãos. O número de arestos que existem nos repertórios – agora repassados para os programas de CD-ROM (*Lex*, *Juis*, *Revista dos Tribunais*, etc.), atinge consideráveis cifras, ainda que se expurguem os absolutamente repetitivos.

Porém, pretende-se referir e selecionar aqueles que se aproximam de pontos de vista que se defende e entende como essenciais à compreensão e desenvolvimento da judicatura de Família, observados os princípios relevantes à própria função e que considerem o comportamento das partes, sempre buscando atingir o verdadeiro acesso à pacificação do conflito.

Há que mencionar, por primeiro, os procedimentos especiais do Direito de Família, perguntando: a educação universitária americana e o retorno às origens do ensino jurídico são compatíveis? Quais as conseqüências do abandono do Direito Romano, ante a aplicação quase que exclusiva de precedentes jurisprudenciais? Creio que esta dúvida, também devida à massificação do ensino jurídico, não é suficiente para um aprofundado estudo das raízes dos conflitos, localizadas na miséria dos habitantes de países como o Brasil ou na falta de qualquer espécie de acesso a uma ordem jurídica. A existência de favelas, cortiços, guetos e populações rurais excluídas, quase-escravizadas, sempre em número crescente, está a demonstrar que os aplicadores do Direito se mantêm distantes do povo.

Disto resulta que o bacharel em Direito preocupa-se, principalmente, com uma eventual carreira no funcionalismo público ou com a participação em escritórios centralizados, com clientela oriunda, no mínimo, da média burguesia. Estes fatores induzem a competitividade numa área restrita e predeterminada, onde poucos irão sobressair, enquanto que as questões jurídicas não espelham os anseios mais relevantes e o atendimento adequado da população. Não há estudos sobre a formação de *leading cases*, visando a unificar o entendimento jurisprudencial, sem vinculá-los, e que sejam capazes de reduzir o demandismo estatal, hoje facilitado pelo número excessivo de recursos e dada a inexpressiva expressão econômica de suas custas. De cambulhada, questões relevantes, como as de Família, são colocadas na vala comum daquelas banais, como a cobrança de um cheque, mas que obrigam a idêntica dedicação de advogados e juízes, em detrimento de uma distribuição objetiva da prestação jurisdicional.

Experiências estéticas também são capazes de enfatizar a formação ou constante aprimoramento jurídico. Assistir e rever filmes, como *Sociedade dos Poetas Mortos*, *The Wall* etc., ou ler *O primeiro ano*, de Scott Turow, são abordagens literárias do ensino. Nada obstante estejam, o primeiro e o último, ancorados na sistemática americana, propõem-se a enfrentar a hipocrisia do ensino tradicional, afastando fórmulas sacramentalizadas, ao enfatizar a formação clássica e sua influência sobre o conceito de liberdade. Em suma, arejando salas de aula, única razão de ser de qualquer Escola. O segundo, quase que na mesma linha, demonstra o esforço do estudante inglês para escapar ao terror dos castigos corporais e de conceitos voltados para o banimento da criatividade, através da uniformização de mentes e comportamentos. O livro de Turow mostra o estudante de Direito em seus contatos com a matéria jurídica (lei), a luta contra o ranço da teoria, pela compreensão das disciplinas, partindo do estudo objetivo de casos e da formação de grupos de estudos monitorados, sob a advertência de que, não por estarem aprendendo com as leis, devam, necessariamente, assumir os valores que as produziram, pois, na conclusão de Turow: "As leis são expressas. Mas a controvérsia teórica nunca é definida".

Cabe, então perguntar: as Escolas de Magistrados questionam o ensino da lei, com a necessária liberdade para que seus alunos atinjam a consciência do momento que antecede à sua própria criação, através da discussão dos motivos políticos do legislador? Enquanto o jurista não entender as razões determinantes da criação legislativa, não participar dos debates na sua elaboração, jamais conseguirá a visão real da problemática jurídica, no seu relacionamento com a Sociedade; do que é a lei e como deveria ser aplicada ao caso concreto.

Este trabalho de conscientização é dever também dos órgãos de classe (OAB, Apamagis, AMB etc.). através de suas respectivas Escolas e cursos de aperfeiçoamento. Há que se retomar o Humanismo, a Ética, a Estética, enfatizada a Cultura, que para os usuários e lidadores do Direito concentra-se, basicamente, no domínio da língua, como expressão do raciocínio jurídico, em especial nas questões do Direito de Família, onde todo o desenrolar da demanda depende da exposição oral, da conceituação jurídica e do conhecimento, visando à conciliação e à resolução definitiva da causa.

2. *Mercosul e Direito de Família*

É chegada a hora de se repensar uma nova ciência jurídica, baseada numa pedagogia para o terceiro milênio, cujos parâmetros iniciais foram lançados em nosso país pela atividade pioneira de alguns juízes latino-americanos nas *Cartas do Guarujá* (SP) e de *Garibaldi* (RS), quando traçaram os primeiros contornos de um Direito Comunitário e de uma justiça supranacional para o Continente. Os inúmeros problemas, revestidos de crescente complexidade e importância, enfatizam que o objetivo traçado longe está de ser rapidamente atingido. Sem qualquer preocupação – de momento – com o grau de complexidade, apontemos alguns *estados de crise*, em especial da Educação e da Economia.

Constata-se, ainda que ausentes elementos seguros com relação aos demais países latino-americanos, que, no Brasil, ressentem-se os cursos jurídicos de razoável formação crítica, quer para alunos, quer para professores, além de maior aprofundamento em matérias que envolvam política externa e desenvolvimento. De há muito, não mais se estuda nas Escolas de Direito algo que possa, ainda que de longe, lembrar o Direito Comparado. Inexiste preocupação com a formação histórica e diplomática, colocando-se de lado matérias como Economia e Sociologia, salvo para completar o currículo.

Os cursos de ciências jurídicas não formam juristas, preocupando-se com treinar bacharéis. Enfatizam a experiência dos balcões de Fórum ou o dirigismo de nefandos "cursinhos", voltados à exclusiva capacitação de candidatos a cargos públicos. Estas circunstâncias têm propiciado um equivocado florescer do direito processual, negligenciado o estudo do direito substantivo. Sob este aspecto, mencione-se o Relatório sobre ensino jurídico no Brasil, ao *IX Congresso Mundial de Direito Judiciário*, realizado em Coimbra (Lagrasta e Freitas Borges, 1991) e que serviu de base para o Relatório Geral. Naquela oportunidade, como agora, concluiu-se pela expressa condenação dos métodos e pedagogia empregados pelas Escolas de Direito, viciadas numa visão restrita de que deveriam apenas treinar futuros candidatos às carreiras jurídicas. Do Relatório a esta data, pouco caminhamos, com raras e honrosas exceções, no sentido de transformar nossas Escolas, de Direito ou de Magistrados, em escolas de formação e especialização na ciência jurídica, onde teoria e prática estejam voltadas para a afirmação da Paz e da Justiça. Nele estão evidenciadas as deficiências crônicas da incipiente formação escolar, em qualquer de seus graus. O erro estava, como continua a estar, na base, isto é, na má formação de professores e alunos, na miserável remuneração daqueles, além da reduzida oferta de escolas públicas, de bolsas de estudos, fazendo prevalecer a desigualdade no acesso à Educação. A estes fatores acrescem-se os da evasão e precária administração escolar, ausência de planificação pedagógica e de currículos, por fim, mas não como último, a pauperização dos professores, sejam eles de escolas públicas ou privadas, também em qualquer grau. Evidencia-se, assim, o desrespeito à dignidade de todos quantos compõem o arcabouço educacional, sejam eles pais, mestres ou alunos.

Outros países que formam o Mercosul atravessam crise semelhante do ensino, quiçá com exclusão da Argentina, do Chile e do Uruguai, porém o estudo multidisciplinar e a formação de bacharéis em Direito reflete-se na condição dos magistrados, despreparados para enfrentar as dificuldades do Direito Comunitário. Como será julgar um índio do altiplano andino, suas razões dentro da organização familiar, se comparadas com as do cidadão dos grandes centros, como Buenos Aires, Montevidéu ou São Paulo? A criação de um tribunal supranacional não deve tardar, se pensarmos que já existem tratados e acordos bilaterais que permitem a movimentação de bens e pessoas. Assim, a situação do estrangeiro que passa a trabalhar em outro país da Comunidade, deverá enfrentar-se com as peculiaridades da legislação trabalhista e previdenciária do país que o acolhe e à sua família. Por outro lado, e este é o aspecto mais relevante e perigoso, tendo sido o produto de decisões exclusivas dos setores diplomáticos, por enquanto o Mercosul não trouxe qualquer previsão de proteção aos particulares (pessoas físicas ou jurídicas), deixando estes ao total desamparo, seja diante das determinações do Consumo, do Direito Penal e do Meio Ambiente, para somente mencionar os mais importantes. Enquanto não forem fixados os princípios para a criação e desenvolvimento do Direito Comunitário, a partir da mitigação do conceito de soberania, através daquele de ***soberania compartilhada,*** evidente que não se poderá falar em proteção dos relacionamentos entre adultos e entre estes e as crianças. A vertente econômica preocupa-se com as questões alfandegárias e os impostos de circulação entre fronteiras, sem contudo acenar ao particular e seus familiares.

Sobre o tema, Gustavo Fernández Saavedra, ex-embaixador da Bolívia no Brasil, afirma que todos os países da região, ao imaginarem uma reforma educacional, constataram, em sombrio diagnóstico, que: "A educação básica é de baixa qualidade, a taxa de evasão é intoleravelmente alta, enquanto que a cobertura do serviço está longe de ser universal, o que afeta as mulheres de forma mais contundente, especialmente em países com alta presença indígena". Prossegue nesta análise evidenciando, ademais, que a tentativa de descentralização conseguiu atingir as sólidas bases do sindicalismo do magistério, favorecendo clientelismos regionais, com nefastas repercussões na qualidade do serviço prestado e "com forte crescimento da diferenciação no acesso à educação". Com isto, a exclusão dos pobres é também agravada pela ausência do governo central nas regiões menos desenvolvidas, com extensão à precária proteção daquelas minorias.

Lembra-se aqui o raciocínio de Bobbio, corretamente interpretado por Giuseppe Vacca, quando preconizam que: "'O mercado', escreve Bobbio, 'bem mais que a democracia política, foi o grande vencedor da disputa das democracias contra os regimes comunistas'. Mas ele parece ser hoje o reino do 'homem utilitário, interessado, egoísta, que se ocupa tão-somente de seus próprios interesses particulares'. A 'vitória esmagadora do mercado' demonstra que a sociedade em que vivemos 'é uma sociedade sem ideais, uma sociedade que atravessa uma crise moral', na qual, ao menos por enquanto, o *Homo oeconomicus* prevaleceu sobre o *Homo sapiens* e não se vê como este possa voltar a atuar".

Tomando-se o *Homo sapiens* como exemplo de garantidor da democracia, constatamos que os juízes, ao menos os do Brasil, sempre olharam com desconfiança e cautela para questões políticas, econômicas e diplomáticas, delas apenas auferindo as desastrosas conseqüências dos reiterados e iníquos planos econômicos, em sua litigiosidade, o que, contudo, não quer dizer que estão acomodados ou que integrem uma instituição sem ideais.

Devemos supor que, dos destroços dos "anos de chumbo", que recobriram todo o nosso Continente, surgirá um novo pacto político de integração, a ser rapidamente alcançado e concretizado, através de uma estrutura jurídica capaz de assegurar os direitos de cidadania aos nossos povos. Não podemos, assim, prescindir de Tribunal e Escola Supranacionais, com juízes aptos a interpretar e julgar as novas questões continentais, do Direito Penal aos Direitos Humanos e, como corolário, de uma verdadeira e intransigente defesa da Cidadania, não permitindo que "a ***Justiça*** (continue) ***a serviço do crime***".

CAPÍTULO V

UM POUCO DE PROCESSO...

1. As medidas cautelares

1.1 Justificativa

Examinando os Procedimentos Especiais, do Livro III, do Código de Processo Civil, destacam-se algumas Medidas Cautelares, que se apresentam com maior freqüência na vida profissional, sem contar, doravante, com as implicações da tutela antecipada na nova feição do Agravo de Instrumento. Advirta-se, desde logo, que estes apontamentos, igualmente, refletem a experiência judicante e, não, como poderiam pensar alguns, qualquer saber processualístico de última hora.

1.2 Peculiaridades

O trabalho de advogados – de notória especialização na área – muitas vezes, teria conduzido ao desvirtuamento para se atingir o justo. Não era incomum encontrar nas Varas de Família a distribuição simultânea de três ou quatro cautelares, com pedidos liminares, a retardar a apreciação real do conflito, fundado na separação do casal e na pacificação de todos os envolvidos. Entendeu-se, nestas hipóteses, ser de boa tática – talvez não de boa técnica – retardar o momento de conceder ou negar liminares, até a realização da Audiência de tentativa de Conciliação, com isto evitando-se gastos inúteis e sobrecarga das pautas e dos Tribunais (a cada despacho um novo recurso), atingindo-se também a economia e rapidez processuais, com a extinção simultânea, pela desistência, sem apreciação do mérito dos ***processos cautelares***, em especial da cautelar de ***Busca e Apreensão de Menor***.

1.3 O que se entende por "fumus boni iuris" e "periculum in mora"

No âmbito imenso do Direito de Família, a *fumaça do bom direito* está no motivo que impele um dos cônjuges ou o companheiro à separação ou ao divórcio; enquanto que o *perigo na demora*, por tormentoso, no impedir agressões, e seu envolvimento com a sobrevivência, com o patrimônio e formação dos filhos, deve ser utilizado – e deferido em caráter de urgência – desde que verificado, imediatamente, por veementes indícios ou provas, que, nada obstante singelos, estejam revestidos de credibilidade inafastável, a partir da primeira leitura do pedido. Trata-se, talvez, da mais rigorosa apreciação de pedido inicial, juntamente com aquela do pedido de tutela antecipada, a exigir comedimento daquele que a pede e excepcional cuidado do que a defere, ou indefere.

Espantam-se todos com o fato de persistir o casamento por longos anos e, repentinamente, alegar-se a impossibilidade da vida em comum, às vezes até por mais um dia. A solução deste impasse, para o julgador, somente poderá receber equacionamento correto após o contato urgente e direto com as partes, o que impõe o absoluto controle da pauta (da mesma forma que, para o advogado, impõe-se a correta distribuição diária de audiências e consultas). Constitui fato notório que os interessados procurem o padre, o psicólogo, o vizinho, o parente, o advogado e, após esta longa caminhada, aguardem ainda por alguns dias, entre a consulta e a elaboração da peça inicial, até a distribuição, não existindo razão para exigir-se do juiz a imediata solução liminar, admitidas apenas situações excepcionais. Com a nova feição do Agravo de Instrumento, sem dúvida que os pedidos de tutela ou de liminar antecipadas, acabarão por sobrecarregar os Tribunais de Justiça, ante o inconformismo, que é comum nas questões de Família, buscando-se sempre a imediata satisfação de situações realmente conflituosas ou de satisfação ao orgulho ou amor-próprio feridos.

2. A separação de corpos

Das medidas cautelares, com pedido de liminar, talvez seja esta a mais expressiva e a que, excepcionalmente, conseguirá dispensar imediato acolhimento.

Salvo casos extremos de violência ou arbitrariedades, constatáveis de plano, não se deve conceder liminar que obrigue a parte requerida a deixar o lar, ao contrário daqueles pedidos em que o próprio requerente se dispõe a fazê-lo. Deve designar-se, sempre que possível, Audiência de Justificação, determinada a citação e intimação do outro cônjuge, para *acompanhar* a Audiência, quando possível o rápido contato direto e uma primeira tentativa de conciliação. Por outro lado, pretendendo o requerente – homem ou mulher – responsável pela mantença, ou parte desta, do lar, retirar-se, deve consignar imediata oferta de alimentos e, havendo filhos, de regime de guarda e visitas, não se vislumbrando falta de técnica na cumulação de pedidos de separação de corpos, regime de visitas, e fornecimento de alimentos provisionais, porque claramente dirigidos a satisfazer ao interesse superior dos filhos ou ao da sobrevivência destes e do outro, ante a inevitabilidade da demanda e da separação.

3. A guarda de filhos e o regime de visitas

Estas cautelares são, a meu ver, auto-satisfativas (o que não quer dizer que serão concedidas com a característica definitiva, olvidados os princípios do devido processo legal, suprimindo-se o contraditório, a igualdade no tratamento das partes e a livre produção de provas), isto porque o pedido nelas previsto, salvo se preparatório da suspensão ou extinção do poder parental, confunde-se com o mérito da ação principal, dela não podendo ser destacado. A mudança de guarda quase sempre envolve conduta incompatível com a do poder parental, tornando visível a urgência da Busca e Apreensão que, neste caso, implica a imediata modificação da guarda e, dependendo da gravidade da conduta, a suspensão ou destituição daquele, com ou sem a possibilidade de oferta de regime de visitas.

Nestas circunstâncias, especialmente pelo envolvimento do interesse superior do menor, devem se conduzir advogado, promotor e juiz com especial habilidade e empenho. A melhor solução para o conflito entre pais e filhos ou, mesmo, quando na questão alimentícia tratarem da disponibilidade e necessidade de alimentos, há que respeitar a solução que alvitram os envolvidos, desde que o não façam com prejuízo próprio ou dos filhos. Imprescindível, assim, a utilização constante da inspeção judicial, repita-se, evitando-se, o quanto possível, a presença dos menores no fórum. Raramente, diante do estado emocional abalado, as crianças entendem as razões da demora e do formalismo de uma audiência, colocando-se, ante a precariedade das instalações de nossas Varas e Gabinetes, em situação confusa sem saber se estão numa Delegacia de Polícia ou num Arquivo do Estado...

4. Arrolamento e partilha de bens

A finalidade é a de inventariar o que é passível de extravio ou dilapidação, devendo o magistrado aguardar a manifestação da outra parte, evitando-se, o quanto possível, o seqüestro imediato de contas bancárias, ou a paralisação da atividade, capazes de impedir à parte requerida a manutenção dos requerentes, a própria sobrevivência ou a interrupção nefasta de seus negócios, surgindo como mais justo, no primeiro caso, o bloqueio parcial e provisório.

Há, sob este aspecto, duas questões relevantes: ou o postulante tem o perfeito conhecimento dos bens e negócios do casal e de sua administração ou deles faz errônea idéia, não só por desinteresse, como, por mais comum, no caso das mulheres, impossibilidade ou total ausência de conhecimento da situação. Desta forma, é conveniente que o magistrado aja com prudência, conduzindo o processo para uma Audiência prévia de Conciliação, utilizando-se, se possível, de expedientes como a constatação na empresa ou nos bancos. Encerradas estas, sem apreciação meritória da prova, o juiz deve proferir sentença de homologação, ou deferir liminar, na justificação.

5. O casamento e a união estável – Hiato necessário

Sempre defendi (*Revista da Associação dos Magistrados Brasileiros*, nova fase, fev/1990) a absoluta igualdade, como determinou a Constituição Federal, destas duas entidades; e o primeiro direito que lhes deve ser reconhecido é o de litigarem, em segredo de justiça, perante o juízo da Família. Não se tratava, ao contrário do afirmado em algumas decisões da Câmara Especial do Tribunal de Justiça de São Paulo, de dar tratamento meramente obrigacional à questão do relacionamento estável entre não-casados. Avulta, sim, a condição de entidade familiar, que pode ser equiparada ao casamento, visando receber a especial proteção do Estado. Acresce notar, ademais, que esta entidade pode, até, ser formada por um dos pais e seus descendentes. Ora, o concubino ou companheiro e sua prole devem se dirigir ao juízo de Família, e não ao Juízo Cível, para a resolução das pendências entre si, ou em face de um dos genitores, expurgando-se, definitivamente, a hipócrita remessa ao Juízo Cível daquelas entidades, cujo único pecado, em relação aos casados, é a falta de uma certidão, enfatizadas a presença de filhos e do prolongado relacionamento. Reservam-se ao juízo cível as questões entre companheiros impedidos de casar, em razão de relacionamento adúltero, nas quais a disputa é puramente obrigacional, inexistência de prole ou de reflexos patrimoniais sobre esta.

6. Alimentos provisórios e provisionais

Entendem-se os primeiros como sendo os concedidos em razão da lei especial, fixados de plano pelo magistrado, em percentual capaz de preservar subsistência também ao alimentante. Adiantando-se que nada pode ser predeterminado, a título de *praxe*: há sempre que se perquirir da necessidade (do alimentando) e da disponibilidade (do alimentante). Assim, não se fixam alimentos capazes de levar este à ruína ou aquele ao locupletamento – diante da pueril argumentação de que a parte é frágil, permanece com os filhos, etc. A igualdade entre homem e mulher implica na absoluta divisão de responsabilidades e tarefas; é uma igualdade constitucionalmente prevista, que pode ainda ser precária, mas que, de todo modo, merece rigorosa análise pelo magistrado, não devendo este premiar o preguiçoso ou o culpado.

São os alimentos provisionais aqueles requeridos, cautelarmente, para "socorrer o necessitado na pendência do processo principal", cabendo estes em quaisquer ações que digam respeito à família, união estável ou entidade familiar, inclusive quando da anulação de casamento e da investigação de paternidade, nesta se presentes indícios que, de imediato, a não excluam.

A experiência nas Varas de Família, demonstrou, a meu entender e de forma algo inexplicável, que a cautelar de alimentos provisionais, nos casos em que possível o pedido de provisórios, mostra-se menos rápida e de solução mais demorada, salvo se designada Audiência de Justificação, quando, em geral, ocorre o acordo e a pronta e prévia apreciação do pedido.

Acresce notar que, tanto os provisórios quanto os provisionais, somente cessam ante a homologação do acordo ou diante da sentença com trânsito em julgado, reduzindo-se por decisão final que venha a concedê-los em quantia inferior – hipótese quase impossível, diante do caos econômico-financeiro do país – ou diante da revogação ou modificação impostas durante o curso da lide, por mudança de condição profissional, fortuna ou responsabilidade direta diante da prole.

Quanto à prisão, por débito alimentar, deve sempre ser precedida de rigoroso cálculo, cuja homologação pelo juiz se faça durante a Audiência de Justificação a ser designada, intimado pessoalmente o devedor, inclusive para a possibilidade de, na mesma oportunidade, ver decretada sua prisão. Decisões recentes – de forma insensível – têm admitido a prisão apenas quando o débito não ultrapasse mais de três prestações vencidas, deslembrados de que o credor, geralmente, sequer tem meios de chegar ao escritório de um advogado ou tem conhecimento de que poderá cobrar o faltoso e recorrer à assistência judiciária gratuita.

7. *Conclusões*

A absoluta igualdade entre o homem e a mulher e a equiparação da união estável e da entidade familiar ao casamento representam avanço legislativo, não condizente com o comportamento social e jurídico do povo brasileiro e do Código Civil, em sua inexpressiva e parcial reforma.

A mulher – por circunstâncias óbvias e já vistas – ainda não atingiu tratamento igualitário, sequer na atividade profissional, pois, além de dividir com o varão o trabalho fora do lar, não sendo registrada e percebendo salário inferior ao do homem, ainda continua, sozinha, a desempenhar e controlar os afazeres domésticos.

Na maioria dos casos, iludida, pretende permanecer com os filhos, sonha com uma verba alimentícia ou partilha patrimonial que lhe garanta um futuro tranqüilo, descobrindo, tardiamente – aquelas que não se prepararam para uma vida profissional – que não estão habilitadas sequer para administrar imóveis, uma eventual conta de poupança ou, mesmo, a prole. Não raro, após alguns anos, voltam ao Fórum, em situação de quase-miserabilidade, enfrentando-se com o ex-parceiro que ostenta franco progresso profissional e financeiro, além de indisfarçável falta de compreensão. Estes fatores são confundidos com ilusória *independência*.

Tais circunstâncias poderão ser afastadas pela modificação da mentalidade de advogados, promotores e juízes, não só na aplicação de um procedimento seguro e informal, voltado para o interesse superior do menor, para a igualdade das partes no Processo, na fixação da responsabilidade conjunta sobre a guarda, alimentos e regime de visitas, como pela absoluta identificação dos anseios sociais, capazes de permitir o mais irrestrito acesso e compreensão do que é uma ordem jurídica justa e uma vida digna.

Devemos entender e começar a ousar na propositura e deferimento de pedidos que minimizem estas situações, até mesmo aqueles de ***guarda conjunta*** de filhos ou pagamento de pensão, em percentual mais elevado do que o costumeiro, àquela das Partes que receba sobrecarga dupla e comprovada de responsabilidades diárias e materiais com os filhos e que, em razão disto, tenha sido obrigada a abandonar seus estudos ou interromper sua atividade profissional, para cuidar exclusivamente do lar e da prole.

Esta igualdade entre homem e mulher deverá conduzir, dentro em breve, à modificação do pacto antenupcial (ou de companheirismo), tornando-o absolutamente idêntico ao casamento, afastado o formalismo baseado na celebração e permitindo-se que seja rompido unilateralmente, perante o Oficial do Registro Civil, como ocorre, de há muito, no Japão.

Por fim, o fenômeno das migrações deve ser considerado como elemento modificador de hábitos arraigados e de situações jurídicas consolidadas, a exemplo da presença de muçulmanos e outras religiões e etnias, que durante anos estiveram virtual e totalmente marginalizadas. A presença destas na Europa e nos Estados Unidos, seu conceito religioso de família, poderá propiciar um retorno ao férreo tradicionalismo das origens jurídicas, fazendo renascer o otomano-romanismo, com suas nefastas conseqüências retrógradas.

A consciência de todos os que militam no ramo jurídico e a ***mudança de mentalidade dos juízes*** poderão impedir o retrocesso, que se avizinha e se impõe pela forma mais insidiosa e rápida: o da globalização econômica, incentivadora da balcanização dos países que compõem os Continentes, ante a existência de apenas uma potência, com hegemonia mundial. Devemos ter presente que se houver interesse à ética protestante do capitalismo confinar muçulmanos, negros, latino-americanos, judeus etc. – numa nova "guerra santa" – num imenso gueto continental globalizado, não resta dúvida de que a potência hegemônica o fará, tratando de subjugar consciências, ritos e hábitos, numa infeliz e desastrosa "igualdade", onde a primeira agressão será – como sempre tem sido – à consciência dos povos e à sua liberdade. Estes fatores revelam a influência que essa conduta econômico-política tem sobre a família, no seu sentido mais amplo e absoluto: a prole e seu futuro; a disseminação de idiossincrasias insuperáveis e desigualdades odiosas, a partir das restrições ao acesso aos meios de cultura (escola) e informação (informática).

O desajuste nos julgamentos não está somente no tratamento desigual das partes em conflito, mas no desrespeito à formação cultural destas. Caberá ao Direito Comunitário, à jurisprudência, à sua interpretação corajosa, estabelecer parâmetros para sentenças justas, a partir da compreensão, no mais curto prazo de tempo, da sensibilidade individuzalizada dos povos de uma comunidade continental, respeitando-lhes as características próprias de ética, moral, religião, costumes etc. Esse é o futuro; daí nascerá o juiz do próximo milênio e será estabelecida a nova jurisprudência, orientados, quem sabe, pelas vicissitudes de uma família globalizada... e virtual!

CAPÍTULO VI

A JURISPRUDÊNCIA

1. Conceito e evolução

Sempre que se discute *jurisprudência*, especialmente aquela voltada ao Direito de Família, impossível seria não considerar que o mundo encontra-se sob a influência de *estados de crise*, característicos do final de século e inícios do novo milênio. Hoje, a globalização econômica evidencia dificuldades mundiais em se admitir a interferência do *estado-benfeitor*, do pleno emprego, da segurança, saúde e educação, com conseqüências trágicas para a maior parte dos seus habitantes, despojados dos aparatos mínimos de uma vida civilizada. A Economia investe contra o bem-estar, contra os costumes e, é evidente, contra a Família. Esta, por sua vez, influenciada por novas posturas e moderna conceituação, passou a admitir institutos como a entidade familiar ou o casamento entre pessoas do mesmo sexo etc., ao mesmo tempo que o estágio atual do progresso genético e o surto epidêmico da Aids, interferem na Educação e no comportamento humanos.

Analisando a evolução da família brasileira teríamos: uma, primordial, e que não se pode ver negada, indígena – dificilmente compreendida e, até hoje, precariamente estudada – ao menos a sobrevivente ao ***extermínio indígena*** (narrado por Frei Bartolomé de las Casas), acabou assimilada pelo invasor. Adquire, assim, novas características que se refletem na dispersão e perda de identidade, na ignóbil submissão e no relaxamento de costumes e tradições. Na seqüência histórica, a esta nova estrutura familiar vem somar-se o elemento negro-escravo e, finalmente, o imigrante europeu.

Complexados, perplexos e, quase sempre, excluídos, em relação aos países desenvolvidos, elaboramos teorias de segunda mão sobre fenômenos jurídicos mal assimilados. Nosso Direito Civil pode ser considerado como o repositório da teorética francesa, italiana, européia, sempre, atrasada em relação aos fatos da vida num Continente jovem e que reflete profundas modificações nos hábitos, ao mesmo tempo que é formada por civilizações indígenas, negras e levas de imigrantes. Sem conseguir acompanhar o progresso das nações, tolhidos por implacável tutela econômica e cultural de países no exercício hegemônico, novos institutos foram sendo assimilados ou recepcionados com extremo vagar e dificuldades sem conta por nosso ordenamento jurídico. Os costumes, especialmente aqueles dirigidos à família e aos filhos, estratificaram-se, também em razão de posicionamentos religiosos, impedindo, o quanto puderam, o divórcio e, até hoje, o aborto – mesmo aquele previsto, de há muito, pela legislação penal –, as uniões entre pessoas do mesmo sexo etc. O juiz, formado essencialmente dentro destes padrões conservadores, acaba por moldar a própria carreira e discernimento, de forma a resistir ou mesmo impedir o progresso da jurisprudência.

O Direito de Família é dos que mais sofrem deste mazombismo cultural. Atualizá-lo é tarefa diária e estafante, e para isso necessita-se, cada vez mais, de profissionais conscientes da magnitude do trabalho e de sua importância para o desenvolvimento e adequação da ciência jurídica. Quando se fala em litigiosidade contida, crê-se que o primeiro repositório desta insatisfação esteja – como efetivamente está – no distanciamento permanente que existe entre os costumes e a **mentalidade dos juízes**.

As repercussões deste progresso, na jurisprudência, são ridículos, como fruto de uma visão conservadora e que despreza os elementos culturais, sociológicos e antropológicos, resumindo-se em inexpressivas soluções de momento. Quem pode se deliciar com a leitura de ***Memória e Sociedade***, de Ecléa Bosi, baseado na lembrança de velhos habitantes da cidade de São Paulo, num período determinado de sua história – provenientes os entrevistados de diversas origens, etnias e classes sociais –, compreenderá que estas visões são coincidentes, apenas, num grande espectro de vida. Nada obstante estivessem todos vivendo numa mesma sociedade, seria impossível exigir-lhes que aceitassem ou enfrentassem, de maneira uniforme, as circunstâncias éticas e morais, determinantes de comportamentos e reações. Não seria possível imaginar-se ou exigir-se de qualquer deles, individualmente, a aceitação de um conceito único de família, de casamento, de separação ou concubinato. Oriundos de classes sociais as mais díspares e distanciadas, advindas da migração, da escravatura, da vida agrícola ou industrial da Europa, ou mesmo do subemprego, sofriam destes atavismos culturais e raciais e, nada obstante isto, acabavam sendo julgados a partir de uma ideologização da lei, que pouco ou nada lhes dizia respeito, quer quando punia, quer quando os pretendia amparar.

Ao enfrentarmos estados agudos de crise, que avassalam nosso viver, deparamo-nos com os da *Educação, Economia* e *governabilidade*. Deficiências educacionais, de há muito, acomodam-se em nossos bancos escolares, seja de que grau for, aí incluídos os da pós-graduação ou do mero aperfeiçoamento. De pouco ou nada adiantou a reiterada advertência de Paulo Freire de não ser possível acreditar na escola que apenas *treina*, mas que se deve incentivar e adotar aquela que *forma*. Estudos e estatísticas, razoavelmente confiáveis, têm demonstrado que os lidadores do Direito ressentem-se de rigorosa formação, desde os cursos mais elementares, até ao universitário e às escolas de profissionais.

Os exames de Ordem, os concursos de seleção para cargos jurídicos públicos, a institucionalização de vestibulares ou "cursinhos", bem demonstram a deficiência que atinge indistintamente escolas públicas e privadas, incapazes de acompanhar e atualizar os currículos, diante da inexperiência e precária formação de seus corpos docente e discente. À medida que esta perigosa desagregação cresce, as instituições e classes vão criando novos cursos e escolas, todos a padecer dos mesmos vícios e da falta de profissionalismo. Escolas de magistratura, ministério público, advocacia etc., prestam-se, muitas vezes, como escoadouros de vocações acadêmicas frustradas, ante irrefreável e pernicioso aproveitamento político de seus quadros e cargos, com um currículo que, por vezes, raia ao absurdo de não passar de pálida e desnecessária repetição dos cursos de bacharelado relâmpago.

O lidador do Direito, desde os bancos acadêmicos, tem sido treinado para enfrentar balcões de fórum – de qualquer dos lados –; a rotina medíocre dos grandes escritórios – onde acaba por ser mero espantalho no vasto campo da pesquisa – ou concursista profissional. Quando não, treinam-no para exercer – mal pago – cargo de despachante de luxo ou estagiário de porta de cadeia. Acabou-se a contratação de estudantes para aprendizado e aperfeiçoamento: os profissionais já não dispõem de tempo para cuidadosas e didáticas explicações. A vida diária impõe a todos desempenharem-se com rapidez de tarefas e do trato com o público – estejam de que lado estiverem do balcão, repita-se. A velocidade de comunicação, ao utilizar meios informáticos, evidencia a escravização, cada vez mais completa, do ser humano às telas (de vídeo ou de televisores), ao mesmo tempo que tolhe manifestações, adequadas a qualquer espécie de ensino jurídico, salvante, diga-se, aquela dirigida à pesquisa jurisprudencial – repetitiva e sem criatividade – ou à massificação dos petitórios e contestações. Procuram, todos, escapar ao imprevisível ou aos estímulos gratificantes e penosos de uma audiência, ao verdadeiro cenário do duelo de conhecimentos e expressões, culturais e científicas. Deve o lidador estar atento para as novas técnicas de fertilização e clonagem, que implicarão em dolorosas e drásticas mudanças de costumes e da legislação de família. As conseqüências da união estável, mesmo entre pessoas do mesmo sexo; a possibilidade destes conviventes poderem adotar ou, mesmo, casar; a "barriga de aluguel"; a concepção assistida; as questões dirigidas à sucessão, além da ameaça de seres idênticos, selecionados, gerados em laboratório, são os verdadeiros problemas que a jurisprudência, dentro em breve, estará enfrentando.

Todavia, a reflexão moderna está a impor absoluta solidão e individualismo, sempre premida pelas exigências informáticas da ligação telefônica completada. Não se admite a interrupção ou a interferência de outro ser: a conversa é entre usuários e aparelhos, onde qualquer intromissão externa constitui-se num estorvo. Essa pobre noção de Humanidade acaba por desaguar em pedidos medíocres, contestações incipientes e julgamentos injustos, quando não absolutamente equivocados. Desnecessários o aperfeiçoamento e a troca de idéias, restam a deselegância, o tratamento indevido ou, o que é pior, os murros na mesa ou no *ex adverso*; até nas prisões em flagrante por desacato, abuso de autoridade ou vias de fato. O contato reiterado com a máquina – muda e inerte – acaba por criar uma nova raça de lidadores maniqueístas: da tela para o disquete e, novamente, para a tela, submetidos à beleza da formatação dos modelos e da impressão, dispensam qualquer interferência, ante raciocínio belo, limpo e perfeito, verdadeira antecipação do julgamento e que, de maneira alguma, aceita críticas ou alterações do texto e de suas conclusões...

Seria ridículo investir, como em nova Cruzada Santa, contra os meios de comunicação informatizados, cujas virtudes têm sido propaladas e constatadas diariamente. Não se trata disto, antes de opor-se à inércia física e mental que poderá dominar as letras e a mentalidade jurídicas, carente de substanciais modificações ou adequação à ciência jurídica moderna. Gilberto Dimenstein, na *Folha de S.Paulo* (12.9.99), após demonstrar as virtudes da informática, refere experiência de crianças com idosos, que montam, dentro de asilos, salas conectadas à Internet, pois: "Para quem vive com dificuldade de locomoção e, muitas vezes, isolado a Internet é ainda mais vital; possibilidade de contato permanente com parentes, participação em fóruns, acesso a páginas com dicas de saúde, consultas a médicos e psicólogos; há abundante material já disponível para terceira idade". Há, porém, que observar parâmetros: o jovem lidador do Direito não pode agir como agente estático do retrocesso, ainda que travestido de progresso; a vivência nos fóruns e audiências e, principalmente, no contato com colegas e partes, a busca do conhecimento e aperfeiçoamento culturais, são essenciais à formação jurídica.

Contudo, submetidos todos às facilidades das formatações, além do desperdício de papel, caminhamos para a mais aberrante forma de justiça: a do botão que imprime modelos de raciocínios, sem originalidade e infensos a qualquer nova argumentação ou à análise da prova. Revela-se igualmente desastrosa a experiência do interrogatório ou oitiva à distância, seja na esfera penal, como na civil, por impedir o contato direto entre réu (ou testemunha) e aquele que irá proferir julgamento, única oportunidade de o réu defender-se com todas as garantias e ser ouvido pelo juiz da causa. Caminha-se, desta forma, para o desprezo ao contato humano, à criatividade e, como conseqüência, à visão crítica da jurisprudência.

Um número excessivo ou repetitivo de demandas, implica o fenômeno da *judicialização da política,* que se deve ao governo e suas autarquias, conduzindo os profissionais à busca de assessores que sejam peritos em informática, antes do que cultores do Direito, em razão de os diversos planos de governo serem promulgados por leis ou medidas provisórias apressadas, cuja discussão passa a travar-se perante o Judiciário, sufocado por milhares de ações idênticas, com recursos infindáveis e repetitivos, a obrigar o manuseio rápido da máquina e dos modelos de argumentação, a prescindir de raciocínio ou despidos de qualquer resquício de atualização cultural.

Um segundo estado de crise, situado na *globalização da economia*, subdivide o mundo, de acordo com os interesses e ganâncias de alguns países hegemônicos, conduzindo e subjugando blocos ou comunidades de países. Globaliza-se, por mirabolantes planos econômicos, a miséria, enquanto que os direitos e o bem-estar humanos continuam reservados para uma seleta minoria, em tudo mais humanos que os outros humanos. Amortecidos pela reiteração de imagens de desgraça, fome e assassinato, insensíveis permanecemos, enquanto que a mídia informa (?) sobre o extermínio de povos, ocorrido naquela madrugada, ou do avião que começa a se espatifar na rua vizinha, omitida qualquer crítica a fatos políticos. Evidenciam-se as disparidades no desconforto com que assistimos (no vídeo, sempre) o inacabado desfile diário de povos exterminados, verdadeiros egressos de campos de concentração ou de câmaras de tortura, com moscas a rodear-lhes os rostos ou seios, enquanto tentam alimentar crianças esquálidas e sujas, aliás, eles também pais e filhos que, em algum momento, formam uma família.

Louva-se a busca, por povos atrasados, pouco desenvolvidos ou periféricos, de uma solução que consiga arrancá-los do inferno, jogando-os, ao menos, no limbo; lógico, desde que não contrariem a vontade ou interesses da potência hegemônica. A criação de um Mercado Comum, neste Sul do Continente, está mais a parecer o prenúncio de uma nova guerra entre povos miseráveis, como o foi a do Paraguai ou, recentemente, de hordas futebolísticas. A guerra fiscal, de barreiras e protecionismos alfandegários, revelam o absoluto desprezo votado pela diplomacia continental por qualquer espécie de vertente jurídica (tratados, protocolos e acordos foram e continuam sendo assinados, sem que haja qualquer respaldo jurídico aos *particulares* do Mercosul). Os representantes diplomáticos têm se preocupado com a vertente econômica, deixando de lado, sem qualquer remorso, mas com muito enfado, o árduo enfrentamento jurídico da proteção aos particulares (pessoas físicas ou jurídicas).

Novos acordos são assinados, inclusive para permitir o deslocamento de pessoas e suas famílias e trabalhar em países da comunidade (*v.g.*, entre o Chile e o Brasil), sem que se saiba se poderão trabalhar sob sistemas previdenciários diversos, como serão recolhidas as contribuições e pagas as indenizações trabalhistas e as aposentadorias; quem irá defendê-los, na condição de consumidores ou de réus ou vítimas de uma contravenção penal ou delito. Deslembrados de conceituar um Direito Comunitário, que adapte as respectivas Constituições a uma ***soberania compartilhada***, e da criação de um Tribunal Supranacional, há que temer que espécie de juiz será capaz de julgar, sob um mesmo código, o índio do altiplano andino, ou o dos grotões brasileiros, submetidos a costumes e estatutos familiares ancestrais e diversos. Um magistrado, um advogado, um promotor de justiça, uma assistente social ou uma psicóloga, poderão tentar um acordo ou transação de família, entre estes, da mesma forma como o faz com o habitante das grandes capitais? Poderão os migrantes ser entrevistados ou interrogados, indistintamente, por um juiz do interior do Chile ou da Bolívia? Os valores morais serão sempre iguais? Demorou-se na Europa quase cinqüenta anos para consolidar uma comunidade econômica, de moeda, e para lançar as raízes de um Direito Comunitário: conosco poderá ser diferente?

O fenômeno mais complexo para os lidadores do Direito está na crise de governabilidade. A infelicidade do brasileiro não é apanágio deste governo. Desde que nos conhecemos por República, sucederam-se clones de Floriano, Getúlio, Collor ou neoliberais, ainda que mudem sempre de máscara e fantasia. As crises agudizam-se, diante do descaso com que tratados os Direitos e Garantias dos cidadãos, não permitindo o surgimento de verdadeiros líderes políticos. Esfacelam-se compromissos, estatutos de partidos, através dos votos de lideranças partidárias, tornando-se a vontade das urnas um valor desacreditado, nada obstante se constitua na melhor garantia de defesa da verdadeira Democracia. Governo tíbio, leis fortes e, pode-se completar, Poder Judiciário distanciado do povo, constituem-se na receita ideal para que empresas multinacionais, aliadas a banqueiros e oligarquias rurais, apóiem governos de exceção ou ditaduras, num perpétuo massacre dos cidadãos "subalternos" e suas famílias.

O desencanto com os Poderes do Estado reflete-se no comportamento da população, no lar e nas atividades profissionais: violência, desemprego, ausência absoluta de solidariedade, expandem-se com prejuízo dos mais fracos e de minorias: crianças, velhos, mulheres etc. A se admitir novas tentativas de desestabilização não só do regime, como também do sistema de Família, ocorrem duas espécies de fenômenos na área jurídica: a estagnação do pensamento – não há como promover a renovação da jurisprudência, diante da estratificação da mentalidade dos juízes – e o aparecimento de fórmulas miraculosas, que pretendem, por leis, decretos ou medidas provisórias, investir contra o arcabouço jurídico e contra o Judiciário, numa tentativa de, a qualquer custo, controlá-lo ou neutralizá-lo.

A enumeração dos fatores de crise permite antever, a qualquer momento, um retrocesso do Estado de Direito, a partir do controle indireto do Congresso Nacional e do Poder Judiciário. O primeiro, através do fisiologismo e da imunidade dos parlamentares, que impede a ação da Justiça, mesmo contra o acusado da prática de crime comum, circunstâncias que paralisam a crítica e a criatividade dos legisladores. O segundo vem se consolidando a partir do sistema de nomeação de Ministros do STF pelo presidente da República, hoje com oito anos de mandato, o que garantirá a renovação do quadro por juízes de sua confiança e eventuais julgamentos favoráveis sobre a legalidade e legitimidade de medidas provisórias, exaustivamente reiteradas e abusivamente utilizadas pelo governo, em sua maioria com desrespeito ao preceituado no art. 62 da Constituição Federal. A estas circunstâncias alia-se a imposição de Súmulas vinculantes aos demais juízes e tribunais, com evidente intromissão na liberdade de julgamento e convicção. Esta conjugação de aberrações conduzirá ao efetivo controle do Poder Judiciário – desnecessária a criação de um "controle externo", de fachada – e à iníqua estratificação da jurisprudência, tolhendo-se a possibilidade de decisões que contrariem aos interesses ou determinações do Executivo.

Os conceitos de formação e conduta da família brasileira (em quaisquer de suas formas), submetidos a esta espécie de moral, sofrerão rígido controle ideológico, como ocorre em qualquer regime de exceção.

Destes estados de crise extraem-se conclusões, diretamente ligadas ao aperfeiçoamento e renovação da jurisprudência. O Direito de Família vincula-se, hoje, à garantia de educação, saúde, terra, teto, emprego, alimentação e segurança de seus componentes, muito mais do que no momento da promulgação de nosso vetusto Código Civil, quando se falava de uma ampla e hipotética "liberdade". A desestruturação da família nutre-se do desrespeito à evolução dos costumes, da desconsideração do poder parental, abalado em sua autoridade pelo desemprego e incapacidade de prover o lar, do abandono das primeira e terceira idades, além do tratamento desigual às minorias, da igualdade entre homem e mulher e dos excluídos. Ausentes proteção estatal e garantia de infra-estrutura elementar, mais facilmente são os cidadãos submetidos a qualquer espécie de conduta e pensamento. Um país de analfabetos é facilmente controlado por qualquer forma de populismo, organização criminosa ou corrupção política.

Cresce, assim, diariamente, o número de organizações criminosas e o fenômeno do aliciamento de jovens por organizações mafiosas e/ou traficantes de substâncias psicoativas. Estes, ao se estabelecerem nos centros de miséria (favelas, cortiços etc.), utilizam-se de estruturas de poder abandonadas pelo Estado, organizando-se em células, garantidas por expressivos sistemas de segurança. Ao proteger os moradores e minorias excluídas garantem-lhes, de alguma forma, alimentação, saúde e segurança, empregando-lhes os filhos. Por sua vez, a população protege-os através da *lei do silêncio*, enaltecendo-os como verdadeiros benfeitores. As chacinas, na estatística geral, estão dirigidas aos maus pagadores ou aos transportadores de droga (*mulas, aviões*) desatentos. Esta forma perversa de sociedade nulifica a autoridade dos pais, facilita a delinqüência nas ruas e o abandono escolar, sem contar com o tráfico internacional de órgãos e de recém-nascidos, além da prostituição infantil. Valores anteriormente considerados como sagrados são, diariamente, colocados em xeque pelos delinqüentes, pelos cidadãos e pelas próprias vítimas, enquanto o Estado se omite, deixando de apresentar soluções. Consolidam-se, desta forma, os estados de crise, com evidente repercussão na Família e no seu Direito.

Encerramos esta introdução com a advertência do *The Washington Post*, de 8.9.1999, transcrita pela *Folha de S.Paulo* de 9, de que se está a cultivar uma nova espécie de golpe de Estado na América Latina: "...a menos que algo seja feito para que o Poder Judiciário e o ato de votar ganhem importância entre a população pobre, a região passará a sofrer mais golpes de Estado...". O distanciamento ou a indiferença dos lidadores do Direito e do Poder Judiciário destes estados de crise, em especial, diante da condição dos excluídos e da evolução dos costumes, prepara os espíritos para qualquer espécie de governo e facilita a destruição do conceito moderno de Família, conduz à encruzilhada da delinqüência e do desespero.

2. Jurisprudência crítica

Destacam-se, da complexa e extensa temática, perante os Tribunais, julgados a respeito de: *habeas corpus*; formalismo processual e segurança jurídica; igualdade constitucional entre homem e mulher; competência; julgamento antecipado da lide e direito indisponível; alimentos; separação de corpos e reflexo patrimonial; guarda de filhos e investigação de paternidade e alimentos.

2.1 Abrangência e limites do "Habeas Corpus"

A questão crucial do alcance desta garantia, perante o Direito de Família, reside na possibilidade, ou não, de ser utilizado em questões consideradas como eminentemente civis, desvinculadas de suas implicações penais e da conceituação do direito de ir e vir. Os acórdãos selecionados bem demonstram lavrar sério dissídio jurisprudencial, perante as Turmas do Superior Tribunal de Justiça e julgamentos do Supremo Tribunal Federal.

a) Guarda de filhos

Em novembro de 1998, a C. 5ª T. do STJ decidiu que: "Desde que a mãe diga para onde vai, pode ela fixar novo domicílio, levando os filhos, em qualquer parte do território nacional. Direito constitucional de locomoção. Ordem deferida para suspender a determinação de retorno dos filhos, ora pacientes, à cidade de residência do pai...", mantida a guarda provisória com a mãe no seu domicílio (HC 7.670-BA, rel. Min. Edson Vidigal). A mesma Turma e Relator, também em sede de *Habeas Corpus*, datado de novembro de 1995, afirmou: que "a decisão que regulamenta a visita a filhos em separação judicial, não é passível de ser anulada via 'Habeas Corpus', remédio esse, de cunho eminentemente penal, porque não guarda identidade com as suas hipóteses de cabimento. Pedido não conhecido" (HC 1.048-SC; v., também, RHC 1.970-RS).

Comentários

A disparidade reside na decisão provisória que concedeu a primeira, enquanto que a segunda, ao que parece, dependia de outra, de natureza definitiva. Mesmo que assim fosse, a questão da guarda de filhos, possuindo caráter provisório, torna inadequado que algumas decisões do Direito de Família possam, enquanto outras não, ser resolvidas por este remédio constitucional.

Ao resguardar especificamente o direito de ir e vir, em se tratando de menores, não há empecilho em garantir-lhes o direito de visita ao pai ou à mãe. No primeiro julgado, a decisão colhe o varão de surpresa, ao mesmo tempo, que os menores viram-se, de uma hora para a outra, tolhidos no seu direito de freqüentar a casa do pai. Ainda que qualquer dos pais tenha o direito de fixar residência de acordo com suas necessidades e interesses, a determinação judicial não estaria lastreada no contraditório ou na manifestação de vontade do outro cônjuge. O julgado mais antigo, por outro lado, apesar da aparência de correção, apresenta argumentação equivocada, por afastar a aplicação do remédio heróico em questões civis, em razão de sua característica "eminentemente penal", admitida pelo aresto mais moderno; o que demonstra que a urgência ou necessidade da concessão da *ordem* reside no exame dos elementos trazidos, se bem que no estreito âmbito do *Habeas Corpus*, porém impedido o tratamento desigual para as partes, devida a mero formalismo.

Mais delicada apresenta-se a hipótese enfrentada pela mesma C. 5ª Turma, em julgado de setembro de 1990, relator o Min. Assis Toledo, que fixou os limites da admissibilidade do HC, nas ações de família, após afirmar que a matéria cível não pode ser revista em seu mérito, na estreita via do remédio constitucional, pois, diante da proibição ao marido de ingresso na residência, agora exclusiva da mulher, conclui que na separação de corpos, em ação cautelar, está a mulher protegida pela inviolabilidade do domicílio (art. 5º, XI, da CF), "oponível como limitação ao genérico direito de 'ir e vir' de outrem" (RHC 760-MG).

Comentários

O direito em questão envolve, inclusive, aquele dos eventuais filhos de conviver com qualquer dos genitores ou adotantes. Não se trata, à evidência, de limitação genérica ao direito de outrem, uma vez que a figura de cônjuge, e paterna, acabara de ser expulsa do lar. Tratando-se – como é usual – de decisão liminar em procedimento cautelar, resta saber se a estreita via do *Habeas Corpus* pode impedir o retorno do varão, ressalvados os casos de agressão ou dano psíquico a qualquer dos familiares, desde que devidamente comprovados (BOs ou laudos médicos). A mera insuportabilidade da vida em comum, não se constitui em motivo suficiente para propiciar solução brusca, pois que é condição que está a perdurar no tempo, quando as partes chegam, finalmente, ao Fórum.

A gradação imposta pelo julgado aos direitos garantidos constitucionalmente parece excessiva, desbordante mesmo, do pretendido pelo constituinte. A igualdade entre os cidadãos reflete-se na absoluta igualdade dos direitos que visam a protegê-los. A conclusão do v. acórdão poderá prestar-se a outras gradações, de cunho mais restritivo, sempre em prejuízo do Estado Democrático de Direito e dos Direitos Humanos.

Recente decisão, do mesmo Tribunal, por sua C. 3ª Turma, Rel. o Min. Nilson Naves, transcreve o julgado local (RJ) que dizia: "Tratando-se de processo cível, em que se postula a regulamentação de visitas do pai à sua filha, menor impúbere, inexistindo qualquer resquício de que possa vir a ocorrer constrangimento ilegal atribuível ao Juízo, como autoridade apontada como coatora, relativamente à liberdade de ir e vir da menor-paciente, que não tem capacidade de discernimento, em face de sua tenra idade, defeso é acolher-se a pretensão de se lhe conceder salvo-conduto". Ao citar o parecer do Ministério Público transcreve. "Em sede de 'habeas corpus', não se pode dar como absoluto, nem o direito do pai à visita, nem o do filho, que não pode ser privado da convivência de seu genitor". E, finalmente, decide: "No STJ, há precedentes segundo os quais inteira (a) impropriedade de tal *writ* para atacar decisão provisória do juízo de família" (RHC 8.452-RJ, in *DJ* de 2.8.1999, p.182).

Extrai-se deste último que a impossibilidade já restara configurada perante o juízo coator, ao examinar o tribunal inferior exaustivamente a questão, o que demonstra que a solução de questões familiares não pode ser julgada sob o pálio exclusivo de requisitos – preenchidos ou não – de caráter exclusivamente formal.

Entendimento diverso, do Tribunal de Justiça de São Paulo, datado de 26 de novembro de 1998, exclui a hipótese de impetração de *habeas corpus* contra decreto de prisão por dívida alimentar, pois, desde o advento da Lei n. 9.139/95, que "imprimiu novo processamento aos recursos de agravo de instrumento, o *habeas corpus* tornou-se via processual imprópria, salvo situações excepcionalíssimas, para atacar decreto de prisão por alimentos". Acresce ainda o v. Acórdão que, em razão do novo rito, "passou o devedor a quem se decrete a prisão a ter remédio processual tão rápido e eficaz quanto o *habeas corpus* para insurgir-se contra ela, já que o agravo de instrumento é apresentado diretamente ao Tribunal *ad quem*, e nele cabe efeito suspensivo, a ser concedido *ab initio* pelo relator, bastando que tenham aparência de bom direito as alegações do agravante (...). Denegação da ordem" (Rel. Des. Marco César, 5ª C. de Direito Privado, HC 99.380.4/7, Barueri).

Diversa interpretação pode-se alcançar quando impetrada a medida com intuito de solucionar questões relativas à investigação de paternidade.

b) Investigação de paternidade

Ainda em sede de HC, a mesma Corte, por sua 6ª Turma, Rel. o Min. Vicente Leal, decidiu: "O 'habeas-corpus' é um instrumento constitucional de dignidade constitucional que tem por objeto a garantia do direito à locomoção, não se prestando para solucionar questões relativas a investigação de paternidade por meio de exame de DNA, por ser questão puramente de direito civil. 'Habeas-corpus' não conhecido" (*DJ* de 3.5.1999, p. 1.103).

Decisões do C. Supremo Tribunal Federal, contudo, detiveram-se em questões de investigação de paternidade, diante da interposição de HC, admitindo a impetração. A primeira, datada de 10.11.1994, foi publicada em 22.11.1996 (!), Relator para o acórdão o Min. Marco Aurélio, diz: "Discrepa a mais não poder, de garantias constitucionais implícitas e explícitas – preservação da dignidade humana, da intimidade, da intangibilidade do corpo humano, do império da lei e da inexecução específica e direta de obrigação de fazer – provimento judicial que, em ação civil de investigação de paternidade, implique determinação no sentido de o réu ser conduzido ao laboratório, "debaixo de vara", para coleta do material indispensável à feitura do exame DNA. A recusa resolve-se no plano jurídico-instrumental, consideradas a dogmática, a doutrina e a jurisprudência, no que voltadas ao deslinde das questões ligadas à prova dos fatos" (HC 71.373-RJ, Pleno, v. u.).

Acórdão mais recente, publicado em 15.5.1998, Rel. o Min. Sepúlveda Pertence, citando o aresto acima, confirma: "...deferimento, não obstante, do HC na espécie, em que se cuida de situação atípica na qual se pretende – de resto, apenas para obter prova de reforço – submeter ao exame o pai presumido, em processo que tem por objeto a pretensão de terceiro de ver-se declarado o pai biológico da criança nascida na constância do casamento do paciente: hipótese na qual, à luz do princípio da proporcionalidade ou da razoabilidade, se impõe evitar a afronta à dignidade pessoal que, nas circunstâncias, a sua participação na perícia substantivaria" (HC 76.060-SC, 1ª Turma, v. u.).

Comentários

Verifica-se que desobrigar uma das partes ao comparecimento para colher-se determinada prova não se constitui em questão "eminentemente penal" ou, em última análise, diretamente submetida ao requisito formal do direito de ir e vir. Porém, entende o STF que o HC é o remédio. Remanesce a dúvida sobre a interposição do mesmo remédio, quando diante de ações de busca e apreensão de menores ou de mudança de guarda, com o deslocamento da criança para outro Estado da Federação, ou mesmo, quando não haja a devolução do menor ao guardião, após exercido o direito de visita. Tímidas as decisões que pretendem omitir a questão principal, escondendo-se sob o pálido manto do formalismo processual.

2.2 Formalismo processual e segurança jurídica

Questões processuais no juízo de Família padecem de duas características: uma diz respeito à *urgência* ou à *demora* das decisões; a outra, aos formalismos na distribuição das ações e acúmulo num só processo de diversas cautelares que, evidentemente, retardam o julgamento definitivo ou impedem a pacificação dos demandantes.

Apontam-se, a seguir, dois acórdãos do STJ que dizem respeito ao formalismo processual e à observância do princípio do devido processo legal, em confronto com o da segurança jurídica.

No primeiro, decidiu-se pelo impedimento da conversão da separação litigiosa em consensual, durante a audiência, ante o não-comparecimento, apesar de intimado, do representante do Ministério Público, uma vez que o acordo necessitaria da *vista* deste (art. 1.122, § 1º, do CPC), concluindo o Min. Sálvio de Figueiredo Teixeira, seu

Relator, que: "Em nome da segurança jurídica, porém, o princípio maior do "due process of law" reclama observância do procedimento regulado em lei, não sendo dado ao Judiciário tomar liberdades com ele inadmissíveis" (REsp n. 90.279-MG, 4ª. T., j. 25.6.1998).

Comentários

Curiosamente, essa mesma Turma, agora tendo como Relator o Min. Ruy Rosado de Aguiar, em caso de separação judicial, permitiu o julgamento antecipado, em questão de família, diante da: "Peculiaridade do caso. Situação consolidada pelo tempo e pela vontade das partes", não tendo sido conhecido o recurso do Ministério Público (REsp n. 57.154-RJ, j. 2.6.1998).

Entendo que, na primeira hipótese, foi observado o devido processo legal, tanto que: em audiência presidida por magistrado, presentes os advogados e colhida a manifestação livre da vontade das partes, chegou-se, com economia, rapidez e ausência de qualquer prejuízo, a um resultado que pôs fim à demanda. A ausência do Ministério Público, apesar de intimado para o ato, não teria o condão de influir na decisão, eis que sua participação é meramente opinativa, enquanto que o magistrado – ainda que haja concordância do membro do "parquet" – pode, e constantemente o faz, rejeitar a homologação de separação consensual. Neste sentido aresto relatado pelo Min. Athos Gusmão Carneiro: "O juiz, dando pela manifesta e grave inconveniência da convenção aos interesses de um dos cônjuges, pode deixar de homologar a separação, sem afrontar lei federal nem destoar da jurisprudência, inclusive do Pretório Excelso" (REsp n. 1.116-RJ, in *RSTJ* 11:277, 4ª T., j. em 7.11.1989).

Não assim, contudo, quando em processo da gravidade que reveste qualquer daqueles do Direito de Família, onde em jogo direitos indisponíveis e a proteção da prole, do matrimônio ou da união familiar, seja, por qualquer motivo, permitido o julgamento antecipado, obstando-se, ademais, o recurso. Naquele primeiro acórdão, foram preenchidos rigorosos requisitos formais que permitiram o julgamento homologatório, não assim no que diz respeito ao seguinte, quando a intervenção do Ministério Público visou garantir o "devido processo legal", através do recurso, evitando-se que a omissão de fase probatória essencial para demonstrar a falência do relacionamento e suas conseqüências patrimoniais e para a prole, mesmo ante a concordância do casal, de há muito separado. Trata-se, na interposição do recurso, de matéria de ordem pública, que escapa à disponibilidade das partes e do juiz. Concretizou-se, desta forma, ao contrário do decidido, a quebra da segurança jurídica, enquanto que na primeira não teria o Judiciário, a nosso sentir, *tomado liberdades inadmissíveis*.

Prosseguindo, ainda na mesma matéria, decisão mais recente da C. 3ª Turma, Rel. o Min. Waldemar Zveiter, define que: "Segundo jurisprudência do STJ, o que enseja nulidade, nas ações em que há obrigatoriedade de intervenção do Ministério Público, é a falta de intimação do seu representante, não a falta de efetiva manifestação deste" (REsp n. 137.093-RS, j. 19.2.1998).

2.3 Independência da mulher

Também sob o aspecto da igualdade constitucional entre homem e mulher, verifica-se um certo titubeio da jurisprudência, inadequado à vontade do legislador, explicável, contudo, por prender-se, ainda, a uma *independência feminina de fachada*. Longe estamos, porém, de uma igualdade verdadeira, visto que a mulher, durante longos anos, continuará a sofrer tratamento desigual, seja no lar – onde a ela atribuída a carga máxima de responsabilidades – seja na vida profissional, eis que, na maioria dos casos, sequer é registrada, vendo-se excluída até dos mais mínimos direitos trabalhistas, inclusive com salários inferiores, para tarefas iguais, aos dos homens.

Tomemos, inicialmente, o exemplo que trata da *renúncia à pensão*:

Em julgado recente, Rel. o Min. Bueno de Souza, decidiu a C. 4ª Turma do STJ, que: "1. O casamento válido se dissolve com o divórcio, bem como as obrigações dele decorrentes, inclusive a de prestação de alimentos se houver renúncia expressa da parte interessada. 2. Recurso especial conhecido e provido para julgar a recorrida carecedora de ação e extinguir as ações ordinária de modificação de cláusula de alimentos e cautelar de alimentos provisórios (art. 267, VI, do CPC)" (REsp 64.449-SP, recurso provido, v.u., *DJ* de 14.6.1999, p. 193).

Comentários

A idéia de dissolução da sociedade conjugal, por si só, não é suficiente para demonstrar a irreversibilidade da renúncia ao pensionamento. Não é incomum que na separação sejam atribuídos à mulher bens imóveis para administrar. Tratando-se de pessoa que durante anos dedicou-se exclusivamente ao lar ou aos filhos, ou que desempenhasse atividade profissional inexpressiva, venha depois de alguns anos a perder todo o patrimônio, desbaratando-o por incapacidade. Ora, não será justo que, após anos de convivência, tendo cuidado do lar e da eventual prole, termine seus dias em absoluta penúria, apenas porque, iludida com a possibilidade dos ganhos da administração tiver dispensado a pensão alimentícia. A situação revela-se ainda mais grave quando um dos separandos, para se ver livre da união o mais rápido possível, abre mão de todos os imóveis em favor do outro companheiro ou cônjuge, sem conseguir refazer sua vida patrimonial, enquanto o outro, por seu lado, desbaratou aquele que haviam construído. Pessoas que sempre cuidaram do lar ou de pequenos afazeres, ou exerceram profissões mais simples, dificilmente conseguem sobreviver da administração dos próprios bens. O julgamento puro e simples, que opta pela solução conseqüente à dissolução, quer parecer injusto se não houver oportunidade de extensa comprovação dos motivos e com possibilidade de reiteração do pedido.

Neste ponto, a questão crucial está na fiscalização por magistrados, promotores de justiça e advogados dos termos e circunstâncias em que formuladas as petições de separação ou divórcio consensual, ou mesmo nos acordos e transações em audiência, com reflexos na partilha e pensionamento. A mera homologação conduz, alguns anos depois, ao reencontro no fórum, estando um dos companheiros ou cônjuge em situação de desigualdade e submissão perante o outro.

Por sua vez, o pensionamento de ex-cônjuge ou companheiro, diante do dever de fidelidade, tem recebido decisões – quando nada – curiosas, por parte do Superior Tribunal de Justiça, nas quais, reiterada a permissão de relações sexuais, desde que não comprovado o desregramento de conduta, afastando-se a possibilidade de exoneração. Recente aresto, datado de 25.3.99, Rel. o Min. Sálvio de Figueiredo Teixeira, dispôs: "I. Não autoriza exoneração de obrigação de prestar alimentos à ex-mulher o só fato desta namorar terceiro após a separação. II. A separação judicial põe termo ao dever de fidelidade recíproca. As relações sexuais eventualmente mantidas com terceiros após a dissolução da sociedade conjugal, desde que não se comprove desregramento de conduta, não têm o condão de ensejar a exoneração da obrigação alimentar, dado que não estão os ex-cônjuges impedidos de estabelecer novas relações e buscar, em novos parceiros, afinidades e sentimentos capazes de possibilitar-lhes um futuro convívio afetivo e feliz. III. Em linha de princípio, a exoneração de prestação alimentar, estipulada quando da separação consensual, somente se mostra possível em uma das seguintes situações: a) convolação de novas núpcias ou estabelecimento de relação concubinária pelo ex-cônjuge pensionado, não se caracterizando como tal o simples envolvimento afetivo, mesmo abrangendo relações sexuais; b) adoção de comportamento indigno; c) alteração das condições econômicas dos ex-cônjuges em relação às existentes ao tempo da dissolução da sociedade conjugal" (REsp n. 111.476-MG, v. u., *DJ* 10.5.1999, p. 177).

Comentários

O que se pretende definir com a expressão *namorar*? Esta situação poderá ser reiterada no tempo, com parceiros diferentes – sempre na procura da felicidade – sem que seja possível caracterizar o desregramento, mas, sim, a busca. Poderá ser medido este "tempo de namoro"? Como será possível facilitar ao ex-cônjuge meios econômicos para a procura de novo parceiro, sem que isto caracterize ultraje à moral do alimentante e eventual sustento de terceiro (o novo companheiro do alimentado)? Quando será possível, como pretende o aresto sob exame, definir-se relação concubinária; após quanto tempo? – a admitir-se a construção jurisprudencial, num mínimo de cinco anos – sem que o alimentante possa desvencilhar-se da obrigação?

Perigosas e de difícil configuração as hipóteses admitidas, poderão induzir o alimentante a uma constante e forçada vigilância sobre o comportamento do alimentado, talvez com insuportável intromissão na sua vida. Possível, igualmente, a hipótese de serem os filhos engolfados nesta estranha busca de *honesto viver*, com repercussões nefastas à convivência – baseada em denúncias e delações recíprocas – que, ao cabo, poderão redundar em verdadeira chantagem.

2.4 Competência

Inçada de dificuldades a interpretação do art. 100, I, do CPC, por apresentar-se em absoluta contrariedade ao disposto nos arts. 5º, I, e 226, § 5º, ambos da Constituição Federal. Jurisprudência citada por Theotônio Negrão afirma não possuir ele a eiva de inconstitucionalidade, à exceção de antigo julgado do STJ, rel. Min. Sálvio de Figueiredo Teixeira, 4ª T., j. 3.12.1991 (in *Código de Processo Civil...*, Saraiva, 30ª ed., 1999, pp.190 e ss.).

Comentários

Caberia ao legislador ordinário revogá-lo, abrindo-se exceção à residência dos filhos menores, quando em disputa qualquer cláusula que possa vir a afetá-los. Mesmo nestas hipóteses, em se tratando de *guarda conjunta*, permitida a apresentação ou na sede da separação ou no da residência de qualquer dos cônjuges ou companheiro. A proteção tem que ser a dos menores, não a da mulher, hoje constitucionalmente amparada.

2.5 *O julgamento antecipado da lide e o direito indisponível*

Vale examinar a hipótese do *julgamento antecipado da lide*, onde, igualmente, lavra dissídio entre julgados, de longa data.

O Tribunal de Justiça de São Paulo anulou sentença, onde fora decretada a revelia da parte contrária, por entender insuficiente a confissão ficta ou presumida, para autorizar o julgamento antecipado, pois tratava-se de separação litigiosa com causa culposa, a requerer comprovação (Ap. Civ. n. 208.481-1, rel. Des. Leite Cintra, j. em 18.5.1994). No *mesmo sentido*: Ap. Civ. n. 214.758-1, rel. Des. Orlando Pistoresi, j. em 15.9.1994; A.I. n. 182.331-1, rel. Des. Benini Cabral, j. em 4.11.1992.

Há, porém, decisões da mesma Corte, em *sentido contrário*: "Julgamento antecipado da lide – Separação judicial litigiosa – Possibilidade – Apelante citada e presente na audiência de conciliação – Ausência de contestação do pedido – Não questionamento das causas da separação mas, tão-só, da pensão alimentícia – Recurso provido" (Ap. Civ. 147.786-1, rel. Des. Campos Mello, j. em 23.7.1991).

O Tribunal de Justiça do Rio de Janeiro também o admitiu: "Aplicação dos efeitos da revelia em pedido de separação judicial. Viabilidade do julgamento antecipado da lide. Não se cuidando de direito indisponível, pode o juiz resilir o casamento, acolhendo as alegações da inicial. Confirmação da sentença" (Ap. 40.367, 8ª C., rel. Des. Fernando Celso Guimarães, j. em 20.5.86, in *RT* 615:168).

Solução intermédia é lembrada por Theotônio Negrão, colacionada na *RT* 612:58: "...são disponíveis os direitos relacionados com as causas de dissolução legal da sociedade conjugal; e indisponíveis os relativos, p. ex., à guarda, educação e alimentos dos filhos". Sob o primeiro aspecto, lembra o mesmo autor, acórdão do STJ, na *RT* 672:199 (in *Código de Processo Civil...*, ob. cit., p. 376).

Menciona-se, ainda, por relevante, decisão do Superior Tribunal de Justiça, quando, na conversão da separação em divórcio, foi o autor julgado carecedor da ação, por falta de cumprimento da obrigação alimentar (REsp 29645-SP, 4ª T., rel. Min. Sálvio de Figueiredo Teixeira, j. em 19.11.96: "Configura-se óbice à decretação do divórcio por conversão a inadimplência com as obrigações alimentares assumidas quando do acordo da separação judicial").

Comentários

Observa-se que, na hipótese de questionamento exclusivo de pensão alimentícia, na separação, admitiu-se o julgamento antecipado; não, porém, no caso de conversão da separação em divórcio. Na primeira não existiria decisão judicial a respaldar sua fixação e cobrança, através de cláusula expressa, e salvo por ação. Na conversão, já teria havido ou sua definição ou sua dispensa, inclusive quanto às demais cláusulas, o que permitiria a antecipação do julgamento, sem caracterizar desobediência aos princípios do devido processo legal e do contraditório. Acresce-se que, nem mesmo decisão em ação de alimentos, ou cautelar, poderá impedir a apreciação meritória na de separação.

2.6 Alimentos

A prestação alimentícia, resultante de decisão judicial em separação litigiosa ou homologatória de transação, é título, cuja execução não impede a decretação do divórcio; ante a mera alegação do descumprimento de cláusula da separação, tem-se prestado, isto sim, equivocadamente, a constranger o inadimplente a saldá-la, sob pena de não obter o divórcio. Parece que, desta forma, acrescenta-se novo requisito formal à conversão (art. 25, da Lei 6.515/77), esquecendo-se seus defensores que os alimentos podem ser modificados a qualquer tempo (art. 28 do mesmo Diploma) e que para compelir ao pagamento existe a possibilidade da imediata prisão, conforme previsto no art. 733, do CPC. Como, em geral, o inadimplente é o homem, por razões até aqui óbvias, não há como se aquilatar da aplicação correta do princípio constitucional da igualdade entre homem e mulher, parecendo contudo que à mulher atribuem – nada obstante vida profissional ou sentimental fora do lar – alimentos, mesmo quando culpada.

Ademais, o próprio Superior Tribunal de Justiça decidiu, ante separação pedida com fundamento no art. 5º, § 1º, da Lei do Divórcio, que a impossibilidade de fixação dos alimentos admite a remessa da discussão para ação autônoma, sob o fundamento de que vinha sendo paga a título de *assistência material* (REsp n. 57.907-PE, rel. Min. Eduardo Ribeiro, 3ª T., j. em 25.6.96, recurso não conhecido). Aqui, deslembrando-se das conseqüências da separação, em relação aos filhos, sustento (alimentos), guarda, visitas, partilha etc., suprimiu-se requisito essencial à dissolução da sociedade conjugal, obrigando, talvez, à *perpetuação das demandas*. Em outro aresto, ante ação de divórcio direto litigioso, reformou-se sentença que não dispusera sobre a fixação de pensão alimentícia, guarda e visita aos filhos, exatamente para que se evitasse a perpetuidade das demandas... (REsp n. 132.304-SP, rel. Min. Ruy Rosado de Aguiar, 4ª T., j. em 10.11.97).

Lembra-se, novamente, que poderá haver *renúncia* aos alimentos; desta forma a questão deve ser enfrentada pelo juízo de primeira instância, sob pena de haver supressão de um grau. As graves conseqüências da renúncia podem até ser presumidas, ante a falta de estipulação, tornando seu requerente parte ilegítima (v. REsp n. 85.683-SP, 3ª T., rel. Min. Nilson Naves, j. em 28.05.96, além dos REsp ns. 9.286-RJ; 862-DF; 17.719-BA e 48.550-SP).

A respeito de *alimentos provisionais*, em ação cautelar, cita-se correta interpretação que afirma: "Prestações vencidas e não pagas. Sentença definitiva favorável ao alimentante. Execução (possibilidade). Tendo a mulher obtido a concessão de alimentos provisionais, através de medida cautelar, a superveniência de sentença favorável ao alimentante, na ação principal de separação judicial, não lhe afeta o direito de executar as prestações vencidas e não pagas. A característica de antecipação provisória da prestação jurisdicional, somada à de irrepetibilidade dos alimentos, garantem a eficácia plena da decisão concessiva dos alimentos provisionais. Do contrário, os devedores seriam incentivados ao descumprimento, aguardando o desfecho do processo principal" (REsp n. 36.170-SP, rel. Min. Ruy Rosado de Aguiar, j. em 13.6.94, *RSTJ* 63:381).

2.7 Separação de corpos e reflexo patrimonial

A situação dos *bens* (v. Capítulo XII), ante a separação e o regime de comunhão universal, tem recebido a atenção do Superior Tribunal de Justiça, mencionando-se o v. acórdão da C. 4ª T. que diz: "A comunhão resultante do matrimônio difere do condomínio propriamente dito, porque nela os bens formam a propriedade de mão comum, cujos titulares são ambos os cônjuges – Cessada a comunhão universal pela separação judicial, o patrimônio comum subsiste enquanto não operada a partilha, de modo que um dos consortes não pode exigir do outro, que estiver na posse de determinado imóvel, a parte que corresponderia à metade da renda de um presumido aluguel, eis que essa posse, por princípio de direito de família, ele exerce *ex proprio jure*" (REsp n. 3.710-RS, rel. Min. Torreão Braz, vencido o Min. Ruy Rosado de Aguiar, que negava provimento, j. em 21.6.95).

No mesmo sentido, julgou a 3ª T., na exegese do art. 627 do C.Civ., que, antes da partilha, persiste o condomínio da coisa móvel (veículo), "indivisível por sua própria natureza e o não uso por qualquer dos consócios não confere ao outro direito a receber aluguer ou prestação, sem que entre eles se tenha avençado negócio jurídico a respeito de tal" (Rel. Waldemar Zveiter, j. em 24.4.95, *RSTJ* 75:232).

Comentários

A importância da *separação de corpos*, medida cautelar, de repercussão no desfazimento da sociedade conjugal ou de companheirismo, evidencia-se por suas conseqüências. Além de se constituir num marco de sua extinção definitiva, implica em modificação retroativa do estado patrimonial dos envolvidos. Neste sentido o v. Acórdão do C. STJ, Rel. o Min. Cláudio dos Santos, cuja ementa é: "Civil. Separação de corpos. Efeitos patrimoniais. Lei 6.515, art. 8º. I. A retroação dos efeitos da sentença que extingue a sociedade conjugal alcança a data da decisão concessiva da separação de corpos, desfazendo-se aí, os deveres conjugais, o regime matrimonial e comunicação de bens. II. Recurso a que se nega provimento" (REsp 8.716-RS, 3ª T., j. em 27.9.93).

2.8 Guarda de filhos

A *guarda de filhos* tem recebido a atenção dos julgadores, embora ainda padeça dos vícios da legislação anterior, promovendo o homem à condição quase exclusiva de alimentante, enquanto à mulher reserva as atribuições do lar e da guarda, deslembrados das modificações ocorridas na definição das responsabilidades profissionais assumidas por esta.

As decisões dos juízes e das Cortes brasileiras têm sido tímidas, no que diz respeito a uma ampliação do conceito de guarda. Quiçá temendo a equivocada interpretação referente não à *guarda conjunta*, mas à *guarda alternada*, compilam-se exemplos, de que o Direito de Família pouco tem progredido, também por culpa do formalismo excessivo de seus juízes, alheios à revolução dos costumes.

Perde, por outro lado, o legislador a excelente oportunidade de atualizar e ampliar institutos voltados ao Direito de Família, onde, ao contrário de outros países, especialmente França, EUA e Canadá, a revisão legislativa do Código Civil, atualiza situações consolidadas pela jurisprudência. No Brasil, a tibieza e desinteresse dos advogados ensejam pleitos, ou erroneamente postulados ou excessivamente vinculados ao formalismo, reforçados pela incapacidade dos juízes em assimilar mudanças. Nada obstante o desejo dos genitores de experimentá-las, acaba-se por sensibilizar raríssimas e honrosas exceções, uma delas como se verá mais adiante (Capítulo XI).

Não é outra a opinião de Antônio Junqueira de Azevedo, professor da Faculdade de Direito da Universidade de São Paulo, acerbo crítico da reforma em andamento: "A formulação de um novo Código Civil seria uma boa ocasião para estender ainda mais a previsão constitucional da família monoparental, incluindo, além dos "descendentes", também os enteados e os "filhos de criação", porque é isto o que muitas vezes acontece nessas famílias" (in *"In Verbis" – Revista do Instituto dos Magistrados Brasileiros*, n.15:12).

3. Conclusões finais

Há que se reiterar que o grande incentivo à atualização e progresso da jurisprudência está, basicamente, no aprimoramento da formação dos lidadores do Direito. Um profissional bem formado não teme os obstáculos e debates de uma audiência ou de um pedido que se baseie em considerações modernas sobre os costumes e a formação da Família. A mudança de mentalidade dos juízes é o ponto crucial da construção de uma Jurisprudência Crítica.

Dentro desta perspectiva, podemos destacar duas decisões do Tribunal de Justiça de São Paulo, em que a proteção do menor ficou diretamente ligada à disponibilidade dos pais e mesmo de terceiros.

A primeira delas, diz respeito à inclusão de menor em plano de assistência médica do requerente, seu tio materno, deferindo-se a este a guarda, em caráter excepcional. A decisão de primeiro grau, lastreou-se na anuência expressa dos genitores, em audiência, emprestando visão humanitária a dispositivo da Lei n. 8.068/90, especificada a concessão em caráter excepcional, e de acordo com o disposto nos arts. 227, *caput*, da Constituição Federal, e 33, § 2º, do ECA. No mesmo sentido refere decisões na Ap.Cível 15.350-0, j. em 5.11.92, rel. Des. Lair Loureiro e Ap.Cível 24.335-0, j. em 7.3.96, rel. Des. Dirceu de Mello (Ap.Cível 051.652.0/3-00, da C. Especial, j. em 11.11.1999, rel. Des. Yussef Cahali).

Refere-se ainda a ação ordinária, interposta por Servidor Público Municipal, pleiteando pensão por morte, sendo que o falecido mantinha vida em comum com duas companheiras, a aconselhar a divisão do benefício entre ambas, tudo a caracterizar o disposto no art. 8º da Lei 10.828/90, aplicando-se por analogia o inciso VI do art. 14 do mesmo diploma (Ap.Cível 28.170-5/8, 2ª C. de Direito Público do TJSP, j. em 1º.12.1998, rel. Des. Corrêa Vianna).

Vê-se, desta forma, que é possível escapar às armadilhas de um sistema econômico ou de comportamentos políticos, que nada mais são do que reflexos das crise de governabilidade, apoiados em diplomas legais de urgência e relevância fictícias, com feição constitucional, mas que não passam de arremedo de lei e que ferem mortalmente a Democracia e a Constituição. Este fenômeno, aliado à criação iminente de Súmula vinculante, acabará por tolher a liberdade de convencimento dos juízes, tornando obsoleto, até mesmo, um propalado controle externo do Poder Judiciário.

Educação, economia e governabilidade são fatores que interferem na moderna conceituação do Direito de Família e que se podem constituir nas molas propulsoras do progresso da ciência jurídica, através de uma Jurisprudência Crítica, ou, o que está a parecer mais provável, servir de lápides que sepultarão a liberdade dos cidadãos e de suas famílias.

Capítulo VII

O TOM DO SENTIMENTO

Este Capítulo é dedicado aos Advogados
Walter Maria Laudísio e Sérgio Marques da Cruz (falecidos),
Dilermando Cigagna Júnior e José Roberto Pacheco Di Francesco,
e, também, àqueles que, hoje, dignificam a magistratura:
Antônio Carlos Malheiros e Arthur Roberto de Abreu Oliveira,
bem assim ao amigo e companheiro de tantas viagens familiares:
Benedicto Jorge Farah.

1. O padeiro Gennaro

Da mesma forma que os afásicos não conseguem entender as palavras, porém reagem com incrível precisão à expressão e ao tom daquelas – e, concluiu Sacks, que "não se pode mentir para um afásico" –, verificamos, na experiência judicante nas Varas de Família, que não se pode tentar ludibriar as pessoas que se separam, que precisam da presença dos filhos, de alimentos ou de uma divisão justa do patrimônio.

Lembro-me agora do caso do padeiro Gennaro (fictício), que conseguiu entender a demanda e alcançou a pacificação de seus graves conflitos íntimo e familiar, devido a uma pequena coincidência inicial (era descendente de italianos) e ao tom do ***sentimento*** que se conseguiu durante a realização da audiência.

Casado com u'a mulher sem instrução e dedicada – como antigamente – somente aos afazeres domésticos, tinham um único filho, portador de deficiência mental. O casal possuía uma padaria e mais seis imóveis. Parecia um acordo fácil... Não foi.

Antes mesmo de responder ao meu cumprimento e sentar-se, paralisou este gesto no ar, apoiando-se, nas pontas dos dedos, sobre a mesa de audiências, olhou-me e disse, com forte sotaque do sul da Itália:

– *Dottore*, *io* vim aqui *pra* num *fazê* acordo.

– Sente-se, seu Gennaro – respondi-lhe.

E, por sorte e intuição – devidas, talvez, às desencontradas leituras e formação cultural – perguntei-lhe de qual região da Itália viera.

Como se não tivesse ouvido, prosseguiu:

– *Num* faço acordo, *pra* num *dexá* nada *pra disgraciada* da *mia* sogra.

Coube-me fingir que não ouvira e insistir:

– O senhor é do sul da Itália?

– *Si sinhore.*

– De que região?

– De Bari. (fictícia)

– De qual cidade?

– Gioia del Colle...

– Mas, apressei-me a falar, é a cidade de meu avô, lá existe uma excelente banda de música...

– *I a milhor mussarella di tutta* a Itália!

Como por milagre, mudou seu comportamento, moderou o tom da linguagem, parecendo mais tranqüilo e confiante, sendo possível discutir a doença de seu filho, a proteção deste e da mãe, pensão e partilha de bens, esquecida a dispensável influência da sogra.

Não posso dizer que a audiência correu sem incidentes; contudo submeteu-se a um clima respeitoso, estando Gennaro sensibilizado pelo "tom do sentimento", resumido na aceitação e consciência da irreversibilidade da doença do filho, na futura proteção, na busca de uma separação civilizada e de uma partilha justa.

(A leitura da obra de Oliver Sacks, despertou-me para algo em que sempre acreditei: *o "tom do sentimento"* que, aliado a uma boa dose de sorte, permitiu-me a concretização de, aproximadamente, 98% de acordos, naqueles oito anos de judicatura especializada.)

Mas, voltemos à nossa história: Gennaro dividiu os imóveis, doou-os parcialmente ao filho, garantido o usufruto para a ex-exposa, permanecendo como administrador e curador, de fato e de direito, visto que a separanda não teria condições de fazê-lo – menos ainda, se submetida a uma genitora egoísta. Porém, a maior dificuldade manteve-se sempre subjacente: Gennaro não queria admitir que tinha um filho mentalmente débil. Ao tentar reorganizar sua vida afetiva – durante a constância do casamento – abandonara a todos: à frágil esposa e ao filho doente, transferindo a culpa exclusivamente à sogra. E, ao encontrar um "bode expiatório" de seus infortúnios, no fundo, nada mais fez do que omitir o filho doente, por toda a vida, apesar de não poder deixar de reconhecer sua necessidade de alimentos, bens e carinho. Egoísta, pretendia que nada abalasse sua felicidade no novo relacionamento, e com filhos sadios. A dimensão e exata compreensão dos infortúnios familiares foi assim atingida e, ao terminar a audiência, à guisa de se despedir, disse:

– *Dottore, u sinhore* nunca foi *pra* Itália. *U* dia *qui* for, vai *cumigo*! – e bateu a mão direita espalmada sobre o coração.

O "tom do sentimento" está, não na perspicácia, mas na confiabilidade que o juiz consegue transmitir às partes. A atitude agressiva do padeiro Gennaro partia do fato de não compreender a própria vida, a culpa por sua fuga à responsabilidade para com o filho doente e em relação a uma união fracassada. Não menos por formação machista, atribuía, comodamente, a culpa de seu infortúnio à infeliz sogra. A compreensão veio através de poucas frases, do respeito com que foi tratado e tratou aos demais, revelando-se mais eficazes do que longas e eruditas explicações jurídicas, dificilmente assimiláveis.

As partes confiam no magistrado e cabe a este transmitir-lhes o sentimento, ao descobrir a forma adequada de despertá-lo.

2. A dama de vermelho

Durante a realização de difícil e trabalhosa instrução, após inúmeras tentativas de atingir-se a pacificação ou, ao menos, o acordo, iniciou-se a audiência. Nem os advogados, nem o curador e muito menos o juiz estavam entendendo qual a razão do fracasso. Estava tudo certo, partilha, pensão, guarda de filhos, regime de visitas, tudo; porém, no último momento, o varão recuava.

Ouvi dois depoimentos pessoais e 16 testemunhas (oito para cada uma das partes), em 44 horas de audiência, durante 3 dias consecutivos, por parecer, desde o início, evidente a possibilidade de conciliação.

Não havia intervalo, somente café, água e toalete. Ao fim do primeiro dia, por volta das 19:00 horas, fomos jantar, advogados e juiz, em clima descontraído e de discrição; dividimos a conta e retomamos, não sem alguma reclamação a respeito do horário do reinício, na manhã seguinte, às 8!

Ao fim do terceiro dia – evidentemente esgotado – pedi que aguardassem no corredor, porque queria refletir sobre o fracasso da conciliação, antes dos debates, mesmo já sabendo qual seria o resultado do julgamento.

Chamei o porteiro da Vara para que conseguisse um último café, e creio que também ele estivesse cansado e lastimando a falta de acordo, o que nos teria poupado tempo e abreviado trabalhosa e insípida busca por um objetivo que, desde o início, já estava definido.

– Ainda temos café? – perguntei.

– Doutor... não... acabou, no andar inteiro.

– Bem...

– Posso falar uma coisa? – disse ele.

– Fale "seu" Antônio – respondi, apoiando os dois braços na mesa e quase fechando os olhos.

– Doutor.... se a "perua" de vermelho não entrar, não tem acordo...

– Mas, quem é ela?

– É a amante dele.

Sem pestanejar, retomei a audiência, convoquei os advogados e, pedindo-lhes compreensão, chamei-a para uma conversa a sós. Ela expôs sua pretensão, relativa ao filho, advindo da união com o separando: queria que um dos inúmeros imóveis da partilha ficasse em nome do menor, com usufruto do varão, cuja empresa, diga-se, estava à beira de eventual "quebra".

(Eram outros tempos e não havia a Constituição de 1988).

Uma infeliz mãe, pretendendo amparar o fruto de seu amor, mais uma vez, ensinou-nos que não se pacifica a demanda se não se consideram os fatos que, alheios àqueles discutidos nos autos, subjazem. A sinceridade e o sentimento dos envolvidos, se expostos, ainda assim serão insuficientes se não contarmos com a atenção, a participação e a expressiva sensibilidade de seres humanos, como as do porteiro Antônio.

Chamei a separanda e expliquei-lhe a angústia da outra mulher que, não por egoísmo, impedira a solução definitiva da lide. Expliquei-lhe as conseqüências de sua vitória, pois iria vencer, mas também os percalços de uma partilha judicial, os gastos com perícias etc.

Convencida, juntamente com o varão, indicou o imóvel e às 11 horas da noite terminamos de redigir o acordo. Ficamos felizes, porque prevalecera o desprendimento, em meio àquela tormenta de falso poder, sentimentos equivocados e orgulho ferido.

Ao cabo, todos, até o porteiro, fizeram-se entender pelo *tom do sentimento* pois, enquanto a *dama de vermelho*, para uns, era o pivô da desgraça, para outros revelou-se como elemento de tranqüilidade para seu filho e para o fim da demanda.

O juiz deve estar sempre disposto a, pacientemente, ouvir. Às vezes, um minuto de atenção é suficiente para que problemas, até então insolúveis, sejam superados, pela demonstração de que as partes estão imbuídas de sentimentos honestos, independentemente da posição que lhes destina a lide.

3. Pressão arterial e "caixa dois"

Dentre as boas amizades que consegui, durante meu trajeto como juiz de Família, sem dúvida, contei com pacientes advogados, além daqueles mencionados na epígrafe.

Dois deles participavam de uma audiência, em que a possibilidades de acordo e pacificação do conflito eram remotas, quase impossíveis.

O patrimônio era considerável, não existindo dificuldades para a divisão dos bens, fixação do regime de visitas, guarda dos filhos e alimentos, porém, pressentira que se não concretizasse a partilha amigável, a disputa posterior conduziria ao desassossego da vida dos menores, desequilibrando-os, e arrastando a todos num turbilhão de egoísmo. O desentendimento era instigado, do lado de fora, pelo pai do varão. À separanda, que ajudara a construir expressivo patrimônio, não apenas com o trabalho no lar, mas graças à participação efetiva na empresa, o varão, mal aconselhado pelo pai, resolveu que não "daria" nada, nem participação, nem indenização, considerando-se exclusivo proprietário e "construtor" do patrimônio.

Após intensa argumentação, a partilha dos imóveis aquinhoara-os com igualdade, porém, não parecia justo que a mulher deixasse, sem qualquer indenização, uma sociedade comercial que ajudara a construir e a manter com o trabalho participativo de ambos.

O impasse estava instalado; não havia solução possível, mas a desinteligência prosseguia. Senti na manifestação de ambos que a vingança – qualquer que fosse – passaria pela utilização dos filhos, como infelizes "armas" da contenda.

Depois de um longo dia, dedicado à Instrução, resolvi, sempre autorizado pelos advogados, tentar falar, uma última vez, com a separanda.

Para resumir, propiciei-lhe uma verdadeira catarse enquanto ouvia, novamente as ameaças de recorrer aos filhos, como escudo; mas, ao cabo, confessou que a empresa possuía um "caixa dois". Prossegui, ainda pressentindo que havia algo que não fora dito e que não conseguia definir, até que, em determinado momento, não lembro por qual razão, ela fez nova confissão: era bígama! Casara-se, alguns anos antes de conhecer o separando, em... e permanecia nesse estado – fato que todos desconheciam, inclusive o seu patrono.

Estando de posse destas duas informações, relevantes e de imprevisíveis conseqüências, compreendi a razão do inútil esforço de conciliação: ele temia o Fisco e ela a Polícia. Em última análise, todos estavam com medo de todos...

Chamei os advogados, excelentes profissionais, e expliquei-lhes, em rápidas palavras, as providências que iria tomar. O advogado dela teve uma súbita queda de pressão, com sintomas de hipoglicemia, e desmaiou. O dele, lealmente – enquanto o outro era socorrido com água e açúcar – informou que a regularização contábil da empresa dependia da exclusão da separanda, que o ex-sogro acusava de pródiga etc. etc. Finalmente, ambos não pestanejaram em formular e aceitar os termos de um ansiado acordo, sequer mencionando-o ao pai do varão, após delicada, porém enérgica, consulta aos clientes.

O acordo foi lavrado durante quatro horas, na manhã seguinte. E, por incrível que pareça, anos depois, reabriu-se a partilha, pois esquecêramos de lançar o imóvel onde os separandos residiam...

Aqui, também, advogados e juiz convocaram as partes ao "tom do sentimento" – lógico, um sentimento mais próximo do medo... – mas, onde conseguiram dar ouvidos à lei, que se tornaria implacável e poderia destruir todos aqueles anos de esforço e sacrifício. Como afásicos, nem sempre compreendiam e nunca se faziam entender, através, apenas, das palavras. Pressentindo que a Justiça firmara posição contra aberrações e ilegalidades e que a tempestade era iminente, refugiaram-se, obrigadas, no resto de lealdade e respeito, refazendo contas, desfazendo atos e corrigindo antigos erros, sob os olhares cegos... da Justiça e dos advogados!

Neste processo, como no do padeiro Gennaro, o agente externo pernicioso acabou derrotado pela súbita conscientização, daquilo que é realmente importante para ser feliz e reconstruir – permitindo que o ex-parceiro também o faça – uma nova vida, ao desfazer-se dos erros passados e dos egoísmos futuros.

4. Ritos de passagem: a carta de um juiz

Começara a preparar este livro no final do ano de 1998, quando saiu-se o Governo com mais u'a Medida Provisória, agora para acrescentar dispositivo à Lei 8.489, de 18 de novembro de 1992, referente à doação de órgãos, anteriormente modificada pela Lei 9.434, de 4 de fevereiro de 1997. A primeira aceitava o critério da doação consentida, enquanto que a última presumiu-a autorizada, salvo se recusada em documento (RG ou CNH). Por fim, a MP 1.718, de 6 de outubro de 1998, incluiu um parágrafo ao art. 4º, da Lei 9.434/97, que diz: "na ausência de manifestação de vontade do potencial doador, o pai, a mãe, o filho ou o cônjuge poderá manifestar-se contrariamente à doação, o que será obrigatoriamente acatado pelas equipes de transplante e remoção", tornando tal disponibilidade – realmente – um ato de vontade e desde que constatada a ***morte encefálica***.

Comentando este fato com meus queridos colegas e amigos, componentes da C. 5ª Câmara do Tribunal de Alçada Criminal, enfatizei as dificuldades para escrever o capítulo referente àquele novo instituto. Nesse instante, o i. magistrado Walter Cruz Swensson ofereceu-se para dar um testemunho vivo das dificuldades que circundam o duvidoso convencimento daqueles que precisam decidir, diante da morte, sobre a doação, ou não, de órgãos de um ente querido.

Desde o início, seu depoimento veio marcado pela emoção das lágrimas e pelo sentimento oculto, porém latente, do pai que teve que suportar, juntamente com a esposa, o estranho e duro fardo da decisão. Sua narrativa profunda e real impressionou-nos vivamente e, enquanto narrava ele as vicissitudes e a dureza da situação em que se viu lançado, de uma hora para outra, cogitava eu que o narrador – que vivencia uma situação – aparta-se, em termos de realidade, daquele que procura repeti-la. As singularidades e detalhes da estória, às vezes, o soluçar involuntário, as vagas e sombreadas cores da tragédia, estampadas no olhar, da mesma forma que a luz da Esperança e da Fé, ficam absolutamente esmaecidas, perdem o vigor e o viço narrativos e resultam num pobre resumo de tudo aquilo que o personagem vivera. Enquanto perscrutava a alma e os sentimentos daquele pai e recolhia envergonhado minhas reações, pus-me a pensar quão verdadeiro e útil seria que o próprio Walter contasse aquele duro rito de passagem. Assim, convidei-o a escrever, para que integralmente aqui fosse transcrito . Ei-lo:

"Mogi das Cruzes, 2 de novembro de 1998.

Caro amigo Caetano.

Sabedor de que pretende abordar o tema relativo à doação de órgãos, em livro que está escrevendo, gostaria de relatar-lhe episódio em que estive envolvido.

Em meados de março de 1993, uma de minhas filhas, Luciana, então com 21 anos de idade, queixou-se de problemas na vista.

A partir daí foi ela examinada por um oftalmologista (que constatou que o problema era de origem neurológica), por um neurologista e por um neurocirurgião.

Submetida a tomografia e a ressonância magnética, comprovou-se que tinha ela um tumor cerebral, que deveria ser submetida a uma cirurgia e que corria risco de vida.

Removida para um hospital, em São Paulo, realizou-se a cirurgia.

Dois dias depois, soubemos, minha esposa e eu, que Luciana estava em estado de coma profunda, irreversível, e que ela teria, no máximo, dois dias de vida. E isso uma semana após a visita ao oftalmologista.

Nesse mesmo dia, por volta das 20h, fomos procurados por um médico, que comunicou-nos que Luciana havia sofrido morte cerebral. Disse-nos, também, que já se iniciara a progressiva falência dos demais órgãos. Deveríamos, minha esposa e eu, ante aquela dramática notícia e, naquele momento, decidirmos se doaríamos ou não os órgãos de Luciana.

E, mais. Como o hospital particular não custearia as despesas com a retirada dos órgãos, deveria ela ser removida para um hospital da rede pública. Eu precisaria, então, solicitar, por escrito, fosse dada alta médica à minha filha e providenciar sua internação no hospital público.

Foi o momento mais dramático de nossas vidas, ao fim de uma semana pontuada de acontecimentos trágicos.

Deveríamos ou não acreditar na informação verbal de um médico desconhecido de que Luciana havia sofrido morte cerebral?

Acreditar que aquela bela jovem, aparentemente saudável, que ainda respirava, cujo coração palpitava, havia sofrido morte cerebral?

E, aceitando como correto o diagnóstico, deveríamos autorizar médicos e paramédicos desconhecidos a retirar do corpo de nossa filha órgãos ainda vivos, o coração batendo, os pulmões recebendo e expelindo ar, os rins filtrando sangue, e assim por diante. E, tudo isso, repita-se, de um corpo jovem e saudável, o de nossa amada filha.

Decisão urgente e imediata.

Nós autorizamos a retirada dos órgãos de nossa filha (córneas, coração, pulmões, rins, fígado e safenas).

Todas as providências foram tomadas e Luciana faleceu, naquela quarta-feira, às 11h da noite.

E se nós não autorizássemos a retirada dos órgãos em tais circunstâncias e nessa situação? E se nós resolvêssemos esperar por um milagre, pelo qual havíamos rezado até aquele momento com tanto fervor?

Poderíamos ser acusados de egoístas, de insensíveis em relação ao sofrimento daqueles que aguardam um órgão para transplante? E o sofrimento indescritível dos pais que vêem ceifada a vida de uma filha jovem (pois, o doador deve ser sempre jovem e saudável)? E o que dizer-se dos pais que têm seu filho ou filha morto em circunstâncias ainda mais trágicas, assassinados, vítimas de acidente de trânsito? Aqueles que se despedem de um filho, que sai para o trabalho, para a escola ou para uma atividade de lazer e voltam a reencontrá-lo, num hospital, com morte cerebral?

Quem, em sã consciência, raciocinando friamente, afirmaria que esses pais, destroçados pela dor e pelo sofrimento, são egoístas e insensíveis?

O que mais eu poderia dizer?

Com um fraterno abraço do

Walter Cruz Swensson"

Não foi possível localizar jurisprudência sobre o assunto, mas, sem dúvida, deste relato é que se deve extrair quão dificultoso e amargo continua sendo o momento da decisão, seja por parentes, cônjuges ou companheiros. Crê-se que o dilema imposto ao julgador é o mesmo que o invade quando tem de autorizar uma cremação, um aborto, ou, em alguns países, quando decreta uma sentença de morte.

A dúvida sobre a efetividade da morte cerebral não é questão que incomoda somente leigos; os próprios médicos ainda buscam uma sintomatologia capaz de defini-la, com alguma certeza, sendo constante a mesma dificuldade entre os juristas (Leite Santos, 1998).

Capítulo VIII

ESTADOS DE CRISE E SENTIMENTO

Quais as reais implicações advindas da libido, da rejeição e da doença nos relacionamentos familiares? A epilepsia – mal maior – a disritmia – mal menor – o autismo, lesões parciais do cérebro que afetam a fala, a audição, o olfato, isolam a pessoa, em razão de condutas marginais, devidas também aos distúrbios de comportamento, com manifestações agressivas ou de sexualidade imprevista, e que terminam com a eclosão de surtos regulares, que conduzem o doente a um hospital psiquiátrico, à prisão ou ao suicídio.

As relações familiares, intensamente submetidas a conceitos de aceitação ou rejeição; o comportamento sexual – reprimido ou liberado, no lar e fora dele, raramente aceito e assimilado pela sociedade – são circunstâncias deflagradas ou agravadas por doenças mentais. Ao mesmo tempo em que se constituem, de início, em verdadeira autopunição, numa regressão, num silêncio ou amortecimento das funções cerebrais – fatores que reconhecidamente excluem o doente da convivência social – deixam latentes outras aptidões e funções cujo desenvolvimento dependerá de rigorosa análise neurológica ou de atendimento diário baseado no ***sentimento***. Esta circunstância deverá ser percebida pelo doente como confiabilidade, afeto e amor de um outro ser, e que teria sido, momentaneamente, excluído de seu mundo. Recuperar o doente para a família é um dos objetivos da moderna Psiquiatria; qual seria o óbice em recuperar a noção de unidade familiar para o doente, ao invés de rejeitá-lo, apostando-se exclusivamente na separação?

Estes fenômenos – tão bem descritos por Sacks – salvo quando originários de moléstias do nascituro, estão ligados ao posterior comportamento familiar (sentimentos em relação ao doente).

Não menos raro – diante das condições atuais da vida em sociedade – é encontrar outros e abundantíssimos exemplos naqueles que enveredam pela marginalidade, consumidos por tóxico ou álcool e que se constituem no acervo humano de prisões-hospício, por ausência de confiabilidade do preso em seus encarceradores e vice-versa; falência do sistema penitenciário, com agravamento da moléstia e da exclusão.

As repercussões da doença mental na família, em países desenvolvidos, são objeto de intensos estudos interdisciplinares, a partir da inadaptação dos pais à vida familiar ou aos filhos e na assimilação do ser doente (*Tempo de Despertar*). Fatos que, em nosso país, sequer são cogitados, salvo quando as partes se dispõem à disputa dos filhos ou tenham tempo e dinheiro suficientes para aguardar uma solução que, ao final, será essencialmente jurídica.

Na ***crise do sistema carcerário***, mesmo em países europeus (Cassese, 1994), diante das torturas, de prisões irregulares e da ausência de atendimento individualizado, sucumbe-se às intervenções parcializadas da mídia, que enfatizam, com exclusividade, a violência, revelando-se como fator que impede a regeneração, e o sentimento de exclusão.

As condições econômicas periclitantes, diante de um capitalismo voltado com exclusividade ao lucro financeiro, criam uma globalização restrita das vantagens, ao lado de uma desmedida repartição da pobreza e do desemprego. Os imigrantes, os migrantes, os perseguidos religiosos e políticos, os fugitivos das guerras internas, homiziam-se nos países vizinhos, ou naqueles que se apresentam como um novo Eldorado, mas continuam sendo objeto de preconceitos, de racismo, violências ou, o que é pior, dirigidos para o subemprego ou para funções de diarista, sem garantia de mínimos direitos trabalhistas, de colocação, de assistência médica e previdenciária, enfim, submetidos a uma espécie de exclusão consentida.

A promiscuidade nas favelas, nos bairros de lata, nos cortiços, desagregam laços familiares e favorecem – como nos ratos – a proliferação, por abuso ou fuga sexuais, além de atitudes de desprezo e de violência contra os mais fracos. Os filhos que nascem junto aos esgotos-a-céu-aberto, sem qualquer amparo da saúde pública, sem escola e sem comida, estão vulneráveis e marginalizados, assim como suas famílias.

A vulnerabilidade resulta no comportamento desesperado dos pais: ninguém, nenhum ser humano, pretende ver sua prole arrastando-se pelos lixões ou tomando banho em córregos de imundície; nenhum homem imagina que seu futuro seja o desemprego, a bebida ou o tóxico; nenhum ser humano pretenderá viver na mais absoluta indigência, esquecido de elementares princípios da higiene e dignidade, resumindo-se sua vida à televisão, à violência, aos vícios, à fornicação e à morte.

Esta miríade de fatores entrelaçados, que são humanos, culturais e políticos, atravessam as salas das Varas de Família, Criminais e da Infância e Juventude, na mesma proporção que, nas Cíveis, as disputas econômicas. Formam a primeira imagem da Nação e nelas encontramos o verdadeiro país, a vida, não a visão maquiada das tevês ou aquela projetada pela demagogia dos governos.

A violência no lar – contra todos, mas especialmente contra as mulheres (não lhes importando a idade) – resvala na incompetência do sistema em garantir, ao menos, a incolumidade física, a segurança. A partir desta omissão governamental, desaparece a autoridade familiar, mantendo-se tênues laços de sentimento entre pais e filhos (ninguém mais protege; ninguém é capaz de sentir-se protegido). Na desagregação, aos pais resta o desespero e o remorso, seguidos de incômodo esquecimento; aos filhos restam as ruas, a sujeira, a promiscuidade, a fome, o desamparo, o esquecimento amorfo, quando não, o estupro, mas, em todos os casos, a solidão. Nos grandes centros habitacionais estes seres excluídos acabam gravitando, diariamente, por ocupações marginais, enquanto ampliam a horda criminosa dos pequenos ladrões ou dos perigosos assaltantes, em busca de um mínimo para sobreviver ou para se viciar e esquecer e, quase sempre, ou são executados por se recusarem à submissão aos criminosos em posição de chefia ou acabam massacrados pelo próprio aparato de segurança do Estado. De qualquer forma, vão engrossar as novas fileiras da delinqüência, recrutados como "soldados" da macrocriminalidade.

Assim, miséria, violência, doença, migração, desemprego, em suma, fenômenos de globalização financeira, redundam na exclusão social, impedindo o desenvolvimento da família, transformando seus membros em atores e clientela do crime; quem sabe, como prenúncio da derradeira crise do Capitalismo.

A estrutura dos Códigos e das leis de Organização Judiciária – que definem as regras e os limites da competência do magistrado – longe estão de enxergar estes fenômenos, que envolvem o cidadão e sua família ou a justa compreensão dos conflitos que os assolam. Isto, diga-se, nos aspectos mais sensíveis e imediatos; que dizer, então, das novas formas de família e de suas expressivas dificuldades de conceito e assimilação? Ao mesmo tempo que nelas proliferam pandemias, novas formas de procriação e concepção, de relacionamento entre pais e filhos, o arcabouço jurídico se mantém, como há dezenas de anos, imutável e insensível às mudanças, até mesmo àquelas admitidas constitucionalmente, sem demonstrar efetiva preocupação com o desenvolvimento de nova sistemática e alheamento ao instrumental que deve ser oferecidos aos juízes, sempre objetivando a rápida pacificação dos conflitos.

Vive-se momento crucial no país, em que a falta de perspectivas econômicas e de mínima proteção social, aliadas à derrocada do sistema familiar, poderão criar uma nova espécie de criminoso, cuja origem deixa de ser a exclusiva marginalidade das ruas, para ser pesquisada essencialmente na exclusão, em razão do desamparo na família, da doença e rejeição pelos familiares, com posterior assimilação pela criminalidade, sem contar a omissão do Estado na criação de mecanismos de proteção social à infância e juventude de uma população em crise.

A presença constante e "protetora" de organizações criminosas nas periferias, favelas e cortiços dos grandes centros, numa espécie de "robinhoodismo", de "estado benfeitor" às avessas, vêm permitindo que as famílias passem a respeitar e acreditar nos criminosos, desprezados os aparatos estatais, e a utilizarem a "lei do silêncio" e a justiça de mão-própria, como forma de sobrevivência. Na Itália foram necessários novos instrumentos legais e corajosos magistrados, como Falcone e Borselino (assassinados em 1992), para iniciar os *pools* da ***luta antimáfia*** e das mãos limpas (Caponnetto, 1992). Acaba a população marginalizada convencida, primeiro, pelo temor às represálias, mas, também, pelo fato de seus filhos encontrarem meios de ocupação, patrocinados por delinqüentes e mediante paga, eis que, de qualquer maneira, estariam vivendo e sendo vistos como marginais, sem perspectiva de ganho ou futuro, na condição de excluídos. As mulheres, como mães e chefes de família – o pai está sempre no trabalho ou a serviço do crime organizado – acabam por adquirir um lugar de destaque na vida marginal. É ela que, efetivamente, mantém o controle da prole, nada obstante as dificuldades, impondo a lei do silêncio e, dentro da adversidade, enxergando na atividade a soldo do tráfico uma espécie de salvação para escapar à miséria e ao assassinato ligando ***mulher e vida marginal*** (Longrigg, 1997). A "proteção" nos morros, favelas e conjuntos habitacionais, não mais é realizada pela Polícia, ali não conseguindo entrar qualquer agente da autoridade; suas funções passam a ser desempenhadas pelos "comandantes" e "soldados" do tráfico. Em março de 2000, a cidade de São Paulo viu-se às voltas com parcial desocupação de uma favela da Zona Leste, em razão de disputa entre traficantes, chacinas e incêndio criminoso dos barracos ainda ocupados.

Com a criação deste verdadeiro "Estado dentro do Estado", não é de se estranhar que todas as relações entre os que lá habitam, por incapacidade do verdadeiro responsável – o Estado arrecadador de impostos – submetam-se às "novas autoridades", através de um especialíssimo e assustador código de normas e de honra, que está acima daquilo que se convencionou chamar de "ordem estabelecida", prescindindo da intervenção da autoridade, inclusive para resolver os conflitos familiares.

O entrelaçamento destes estados de crise, visceralmente ligados àquele da Família, encaminha o sistema político a uma encruzilhada: família, delinqüência e poder são todos frutos de um mesmo fenômeno – a desesperança econômica e o abandono social. A crise de 1929, nos EUA, igualmente escorada na expansão fictícia do capitalismo financeiro, desembocou no gangsterismo, no predomínio e institucionalização da delinqüência, na crise da família e do sistema carcerário. A diferença, hoje, está em que a delinqüência globalizada pode, diante da informatização bancária, produzir uma seqüência de operações creditícias, que fazem com que o *dinheiro sujo* desapareça, depois de mais de 200 destas operações, absolutamente *limpas*. Se, em 29, o combate era contra a máfia da chantagem (proteção), o desrespeito à "Lei Seca", a sonegação de impostos, a corrupção policial e do sistema bancário, hoje, mantém-se, na essência, com os mesmos atributos, acrescidos da "proteção", aos criminosos de mãos e colarinhos sujos, além da expansão em escala mundial do tráfico de entorpecentes e da prostituição infantil – crimes dificilmente alcançados pela repressão policial ou pela denúncia do Ministério Público, diante da brandura da legislação e da benevolente apenação e prescrição penal dos delitos. A Família sempre estará à testa destes fenômenos: fornecendo novas levas de desajustados, que renovam os quadros da criminalidade. Forçoso, então, concluir que a luta pelo soerguimento do ente *família* passa também pela consideração de fatores econômicos e criminógenos, que foram, e continuam a ser, desprezados como origens da desagregação.

Às circunstâncias já mencionadas, acrescem-se novas tendências do Direito de Família e este – como sistema jurídico estruturado – ao descurar da fixação de rígidos parâmetros de evolução e assistência social, com certeza estará fadado a sucumbir. À queda do ente Família, devida à exclusão social de seus membros, poderá seguir-se a derrocada do Estado, desde logo, admitido o relaxamento da Ética e da Moral e a aproximação de um Estado Delinqüente, comandado por facínoras, aliados a governantes corruptos, que farão prevalecer o Estado Polícia e o direito de uma minoria, em detrimento do Estado Democrático de Direito e da Cidadania.

Capítulo IX

O PERDÃO

Outro aspecto relevante da judicatura de Família deve ser buscado no instituto do Perdão.

São inúmeras as situações de desajuste familiar, tais como a agressão insidiosa ao cônjuge, vergonha e desespero dos filhos, abandono do lar etc., que acabam superadas pela concessão e aceitação do perdão, não sendo raros os casos em que o cônjuge, traído e humilhado, buscando manter a união da família e a tranqüilidade para o desenvolvimento da prole, aceita o retorno do outro, nada obstante o erro ou a ofensa, perdoando-o em favor da convivência.

A motivação psicológica para este tipo de atitude pode ser encontrada na formação religiosa, na moral – suplantada esta pelo desejo de harmonia – ou numa conduta ética que, ao admitir o erro, compreende e perdoa.

O perdão, no âmbito da família, tem repercussões graves e extensas. A descoberta da injúria pode levar à imediata separação de corpos, inclusive com reflexos patrimoniais (art. 8º, da Lei 6.515/77), nem sempre passíveis de restabelecimento no momento da reconciliação ou da separação definitiva. Trata-se aqui de uma das hipóteses de medida cautelar ou de tutela urgente, visando a resguardar o patrimônio dos cônjuges ou companheiros.

Por outro lado, pergunta-se, qual a repercussão do perdão concedido, reincidindo o ofensor no comportamento injurioso? Sempre considerei o perdão como uma concessão irrestrita e insuscetível de parâmetros de medida, alternativa ou condicionalidade. Concedido o perdão, desaparecem quaisquer resquícios da ofensa, restabelecendo-se a convivência, material e física. Existindo nova incursão, pelo perdoado, no caminho da desunião e do erro, deve ser desconsiderado o interregno anterior, por demonstrar o agente atitude incompatível com os deveres da relação conjugal, prevalecendo, assim, as conseqüências patrimoniais à data da separação anterior, atribuindo-se ao perdoado, a título de culpa, os motivos da separação ou do divórcio.

Desta forma, comprovada a lisura e a boa-fé do inocente, há que se apurar sobre eventual transferência de patrimônio pelo culpado que, revogado o perdão, verá retroagir as conseqüências à data do conhecimento, pelo inocente, da prática da primeira agressão aos deveres da coabitação. Tal circunstância deve ser também analisada sob o aspecto da aceitação do perdão, que poderia mascarar ou se constituir em prejuízo material para quem perdoa ou à prole dos envolvidos.

Por fim, estes fatores poderiam indicar desrespeito aos deveres do poder parental, com a imediata suspensão da guarda, sempre mantida a visitação aos filhos e o dever de prestar alimentos.

A leitura de Fantz Fanon, muitos anos atrás, veio-me constantemente à memória, durante a elaboração deste livro, quando analisa a situação dos envolvidos na guerra de independência da Argélia, ao concluir que a tortura, o exílio, as agressões e auto-agressões psíquicas (ou seriam psicológicas?) não se constituem em características exclusivas do tratamento dispensado aos encarcerados, aos perseguidos políticos, aos "condenados da terra". Qualquer ser humano, quando submetido a condições adversas de vida e comportamento, pode vir a sofrer idêntico constrangimento. Famílias que contam entre seus membros com criminosos, ou companheiros ou cônjuges que enfrentam situações de duplicidade, comum aos períodos que antecedem a separação, ante o surgimento de nova relação, deságuam em comportamentos conflituosos, pois, ao mesmo tempo em que se desfruta de uma vida regular e conforme aos padrões da sociedade, envereda-se por uma outra, oculta e de sombras. Escondem-se os sentimentos ao ser (ou aos seres) amado(s), seja pelo recolhimento carcerário, seja pela atitude de comportamento repudiada pela sociedade; nasce um relacionamento neurótico, capaz de afetar parceiros e prole. O sentimento de remorso e de solidão, os desvios mentais, os sintomas físicos (dores, cansaço, sonolência) são constantes em todas as espécies de exílio, inclusive no infrator de normas de conduta.

Esta situação acaba conduzindo os partícipes do círculo neurótico a comportamentos extremados e, em geral, pouco conscientes, ao cabo, transformando-se em joguetes da vontade alheia. Dificilmente conseguem conformar-se à vida, preferem furtar-se à realidade, envolvendo-se em situações indefinidas, enquanto se dedicam a um superficial radicalismo de idéias ou à violência de atitudes. Enveredam por ideologias exóticas, por posições definidas pelo ódio social, pelo rancor, pela absoluta falta de racionalidade e, no relacionamento pessoal, acabam presas do desamor e de atitudes de desprezo ou desconfiança, baseadas na falta de auto-estima e confiança. Cenas de discussão, ciúmes e violência são constantes na vida de pessoas que desprezam o sentimento, como se ele não existisse, e buscam no exílio explicação para estas atitudes, desta forma transformando seus atores em verdadeiros torturadores e torturados.

Acrescente-se que, sob o aspecto do perdão, reduzida será a interferência do legislador ou do magistrado: tratando-se de atributo personalíssimo, somente ao partícipe ofendido cabe acolhê-lo ou não e em que extensão, especialmente nas hipóteses de reiteração da conduta desonrosa. Complicada será a atitude de quem convive com um enfermo mental, inocente, conforme situação imaginada por Cahali, uma vez que àquele não se garante, "...segundo elementares princípios morais, um *bill* de indenidade absoluta a que o cônjuge sadio viole impunemente os deveres conjugais implícitos ou explícitos, assegurando-lhe uma conduta desonrosa no pressuposto elementar de que não molestaria o cônjuge enfermo, destituído de sensibilidade e afeto" (in *Divórcio e Separação*, 9ª ed., 2000, Ed. RT, pp. 403 e ss.).

Coerente, o legislador não repetiu as exceções do CCivil, em seu revogado art. 319, e parágrafo, prevendo, no art. 5º da Lei 6.515/77, o conceito da insuportabilidade da vida em comum, claramente implícito na concessão do perdão, eis que não se refere este, exclusivamente, ao fato desonroso, mas a preservar a vida em comum.

Ulderico Pires dos Santos afirma que, tendo sido cometido adultério, perdoado posteriormente, "...isto por si só não basta para autorizar o cônjuge infiel a praticá-lo novamente porque, como bem diz Pontes de Miranda, não obstante o perdão, pode o cônjuge opor-se a qualquer ato de adultério posterior" (in *A Lei do Divórcio Interpretada,* Forense, 1978, p. 33).

No mesmo sentido, a lição de Antônio Chaves: "O perdão, contudo, só abrange os atos anteriores; não atinge os posteriores. O cônjuge enganado, que tenha perdoado uma ou mais vezes o adúltero, pode intentar ação de desquite e oferecer queixa-crime, desde que a fundamente em nova falta" (in *Tratado de Direito Civil*, v. 5, t. II, 2ª ed., Ed. RT, p. 264).

Estas colocações enfatizam a repercussão que se extrai, ainda que de forma indireta, da redação do art. 8º, da citada Lei do Divórcio, quando diz: "A sentença que julgar a separação judicial produz seus efeitos à data de seu trânsito em julgado, ou à data da decisão que tiver concedido separação cautelar". Havendo reiteração por parte do ofensor, após o perdão, qual será a data a ser fixada como o marco inicial para os efeitos da separação: a do perdão ou a da reiteração criminosa? Existem decisões que entendem configurado o adultério, ainda que estejam os cônjuges separados de fato, "... vez que a fidelidade só pode ser dispensada após a dissolução da sociedade conjugal (*JM* 92:363; *RDTJRJ* 3:234)" (in *Lei do Divórcio Anotada*, Gilson Fonseca e José João Calanzani, Aide Editora, p. 34).

Em sentido contrário, e mais adequado à realidade do novo milênio, a lei do divórcio espanhola, de 1981, ao preceituar, conforme citação de Pedro Sampaio, "... que a infidelidade conjugal não poderá ser invocada como determinante da separação litigiosa, se existe uma prévia separação de fato, livremente consentida por ambos os cônjuges" (in *Divórcio e Separação Judicial*, Forense, 2ª ed., 1983, p. 58).

CAPÍTULO X

REPRODUÇÃO HUMANA ASSISTIDA

1. Introdução

Filiação *in vitro* e em barriga emprestada suscita inúmeras dificuldades ao intérprete, além de produzir extensa variação de situações jurídicas. Antes de apresentar soluções ou decisões – inexistentes, por ora, no âmbito legal e jurisprudencial – colocam-se para o debate e a reflexão questões éticas, morais, contratuais e humanas, dependentes tanto do Direito como da Medicina e que, de qualquer modo, acabam por afetar crenças religiosas e sociais.

Vale mencionar uma retrospectiva de 20 anos, no progresso da reprodução humana em laboratório (Abdelmassih, Donadio, *Folha de S.Paulo* e *Libération,* 1998):

1975: primeiras tentativas no Reino Unido, contudo os embriões não se desenvolveram além da 10ª semana;

1978: nasce Louise Brown, filha de Lesley, nascida em 25.7.78, por fertilização *in vitro – FIV* (Septone e Edwards extraem óvulos de Lesley, que padecia de obstrução das trompas, óvulos selecionados são postos em contato com espermatozóides em estufas, para formar embriões que, depois de analisados, são transferidos para o útero de Lesley);

1983: Ultra-sonografia transvaginal, técnica aplicada para diagnósticos e que auxilia na aspiração de óvulos por tubos introduzidos na vagina, dispensada a perfuração do corpo;

1991: é o ano da descoberta da ruptura assistida de embriões ("hatching"), onde a ruptura da membrana externa do embrião é induzida com uma solução ácida, igual ao rompimento de uma casca de ovo, necessária à implantação no útero; em **1995**, passa a ser feita também com raio laser;

1992: o belga Andre van Steiterghen revoluciona a técnica da *FIV* através da "injeção intracitoplasmática de espermatozóide" (icsi), ao obter embriões pela introdução, no núcleo de óvulos de espematozóides com defeitos ou baixa concentração de sêmen, eliminando a necessidade de inseminação artificial, em muitos casos;

1993 (Clones de embriões): Jerry Hall e Robert Stilmann (EUA) obtêm clones de embriões humanos, através da utilização de embriões defeituosos que não seriam implantados em úteros – técnica não utilizada;

1996 (Biopsia de embrião): Após a *FIV*, análises genéticas permitem detectar anomalias como a síndrome de Down, hemofilia e outras, podendo ser selecionados embriões saudáveis – técnica experimental;

1997 (Transplantes celulares): Mulheres mais velhas ou com problemas de ovulação podem ter seus óvulos "melhorados" por meio da substituição do material celular de seus óvulos – técnica experimental;

1998 (Limpeza dos embriões): São retirados do embrião fragmentos de células que podem prejudicar seu desenvolvimento – técnica também considerada experimental.

Existe ainda novo e próximo desafio à tecnologia da reprodução humana: a maturação *in vitro* (*MIV*), capaz de tornar férteis "pessoas consideradas estéreis, com espermatozóides ou óvulos imaturos" (Tuffani, 1998). Das 150 mil crianças nascidas de fertilização assistida, metade o foram nos EUA; no Brasil, atingimos de 4 a 5 mil, tendo a primeira nascido em 7 de outubro de 1984.

As dúvidas entre especialistas são inúmeras, ressaltando-se a da utilização indiscriminada da fertilização *in vitro*, também por culpa da mídia, sem antes esgotar "métodos menos invasivos, como drogas para estimular a ovulação e a inseminação artificial" (Donadio, 1998), enquanto outros opõem-se por entender que: "Os casais sofrem com a espera para ter um filho. Existe essa dor" (Abdelmassih, 1998).

Em seus albores, no fim dos anos 80, o avanço científico da inseminação humana assistida foi objeto de preocupação do Juiz da Corte de Cassação de Roma, Paolo Vercellone, que resumiu possibilidades reais e próximas como: a) embriões depositados para utilização futura e a critério dos genitores; b) nascimento após a morte ou separação destes; c) mercado de embriões; d) "seleção em função eugenética, primeiro em negativo (eliminação dos não idôneos), depois em positivo (escolha só dos mais idôneos)"; e) experimentos científicos em embriões, com intervenções da engenharia genética; f) clonagem e formação de híbridos. Mais recentemente, Maria Helena Diniz analisa questões de reprodução humana assistida e responsabilidade civil por dano moral ao embrião e ao nascituro, lançando sua perplexidade na indagação: "... será que o desejo humano de procriar poderá sobrepor-se à dignidade do homem e da vida"?

Em nota à imprensa, a Comissão Técnica Nacional de Biossegurança (CTNBio, 1997) posiciona-se a respeito da clonagem da ovelha Dolly – hoje (Maio de 2000), melhor concretizada, ante a certeza do método científico empregado, utilizando macacos – ao enfatizar a vedação da Lei 8.974/95, regulamentada pelo Decreto 1.752, de 25 de dezembro de 1995, propondo a elaboração do Código de Ética das Manipulações Genéticas. Afirma ainda, na referida nota, que a ela cabe "acompanhar o desenvolvimento e o progresso técnico e científico na biossegurança e em áreas afins", devendo normatizar e explicitar aspectos "pouco claros da lei e conceitos científicos, tais como 'célula germinativa', 'manipulação genética', 'intervenção genética em humanos *in vivo*' e 'material genético disponível'". Por outro lado, recentemente noticiou-se (Nassif, 1998) a criação do ambicioso *Projeto Genoma brasileiro*, a cargo da Fapesp (Fundação de Amparo à Pesquisa do Estado de São Paulo), e que está sendo "acompanhado por um comitê internacional"(...) "O Genoma é um projeto mundial, de diversos laboratórios trabalhando de forma coordenada, visando ao mapeamento da estrutura molecular de uma série de seres vivos – de homens e plantas".

Bobbio (1992), ao lado dos direitos sociais de segunda geração, considera como de terceira, aqueles reivindicados pelos movimentos ecológicos e adverte para o surgimento de *direitos de quarta geração*, referindo-se aos "efeitos cada vez mais traumáticos da pesquisa biológica, que permitirá manipulações do patrimônio genético de cada indivíduo" e pergunta: "Quais os limites dessa possível (e cada vez mais certa no futuro) manipulação?"

Ao analisar os fenômenos da inseminação artificial e da filiação, perante os Direitos Português e Brasileiro, Antunes Varela aponta relevante questão: a do direito à verdade que "...há-de traduzir-se sempre na possibilidade de cada um, dentro de um período de tempo em que menor seja o risco de adulteração dos factos, conhecer as origens de sua pessoa. Não apenas por motivos de ordem eugênica, para melhor diagnosticar e combater os germens das doenças ou anomalias que herdou; não só por motivos de carácter sócio-jurídico, como seja o de prevenir essa maldição sem nome das relações incestuosas; mas, principalmente, por amor à própria verdade, que sangue lhe corre nas veias, em que medida intervieram a força da natureza e a técnica dos laboratórios no fenômeno capital do seu nascimento".

Contrapondo-se a este posicionamento, excessivamente formais e ético-jurídicos, referimos a atualizada visão de Lima Neto (1997), com base em Hottois, quando questiona o papel do Direito Civil e as soluções que deverão ser propostas pelos juristas, com ênfase na apuração da responsabilidade civil das empresas de engenharia genética, "a partir do prisma social e político", onde desponta, inescondível, a nova face do capitalismo: o neoliberalismo, com o condão de usando "...da tecnologia, fazer aumentar o nível de vida da classe privilegiada e manter em nível próximo da miséria total a grande maioria da população, especialmente as que pertencem a países do Hemisfério Sul e que continuam à margem das inovações tecnológicas".

Não só sob estes aspectos, acreditamos, que a interferência de uma hegemonia econômica pode, como já vem fazendo, modificar os alimentos, apresentando-os sob a forma de transgênicos, com isto impedindo que a semente utilizada seja reaproveitada no plantio, além de não garantir a qualidade e ausência de efeitos colaterais ao consumidor. Nada impede, por outro lado, que possa vir a paralisar ou deturpar o progresso da Ciência, como poderá ocorrer em relação à manipulação, modificação e seleção de embriões, eliminando-se no nascedouro raças que não estejam "apuradas" ou que ostentem "cor desagradável", ao se permitir o comércio desenfreado e o tráfico internacional de embriões, cuja pretensão será a de sustentar um capitalismo financeiro selvagem, através, também, da concepção de raças inferiores, que, escravizadas sustentariam o poder do país (ou comunidade de países) hegemônico(a).

2. Inseminação artificial

Ausente a conjunção carnal, há a possibilidade do armazenamento de esperma ou de óvulos fecundados, ou mediante a intervenção de terceira pessoa, durante a gestação, acresce-se a utilização *post mortem* daqueles ingredientes (*New Scientist*, 1998), além da hipótese de sua inutilização, capaz de – para alguns – tipificar crime de aborto. Constitui-se esta, juntamente com incontrolável comércio de embriões, ou mesmo do tráfico em bancos de esperma, nas circunstâncias mais importantes e graves deste novo campo da Ciência no Direito de Família, a implicar, quando inevitavelmente associados a outros fatores, imediata revisão do sistema jurídico, uma vez que direito é fato, e há que reformular a norma à vista dos novos valores (Ascensão, 1994). Acresçam-se, ademais, as hipóteses de cessão de materiais genéticos (Rizzardo, 1991) "...procedentes do corpo humano (que) são excreções de certas glândulas, a fim de produzir o fenômeno da reprodução. Formam parte do substrato físico da pessoa. Mas, desde que extraídos dos órgãos que os produzem, tanto o sêmen como o óvulo consideram-se juridicamente coisas, podendo constituir objeto de relações jurídicas".

A fecundação *in vitro*, com ou sem a utilização do corpo de terceira pessoa para a gestação, é questão que será objeto do direito contratual. Sob este aspecto, existem ultrapassados posicionamentos, que chegam a questionar a validade de acordo ou contrato que tenha por objeto o corpo humano (Silva-Ruiz, 1987). Tratando-se, porém, de impossibilidade ou incompatibilidade de um dos cônjuges, não impedida a fecundação, valerá a averbação da cláusula ou do contrato à certidão de casamento, nas notas do respectivo registro. O mesmo em relação à reserva de ingredientes do casal, congelados, e cuja utilização poderá ultrapassar o limite de vida de qualquer deles: a solução está na lavratura de testamento, por ambos, ou na averbação à margem daquele registro.

A situação apresenta-se mais delicada, necessitando ser melhor esclarecida, quando o contrato envolve terceira pessoa, na condição exclusiva de gestante, que coloca à disposição dos *inseminantes-doadores* a integridade do próprio corpo, como receptora do embrião, desenvolvendo o feto e servindo-lhe de nutriz. Dela serão exigidos cuidados e dietas, além de comportamentos especiais, devendo os pais genéticos prover um seguro, capaz de resguardar-lhe a integridade e a saúde. Não são poucos os riscos da gestação e do parto, desta forma, além do "aluguel" pela prestação ou locação de serviços – art. 1.216 do CCivil – necessária se faz a contratação de um seguro de vida, com cláusula única e de duração limitada, desde a inserção do óvulo fecundado e apto à procriação, até determinado prazo após o parto (normal ou cirúrgico), com extensão a eventuais seqüelas surgidas no transcorrer do período.

A miséria ou desprendimento imponderáveis, capazes de permitir a uma mulher trazer no ventre, durante nove meses, um ser que lhe é estranho, nutrindo-o com sua seiva e que lhe é dependente, podendo causar interferências na própria estabilidade emocional, sempre a título de prestadora de serviço, poderá revelar altruísmo ou ambição desmedida. De qualquer maneira, porém, não há negar que, na origem, estará sempre a problemática social da sobrevivência.

As técnicas de reprodução humana assistidas (Semião, 1998) são as da inseminação artificial, utilizando esperma do próprio cônjuge (IAC); de doador (IAD); *in vitro*, com transferência do embrião

(*Fivete)* – homóloga, com espermatozóide do marido e heteróloga, com espermatozóide de terceiro – e óvulos e espermatozóides "diretamente depositados na Trompa de Falópio", conhecida como *Gametes intra Fallopian Transfert* (GIFT), além da realizada pelo mesmo processo, após a morte do homem. O mesmo Autor faz cuidadoso retrospecto da questão jurídica, mencionando expressamente as circunstâncias previstas nos arts. 242 e 338, II, do CCivil, com ênfase na Resolução n. 1.358/92, do Conselho Federal de Medicina do Brasil e apreciação das escolas concepcionista e natalista, com menção à interpretação dos arts. 4º do CCivil e 5º da Constituição Federal, além de extensa bibliografia.

Desde logo, deve-se pontuar o distanciamento entre médicos e bacharéis de Direito a respeito da fecundação artificial, sendo conhecida a pesquisa elaborado por questionários apresentados a participantes do XIV Congresso Brasileiro de Reprodução Humana, em novembro de 1990, cujos resultados "sugerem que a opinião, sob o ponto de vista ético, oferecida, se deve muito mais aos aspectos culturais do que à condição profissional dos participantes..." (Meira, Martins e Cunha, 1995).

Posicionamentos diversos, alguns mais conservadores (Gomes, 1992), apenas admitem a inseminação homóloga, recusada a heteróloga, que pode ser substituída por outros mecanismos como a adoção. Neste sentido é também a posição de Villaça Azevedo (1996). Ao analisar a questão sob o enfoque da investigação de paternidade, com o mesmo posicionamento de Caio Mário da Silva Pereira (1977), e, sob os aspectos morais e de sexualidade, Callioli (1988), não tem dúvida quanto ao reconhecimento de ilegitimidade da prole. Melhor caberia, neste passo, a advertência de Hauser e Huet Weiller: "Antes de proceder a retoques pontuais motivados por um ou outro caso de espécie, melhor seria enfrentar uma revisão global. Ela conduziria, certamente, a reorganizar a regulamentação geral do sistema de provas da filiação, que é o direito positivo" (Leite, 1992).

Incontáveis problemas estarão postos diante dos lidadores do Direito, dos quais destacamos: qual será o parâmetro para se valorar comercialmente este "empréstimo" ou – para aqueles que ao fato negam qualquer intuito de mercancia – a eventual indenização, hábil a compensar tantos transtornos e dedicação? Quais os critérios objetivos para se fixar o preço da locação do corpo, ao menos durante o período de gestação? Serão eles os da fortuna dos doadores ou os da insuficiência econômica da receptora (pode-se, por acaso, duvidar que a *locação de barriga* é fenômeno social e de classe)? Na hipótese de estar a *locadora* desempregada, o critério de fixação seria aquele do salário que eventualmente perceberia, caso estivesse empregada, ou seria mais conveniente proibir a vinculação deste pagamento ou indenização aos critérios do salário?

Cidadãos pouco esclarecidos pela lei e suas conseqüências ou pelo Poder Público poderão tornar-se presas fáceis de uma contratação de responsabilidades e de valores – sempre aleatória – que pareça pagar-lhes os transtornos, sem, contudo, prever-lhes qualquer espécie de seguro de vida ou saúde. As cláusulas desses contratos devem obrigar a proteção da parturiente, prevendo outras que digam respeito à proteção do nascituro e à indenização que lhe for devida (Santos Neto, 1994; Oliveira e Almeida, 1997). Será demasia imaginar que u'a mãe (doadora ou receptora), por circunstâncias mentais de desequilíbrio momentâneo ou hereditário, agrida ou tente agredir ao nascituro? Como será consumada a proteção de ambos? Internação, vigilância durante todas as horas do dia e da noite? E se a moléstia mental eclodir após o parto, rejeitando a receptora a amamentação e o contato, ou, em razão de ciúme doentio dos pais genéticos, deva ser afastada do recém-nascido? Será possível a elaboração de lei ou de contrato que as enumere; ou será suficiente estabelecer como premissa a proteção do menor, garantindo-lhe a sobrevivência? Haverá indenização por descuido ou desleixo da receptora, durante a gestação e após o nascimento? Poderá ela responder pelo crime de aborto, conceituado como o de um ser embrionário transportado pela parturiente?

Cabe, neste ponto, retomar a distinção entre a escola *natalista* – cujos adeptos podem ou não ser favoráveis à legalização do aborto, com partidários, inclusive, do aborto livre, e que, como parâmetro, citam a Holanda como exemplo do menor índice de praticantes, apesar da legalização, devido a maciças campanhas de educação sexual e ao uso de métodos contraceptivos – e a *concepcionista*, onde "não há qualquer possibilidade de admitir-se o aborto, nem mesmo o aborto necessário e o sentimental", previstos em nossa legislação (Semião, ob. cit.).

3. A questão ética, diante da realidade social

A extensa gama de problemas éticos, morais e religiosos não impede o progresso científico. As questões humanas, quando contrapostas àqueles, jamais conseguiram obstar o surgimento de aberrações e deformidades, físicas ou psíquicas. O livre-arbítrio está, também, na feitura das leis e na sua obediência; as transgressões é que devem ser punidas. Dentro de um sistema democrático, os progressos da Ciência devem estar submetidos ao desejo dos cidadãos, após intensos debates – onde poderão aflorar conceitos de qualquer espécie, partidarismos e formações ideológicas – e, somente após concretizada a Lei, será possível examinar seus eventuais defeitos e excessos. O que não se pode, a toda evidência, é impedir o Homem de pensar.

A extensão dos problemas éticos e jurídicos, agora dentro do campo das pesquisas biotecnológicas, tem sido posta em lei e resolvida pela jurisprudência, independentemente, ou apesar, das discussões religiosas e morais e das posições ideológico-políticas de seus aplicadores. Ean Dausset, prêmio Nobel de Medicina em 1958, citado por Domingues (1993), enfatiza que não se pode restringir a pesquisa científica, desde que estabelecidos limites que não ultrapassem aqueles da dignidade do homem e concretizados num código de moral, ante o caráter experimental das manipulações genéticas, visto que a "...aplicação desvirtuada das descobertas genéticas pode levar a espécie humana a uma grande catástrofe".

As questões jurídicas advindas de situações de fato – nada obstante possam existir contrato ou acordo minuciosos – serão inúmeras e de difícil solução. Enfatize-se que nada poderá impedir a receptora de afeiçoar-se ao nascituro, adiantando seu desejo de com ele ficar definitivamente, quer em audiências conciliatórias, quer através da tentativa de revogação judicial do contrato. Também não será descabido imaginar que possa sentir-se com direito a um regime de visitas e férias, quanto ao ser produto de sua gestação. De outro lado, o desequilíbrio emocional – ante a reação dos pais genéticos – poderá conduzi-la, durante a gestação, ao aborto e, após o nascimento, ao seqüestro, ou à agressividade, sob a alegação de incontrolável reação, fruto do estado puerperal.

Por outro lado, haverá medida judicial capaz de impedir as visitas pela prestadora de serviços, tumultuárias à vida da criança, especialmente quanto à fixação de figuras e poder parentais, da mãe em particular? Será justo esperar que a receptora abdique de qualquer sentimento em relação àquele ser que nutriu e acalentou em seu útero durante nove meses? E se houver o óbito dos pais genéticos, poderá ela adquirir exclusivo poder parental?

Retomando a reflexão sobre crime de aborto: se os bancos de embriões, por culpa ou dolo, sofrerem pane no sistema de geração de energia elétrica ou em razão de acidente com os tubos de ensaio, serão estas circunstâncias que poderão implicar a responsabilização de clínicos e manipuladores, em crime contra a vida? A venda não consentida de embriões congelados ou sua troca poderá ser tipificada, além de crime, tentado ou consumado, contra a vida, como estelionato, nas formas dolosa ou culposa? O dano moral será apurado a partir de quais critérios: o da previsão de vida do ser embrionário; o dos danos ocasionados por moléstias congênitas ou por herança genética que a troca poderá consumar? E se os pais – os infelizes doadores – recusarem a presença do embrião (agora, *ser vivo*) trocado, caberá ao Poder Público assumir quaisquer responsabilidades pela sua criação e desenvolvimento, havendo recusa da receptora?

Nas questões que envolvam direitos da "mãe de aluguel", não se vislumbram hipóteses de conciliação, uma vez que qualquer solução poderá ser, ou parecer, paliativa, diante da inescondível agressão ao sentimento de maternidade. Não há como se aquilatar da intensidade e motivos do instinto e sentimento, em relação ao nascituro, visto que estes atributos poderão ser desvirtuados quando os doadores atrasam ou não pagam a prestação comercial ou a indenização contratadas, confundindo-se amor materno com egoísmo ou instinto mercenário.

Os riscos de uma empreitada desta natureza devem ser medidos, não só a partir do âmbito dos fornecedores dos ingredientes genéticos, como da atribuição de responsabilidade objetiva ao Estado, que tem o dever de instruir aos contratantes sobre as conseqüências profundas da experiência, amparando-os, antes, durante e depois do evento, diante do nascimento com vida, ou não, do feto. Esta responsabilidade deve ser enfatizada, tornando eficaz a participação regulamentadora estatal, não só no que diz respeito às clínicas e o comércio de embriões, a atividade dos médicos e formas de conservação dos embriões, como, ainda, através da obrigatoriedade de assegurar plena educação e esclarecimento, garantindo-se, às mulheres envolvidas, não só o seguro de vida como o de indenidade física e mental.

4. As soluções atuais e o Brasil

Questão mais delicada se vislumbra nos relacionamentos entre pessoas do mesmo sexo, nas uniões homossexuais. Recentemente, as lésbicas dinamarquesas questionaram o Estado, tendo em vista a anterior permissão de casamentos homossexuais e a restrição da nova lei de acesso a tratamento gratuito de inseminação artificial, por condicioná-lo à comprovação de serem casadas ou terem namorado fixo (Starobinas, 1998). A Dinamarca foi o primeiro país a regulamentar aquela espécie de casamento, sendo que, desde 1989, foram registradas 3.301 uniões: 2.194 masculinas e 1.107 femininas – tendo a Associação de Gays e Lésbicas lançado panfleto que ensina solução caseira para se conseguir a inseminação artificial.

Cortes australianas, por duas vezes, concederam a homossexual a custódia de menor, visto ser, no caso de Nova Gales do Sul, a família homossexual do pai mais estável e carinhosa do que a da mãe, constando da decisão que: "A deliberação significa que ser bom pai ou boa mãe não depende de opção sexual" (*Folha de S.Paulo*, 1998).

Desde 1940 estudam os legisladores suecos as questões referentes à inseminação artificial, tendo sido o primeiro país no mundo a estabelecer legislação própria, em 1º de março de 1985. Diz Ewerlöf (1987) que: "A nova lei começa estabelecendo o princípio evidente em si de que se um homem consentiu que sua mulher ou companheira fosse inseminada com esperma de doador, aquele será considerado como pai legal da criança e nunca poderá declinar dessa responsabilidade. Ao doador, por sua parte, não se lhe poderá impor nunca nenhuma responsabilidade pela criança". A Associação Médica Sueca (Kasimba e Dawson, 1990), desde 1988, preocupa-se com práticas abortivas e proteção legal do tecido extraído do feto. Estas questões devem, dentro em breve, ser objeto de preocupação de todo o mundo jurídico, de países e comunidades de países como o Brasil e o Mercosul, tendo em vista que vem se tornando cada vez mais comum o tráfico de órgãos, não sendo impossível que casais estabeleçam formas de concepção, onde ausente o sentimento, tão-só para satisfazer desejos mercantilistas e de tráfico de órgãos de seres mecanicamente concebidos.

No Brasil, Limongi França (1991) ofereceu esboço preliminar de projeto de lei para a tutela do embrião humano, voltado também para a comunidade européia e o Mercosul. Consubstanciado em oito artigos, prevê proteção *in corpore* e *extra corporem* do gene humano, "de acordo com a dignidade de sua origem", tutelado o embrião desde o momento da fecundação ou da nidação, ao se tratar daquele *in vitro*. Há também previsão de enquadramento penal, sem excluir sanções de cunho administrativo e de responsabilidade por dano moral.

O Estado só pode exigir e apenar condutas individuais previamente definidas, ao cumprir suas funções mínimas de garantidor aos cidadãos das condições humanas e civilizadas de educação, saúde, moradia, emprego, assistência previdenciária, salário e terra. Omitir a questão social, fazendo com que prevaleçam, absolutas, a ética e a moral jurídicas, representa atraso político e tratamento desumano aos miseráveis, que sequer terão noção da existência de institutos jurídicos, capazes de lhes assegurar acesso ao progresso científico, alertados que sejam, desde logo, para as conseqüências da utilização de meios assistidos de inseminação ou do aluguel do próprio corpo, diante de novas formas de contrato e garantia.

Ao invés de penalizar práticas contrárias à Ética e à Moral, há que educar e conscientizar o povo – todo o povo – para condutas que, se não observadas, ao ultrapassarem os limites da individualidade, serão passíveis de punição. Porém, os limites da individualidade estão inscritos na Constituição e são representados pelo Direito do cidadão de ver garantidas ao filho ou ao produto da concepção, ainda que em *vitro*, condições mínimas de vida, personalidade, registro, filiação e herança, dentro dos mesmos padrões de dignidade. Se o Estado não garante estas condições, contrariando a Lei Magna, não poderá exigir dos cidadãos observância cega a preceitos morais e éticos, em tudo divorciados de uma sobrevivência adequada.

Estas modificações do Direito de Família, com reflexos gravíssimos no comportamento humano e nas empresas de engenharia genética, relativas à responsabilidade civil e penal, filiação, identidade, parentesco, direitos sucessórios, paternidade e maternidade, tráfico de órgãos, além de inúmeros outros, têm sido discutidas amplamente na esfera da Comunidade Européia e dos países latino-americanos. A apresentação de projetos de lei há que vir a público, com antecedência, para que se ouçam todos os cidadãos. A aceitação destes avanços científicos na Ética – médica, jurídica, religiosa – poderá permitir que seres infelizes, por razões físicas ou psíquicas, procriem; poderá permitir incursões no inter-relacionamento familiar, criando novas possibilidades de aproximação e de manifestação do sentimento. Nada impede, por outro lado, venham à tona anseios ideológicos fascistas, arianos, que busquem o aperfeiçoamento da raça e a criação de seres com a exclusiva e abjeta função de escravos. A comercialização de embriões; o mercantilismo de uma medicina obscurantista e sem ideais; as hipóteses de erro; a incrementação do aborto, de difícil previsão ou impedimento à receptora; os conflitos entre doadores e receptora, quanto a um eventual regime de visitas e poder parental, onde o afeto e o sentimento poderão vir a se tornar motivos de horror e desespero; a possibilidade do incesto – em pequenas comunidades – diante do sigilo que resguarda a figura do doador ou a manipulação do sêmen, também se revelam como algumas das preocupações dos lidadores do Direito de Família para o próximo Milênio.

5. Inseminação artificial e Direito Penal

Para exame de aspectos penais relevantes surge como expressivo exemplo o Código Penal Espanhol, de 1995, em percuciente análise de Romeo-Casabona (1996), especialmente no capítulo dedicado aos "Delitos relativos a la manipulación genética". Ao examinar os critérios gerais de política criminal, reitera que o papel do Direito Penal é o de enfrentar as condutas que lesem ou coloquem em risco bens, valores e interesses fundamentais do indivíduo e da comunidade, constituindo-se, ao mesmo tempo, em grave desrespeito às normas ético-sociais vigentes, "cuando sea estrictamente necesario por ser insuficientes otros instrumentos jurídicos no penales (Derecho Administrativo, Civil etc.). Por consiguiente, también en relación com las actuaciones en el genoma humano deben mantenerse estos criterios, de modo que en numerosas ocasiones la intervención del Derecho Penal será accesoria o inexistente, por no detectarse motivos suficientes para ello, en especial si otros sectores del ordenamiento jurídico pueden satisfacer plenamente las necesidades de protección de bienes o intereses o de limitación de las actividades no deseables; por el contrario, la llamada al Derecho Penal será inevitable – pero siempre excepcional – cuando se trate de conductas particularmente graves frente a bienes o valores dignos de una protección reforzada". Prosseguindo, mais adiante: "En efecto, las acciones que pueden realizarse en el genoma humano a partir de su conocimiento, es decir, las manipulaciones genéticas y la ingeniería genética del ADN recambiante, ponen relieve que dichas conductas, aunque puedan recaer sobre indivíduos concretos, afectándoles incluso de forma directa, les transcienden al poder (de) afectar también a la propia especie humana, a su integridad, identidad, inalterabilidad y diversidad".

6. Conclusão

Garrafa (1997), citando Sanchez Vazquez, confirma que: "Enquanto a ciência, não sendo ideológica por sua estrutura, pode estar à serviço ou dos fins mais nobres ou dos mais prejudiciais para o gênero humano, o cientista não pode permanecer indiferente às conseqüências sociais do seu trabalho. Se a ciência como tal não pode ser ética ou moralmente qualificada, pode sê-lo, no entanto, a utilização que dela se faça, os interesses a que serve e as conseqüências sociais da sua aplicação". Para concluir: "De qualquer maneira, é sempre preferível confiar mais no progresso cultural e moral (ou no "direito das ruas") do que em certas normas jurídicas".

Capítulo XI

GUARDA CONJUNTA

1. Introdução

A Constituição Federal ampliou notavelmente a igualdade entre homem e mulher, com inegáveis reflexos na Família e, de certa forma, declarando a obsolescência do Código Civil e das leis que mantinham a mulher em estado de subserviência e incapacidade relativa, enquanto os filhos eram tratados através de gradações injustas e submetidos a um *pátrio poder*, cujas origens remontavam à barbárie e ao Direito Romano.

A base desta evolução encontra-se no § 5º do art. 226, da Constituição Federal, quando afirma a igualdade do exercício de direitos e deveres referentes à sociedade conjugal, nesta incluídas a união estável, como entidade familiar, aqui compreendida, também, aquela formada por qualquer dos pais e seus descendentes (§§ 3º e 4º).

Enfatizado o dever da Família, da Sociedade e do Estado, de garantir à criança e ao adolescente os direitos à vida, à saúde, à alimentação, à educação, ao lazer, à profissionalização, à cultura, à dignidade, ao respeito, à liberdade e à convivência familiar e comunitária (art. 227), referiu-se o Constituinte ao direito à convivência familiar, ao igualar homem e mulher, perante a prole – seja de que espécie for. Nela abrangeu a dos filhos adotados, inclusive por entidade familiar formada por homossexuais, além da inseminação *in vitro*, da "barriga de aluguel" ou da clonagem de seres humanos. Ademais, não se pode omitir as conseqüências de progenitores infectados pelas novas epidemias (Aids), em seus relacionamentos com os filhos ou as que, certamente, irão surgir, como fruto da ausência de regulamentação mínima do aborto.

São estes os *desafios do próximo milênio*, onde se inclui o da *atribuição bilateral do poder parental.*

2. A guarda

Exerce-se o *direito de guarda* numa seqüência – que, nas relações reguladas pelo Código Civil, tem início pelo matrimônio, nascimento e desenvolvimento da criança – sujeita ao antigo conceito de *pátrio poder*, hoje *poder parental*. Com a nova Constituição Federal e o Estatuto da Criança e do Adolescente (art. 21), perderam eficácia o art. 380 e seu parágrafo, do Código Civil, que o atribuía, com exclusividade, ao varão. A guarda "representa uma pequena parcela desse poder e fica com um deles, assegurando-se ao outro o direito de visita e de fiscalização", como atividade desenvolvida pelo guardião (Gonçalves, 1998). Igualmente, nas relações maritais, sejam elas devidas a um eventual concubinato puro, ou impuro, ou simplesmente a um relacionamento sexual temporário. Com a separação ou o divórcio, entende o mesmo Autor que: "O exercício por ambos fica prejudicado, havendo na prática uma espécie de repartição entre eles, com um enfraquecimento dos poderes por parte do progenitor privado da guarda, porque o outro os exercerá em geral individualmente". Esse é o conceito clássico que, nada obstante a moderna conceituação constitucional, mantém-se estratificado, impedindo a experiência da guarda conjunta e o exercício da completa igualdade entre homem e mulher.

Há três espécies de poder parental, no exercício da guarda: a *unipessoal*, quando o poder concentra-se em apenas um genitor; a *conjunta* quando os atos relativos à vida e aos bens dos filhos são decididos por ambos os genitores; e, por fim, o exercício *indistinto,* que permite a qualquer dos pais a realização de atos válidos (Bossert e Zannoni, 1996).

Quando a Constituição Federal protege a criança e o adolescente não está preocupada com a sua origem, mas com um tratamento igualitário e civilizado, que ultrapasse ao mero interesse ou desídia dos pais – conscientes ou acidentais – preservando, igualmente, os direitos destes, que os geraram, adotaram ou abrigaram, mesmo durante o período de gestação "de aluguel" ou da concepção assistida (inseminação artificial).

Ultrapassando o mero inter-relacionamento de direitos e deveres de ordem subjetiva, alcançam o interesse individual. Assim como os pais têm o dever de garantir-lhes educação e formação, têm os filhos o de respeito e aprendizado, sempre submetidos, todos, ao dever do sustento necessário e da efetiva disponibilidade, com vistas ao único e primordial objetivo de atender ao interesse do menor.

Apresenta-se o instituto da guarda com dois requisitos: titularidade e exercício. O primeiro, salvo perda ou suspensão, dirigido a ambos os genitores, enquanto que o segundo, a um ou a ambos. As leis brasileiras, especialmente o Código Civil, previam o exercício unipessoal – o pai como chefe e cabeça do casal. Atualizado pela Constituição de 88 e pelo Estatuto da Criança e do Adolescente, verifica-se que jamais houve impedimento legal para a adoção da guarda conjunta, quase sempre confundida com a guarda alternada.

Além do resguardo ao interesse superior do menor, pretende-se com a guarda atingir um clima harmônico, capaz de manter a união da família, nada obstante a separação ou o divórcio, conforme constatado por Giusti (1987): "Tornar-se ex-marido ou ex-mulher é possível, mas não é possível tornar-se ex-pai ou ex-mãe". O fato de assumir a condição de ex-cônjuge ou ex-companheiro, tendo consciência de que será sempre pai ou mãe, além de transmitir segurança e tranqüilidade à prole, impede as atitudes de revanchismo ou de amor-próprio ferido, quase sempre devidas à desilusão do amor que termina.

Não existem fórmulas para enfrentar a ameaça de separação entre pais e filhos. Existem conselhos ou estatísticas, que não conseguem superar a própria e constante vigilância e autocrítica no enfrentamento dos problemas do dia-a-dia, e daqueles mais trágicos, geralmente alimentados pela ganância ou pelo desequilíbrio financeiro. A questão dos alimentos traz ainda o inevitável ranço do machismo, uma vez que, sem perceber o progresso da condição feminina, invariavelmente é atribuída ao varão, inclusive para obrigar o pensionamento do cônjuge culpado – pensão côngrua (Cigagna Júnior, 1998). Os filhos, envolvidos num turbilhão, salvam-se às vezes, enquanto os pais ou fingem que a tempestade está longe ou que a salvação depende de algum deus.

A interferência conjunta e civilizada nos costumes e hábitos familiares, a convivência amena e a troca de idéias, dentre outros, são comportamentos que quase sempre conseguem superar traumas, sem cair no arbítrio, no exotismo ou na pieguice de fórmulas do bem viver. Enquanto houver distinção e contornos nítidos e bem definidos em relação ao bem-estar da prole e observância às obrigações de partilha e pensionamento, dificilmente haverá tumulto; este será inevitável quando houver confusão entre sentimento, inveja e cobiça.

3. A guarda conjunta

A ***guarda conjunta***, fruto de atribuição bilateral do poder parental, revela-se, no casamento civil, na separação ou no divórcio, bem como na situação daqueles que formam entidades familiares, como a espécie mais desejável, conciliatória e civilizada.

Nestas últimas, distinguem-se três hipóteses: a do concubinato puro, em que não há impedimento ao casamento, entre os companheiros (de sexos diferentes ou, em alguns países, iguais), participando ambos da formação da entidade familiar, quer através da filiação, obtida pela gestação "de aluguel", na concepção *in vitro* ou assistida, na clonagem ou na adoção, quer pela constituição de patrimônio comum, chamada de *união estável*. A segunda, do concubinato impuro, sendo um dos pais casado, havendo impedimento, resguarda, de forma idêntica, os direitos e deveres entre pais e filhos, com as ressalvas do reconhecimento tardio da filiação ou da ausência de contribuição para a formação de patrimônio, chamada de *união adulterina*. E, por fim, união que perdure por mais de cinco anos, de que resulte prole e sem que haja impedimento matrimonial, nominada de *companheirismo*. Aqui estarão incluídas, por ora, as relações homossexuais, seguidas ou não de adoção, e que têm sido resolvidas pelo Direito das Obrigações (Rosado Aguiar, 1998).

"O substantivo filho não mais pode ser adjetivado. Agora é gênero sem qualquer espécie" (Gontijo, 1995).

Um primeiro ensaio de atualização do conceito de guarda, resultou da redação do art. 13 da Lei do Divórcio, quando estabeleceu que, havendo motivos graves, poderia o juiz regular, de maneira diversa do nela previsto, a situação dos filhos com os pais. Aqui se encontra o prenúncio de que o interesse do menor sempre prevalecerá ao relacionamento posterior entre os divorciados, podendo ser estendido a situações em que a manutenção do casamento não passe de aparência ou hipocrisia.

Como fenômeno familiar, a guarda conjunta deve ser examinada sob os aspectos da saúde mental e física, econômicos, culturais e sociológicos. A imposição de uma reforma vem sempre da evolução dos costumes: a mulher independente deixou de ser a "dama do lar", tendo que assumir tarefas profissionais fora dele. A crise na economia, antes de países subdesenvolvidos, hoje de países globalizados, conduz, inexoravelmente, ao desemprego, obrigando a colaboração de outros membros da família, para garantir a subsistência. Assim, a mulher passou a ter três ou mais atribuições: dona de casa, profissional, além de mãe incumbida de vestir e alimentar, antes de sair para o trabalho ou quando de seu retorno, enquanto o pai era o responsável, apenas, pelo sustento do lar. Esquecidos todos de que a renda familiar passa a contar com indispensáveis contribuições de ambos.

Desta forma, a guarda, que deveria ser compartida, desde o momento em que a mulher teve de ingressar no mercado de trabalho, acabou por se constituir na manutenção do aprisionamento.

Outra não é a situação dos casais separados. Enquanto o homem eximia-se do exercício do poder parental, pagando pensão alimentícia, via-se a mulher obrigada a suplementar a economia doméstica com o seu trabalho no lar e fora dele, prejudicada em seu lazer ou na busca da felicidade. As visitas esporádicas, em fins-de-semana alternados, ainda que cegamente obedecidos, não permitiam à mulher a procura de novo relacionamento ou a do aperfeiçoamento profissional e cultural. Todos sabem que os sábados e domingos estão reservados para uma fuga ao *stress,* mas que, no caso, resultava no cumprimento irrecusável das tarefas de lavar, passar e remendar roupas, preparando e congelando (quando possível) as refeições da semana.

Assim, igualdade, somente no papel.

A primeira vez que ouvi falar de "guarda conjunta" foi durante uma audiência, em que a frustração do pai encaminhou-o a pretender que o filho, de tenra idade, permanecesse por semanas alternadas, consigo e com a ex-esposa, e, imaginei: o resto do tempo, passaria no manicômio... Anos mais tarde, comecei a perceber que a idéia era outra, e que as soluções refletiam melhor o que poderia ser a liberdade e a igualdade entre homem e mulher.

Tendo tido sempre como norte a conciliação e como bússola o critério de que as questões de Família devem ser, o quanto possível, resolvidas pelas partes envolvidas, preservado o interesse do menor, mostraram-me estas circunstâncias que os pais – nada obstante o desencanto da separação – estavam imbuídos de sinceridade e preocupados, essencialmente, com a busca da própria felicidade e a dos filhos.

Não é possível impor a uma criança que viva, alternadamente, ainda que por breves períodos, com um dos genitores, exercendo este a guarda, com todos os pesados encargos que lhe são próprios. Relações equilibradas entre todos evitam a concorrência de poder, diminuindo as tensões, as costumeiras buscas e apreensões, o não pagamento, a título de retaliação, da pensão alimentícia, etc. (Oliveira Leite, 1997). Porém, as desvantagens são superiormente graves: desequilíbrio psíquico da criança, que necessita de segurança e estabilidade, após o trauma da separação; além, é natural, das conseqüências de ordem jurídica: qual dos genitores administra os bens do menor? Quem o autoriza para viagens ao exterior e para os atos da vida civil, enquanto menor? Qual dos genitores é responsável pelos danos causados pelo menor?

Contudo, não há negar ser este o reflexo da mudança de costumes, que a tendência dos juízes e Tribunais – de atribuir, invariavelmente, a guarda à mãe – vem sofrendo: a oposição de pais extremosos, enquanto aquelas vêm desistindo de assumir mais este encargo, ante as dificuldades de sobrevivência, buscando-se a redefinição dos papéis na Família. Sensíveis a estas mudanças, elaboraram os países europeus novas leis, sendo que a francesa, de 1987, alterou o art. 287 do Código Civil, através da seguinte redação:

"Conforme o interesse dos menores, a autoridade parental é exercida quer em comum, pelos dois genitores, após manifestarem suas opiniões perante o juiz, quer por um deles. Na hipótese de exercício em comum da autoridade parental, o juiz indica o genitor na casa de quem o menor fixará sua residência habitual".

Feliz a conclusão de Oliveira Leite (ob. cit., p. 268), ao constatar que a guarda conjunta atribui aos pais a *guarda jurídica*. Mantém-se, assim, o "casal parental", desaparecendo o "casal conjugal" (Défossez, 1988).

Bossert e Zannoni (ob. cit., p. 519), indicam uma dificuldade prática na guarda conjunta: a dificuldade de ter de solicitar o consentimento de ambos os genitores, para a prática de quaisquer atos que digam respeito à vida do menor. Contudo, esse não deve se constituir em obstáculo, visto que qualquer providência ou decisão, a respeito da vida e desenvolvimento do filho, deve ser fruto da ponderação dos genitores, em qualquer circunstância, quer na escolha e direcionamento de sua formação, quer na proteção de seus bens. O poder unipessoal peca pelo exercício isolado, com decisões unilaterais, sem consulta ao outro genitor, enquanto que o poder parental indistinto protege o mais rápido, fomentando a discórdia e a desunião.

4. *Características e dificuldades*

O direito de *residência única e imediatamente definida* – essencial ao desenvolvimento psíquico do menor – tem sua contrapartida no regular direito-dever de visita. A residência, desde logo definida, impede que a criança, em geral instável e desprotegida, sinta-se desconectada de qualquer eixo referencial para desenvolver atividades escolares, de aperfeiçoamento e de lazer: ela deve apresentar-se aos professores e amigos, além dos parentes, obviamente, com endereço certo; saber quem são seus vizinhos; estabelecer padrões de convivência, de honestidade e honradez, a partir das atitudes que, ao longo do tempo, formarão seu juízo crítico, fortalecendo a própria personalidade. Por outro lado, deve saber qual templo ou culto religioso freqüentar – aqui também estabelecendo raízes que lhe permitirão aproximar-se do confessor ou do sacerdote, vivenciando a experiência com seu Deus. A escola que freqüenta – muitas vezes ao longo de uma dezena de anos – permitirá a compreensão do sentido de obediência, bem como a construção de laços de amizade com os vizinhos e colegas, que a acompanharão por toda a vida. Estes, por sua vez, aguardam a recíproca da convivência, conhecendo-lhe o genitor (ou genitores), o lar em que vive, quais são seus brinquedos e, por que não?, saber de que forma se alimenta, muitas vezes convidando-se para o almoço...

Questão intrincada, e que infesta os fóruns, ao menos no Brasil, diz respeito à responsabilidade pelo pagamento de *pensão alimentícia*, muitas vezes confundida com o esgotamento da responsabilidade perante os filhos. A pensão serviu, serve e continuará servindo como motivo de chantagem, entre cônjuges pouco inteligentes, ou entre estes e a prole. Não é tema destas anotações, porém, o estado de beligerância, em torno do sustento: quase nunca é verdadeiro (quando o é, decreta-se a prisão do mau pagador), no geral, serve para alimentar o orgulho ferido; o amor não esquecido; o abandono etc. Contudo, esse mesmo estado de guerra tem permitido ao mau pai ou ao mau guardião que, sob o surrado pretexto financeiro, afaste-se o alimentante – alegando que já cumpriu sua obrigação – e o alimentado, que é insuficiente, esquecido o primeiro que a guarda física nunca é suplantada pela guarda jurídica e o segundo que os critérios da necessidade e disponibilidade irão nortear as decisões judiciais, independentemente do que possa ter ocorrido com a irresponsabilidade tumultuária do genitor ou do guardião. A guarda conjunta pode minorar estes aspectos do pensionamento, que acaba perdendo o caráter de represália.

Guardar é, antes de tudo, *amar*, estar presente, na medida do possível, comparecer a atos e festividades escolares ou religiosas, manter diálogo permanente e honesto com o filho sobre as questões familiares, sobre arte, religião, lazer, cultura, esporte, política. E, também sob este aspecto, cabe uma reflexão. Pais separados pensam que o diálogo com os filhos é difícil, e que não têm condições de atingir o âmago da questão ou da problemática posta em discussão. Porém, não é novidade que entre pais e filhos sempre existiu essa dificuldade: casados ou não. A *solidão* e o remorso é que estarão na base de constatações desse tipo. O genitor que se afasta, reveste-se do *limbo* pegajoso e insípido do remorso: alguns, imaginando-se pecadores irrecuperáveis, angustiam-se e nada fazem. O filho, por seu lado, sente-se excluído, abandonado, como se a vida dos outros fosse melhor do que a dele. Incapaz de analisá-la, não consegue explicar porque o genitor foi embora, porque não pode mais conviver com ambos, sente-se culpado, mergulha na solidão, no desespero e na revolta (Lagrasta Neto, 1990).

Estes dois aspectos, merecedores de um dos círculos inferiores de Dante em sua viagem ao Inferno, nada mais são do que o resultado da insensibilidade ou do egoísmo dos pais. São eles os únicos com condições de salvaguardar a integridade física e mental dos filhos, ao mesmo tempo em que procuram resolver, de forma conciliatória e civilizada, os próprios conflitos. Ao definirem conjuntamente uma residência única, critérios de avaliação, de formação e aperfeiçoamento, moral, educacional e cultural para a prole, estarão promovendo uma divisão de tarefas: as referentes ao dia-a-dia, dependem exclusivamente do guardião (com quem mora o filho), como, por exemplo, roupas, alimentação, uniforme e material escolar; outros encargos, que podem compensar aquelas tarefas, devem ser atribuídos ao outro genitor: um brinquedo, um livro, um uniforme de atividade esportiva. Finalmente, existem as que somente podem ser praticadas por ambos: a escolha do colégio, do culto, da eventual interrupção dos estudos, o estudo extracurricular, uma viagem ao exterior, a escolha de um local para as férias etc.

Em todas e quaisquer dessas atividades, o genitor que não puder ser atendido, uma vez que o interesse superior do menor implica a imediata definição, sob pena de atrasá-lo nos estudos ou na formação profissional, deverá recorrer ao Poder Judiciário. Neste a discórdia terá um fim, inclusive com definição liminar, suspendendo-se, ou impedindo-se, atos que sejam contrários ao interesse da prole.

Tratando-se de genitores que trabalham, tudo poderá ser dividido: enquanto um se encarrega da educação e transporte, outro supre necessidades de alimentação e vestuário, sendo as despesas médico-odontológicas repartidas.

Outra questão curiosa diz respeito à atribuição de responsabilidade por danos ocasionados pelo menor (acidente, atropelamento, morte), com base no art. 1.521, do C.Civil. Deve entender-se que não basta a determinação legal; a guarda conjunta implica a responsabilidade jurídica de ambos os genitores. Se ambos educam, se ambos possuem economia própria, evidente que ambos devem ser responsabilizados para saldar o prejuízo. Dizer que o pai (ou a mãe) é responsável, com exclusividade, por ter o menor saído com veículo, mesmo não autorizado, não é suficiente para que todo o arcabouço de um acordo – que vinha funcionando – desabe. Há que distinguir da situação em que o menor é autorizado e, muitas vezes, incentivado, por um dos genitores, à prática de atos abusivos ou proibidos pela legislação: aqui, sim, cabe-lhe assumir integralmente a reparação civil.

Os pais devem ser concitados, principalmente pelo advogado, a pensar que o juiz poderá aplicar até mesmo o art. 13, da Lei do Divórcio; devem cogitar sobre o interesse superior do menor, em qualquer hipótese; não podem esquecer do caráter provisório da atribuição da guarda. Por seu lado, o advogado, o juiz, assim como o curador de Família, devem estar atentos para não serem utilizados como cúmplices de atitudes mesquinhas ou de pura chantagem, empregadas por genitores inescrupulosos, que se aproveitam da situação do ex-cônjuge para surrupiar-lhe a prole; que negam condições mínimas de sobrevivência ao filho, para que este se bandeie para o lado onde está a ilusão de conforto ou, o que é pior, confundam a demanda, induzindo a um julgamento injusto.

A cega atribuição do menor à mãe não condiz com uma realidade justa, visto que nem sempre será ela a melhor orientadora ou guardiã, enquanto não tiver superado o fim do relacionamento, ou necessitar do trabalho fora do lar, e de oportunidade igual de reconstruir a vida e a felicidade. A *ausência da figura do pai*, quer por estar acomodado com o simples pensionamento, quer por infundados temores, ou impedido de visitar a prole pela ex-mulher, acaba por desestabilizar o menor, fragilizado pela separação, pelos costumes, pela mídia, pela violência, e como reflexo do desemprego aliado ao desespero dos pais. Pais acomodados são negligentes; pais convocados a partilhar a vida dos filhos acabam por destes se aproximar, deixando de lado o orgulho ferido e as suscetibilidades, afora a insossa previsão de que um desentendimento, um rompimento do acordo, poderá conduzir à guarda exclusiva com o outro genitor (Golberg e Graham, 1997).

Advertência severa, quanto à ausência da figura paterna, uma vez que a da mãe é indiscutível, diz respeito a complexos mecanismos mentais e de comportamento: "Ainda que a presença conjunta de ambos sob o mesmo teto não seja possível, é fundamental que seja garantida a presença de figuras substitutas de ambos os sexos, pois é nessa convivência que se encontra o gérmen de identidade sexual e do relacionamento com o sexo oposto" (Marraccini e Motta, 1995).

Não se crê que a guarda conjunta possa impedir a criança de ter de opinar, aumentando-lhe a angústia, diante do falso dilema da escolha. Este aspecto somente será superado se o menor puder ser entrevistado por equipe multidisciplinar que auxilie o magistrado. Servindo-lhe de *longa manus,* acaba por impedir a presença, constrangedora para o menor, nos corredores dos fóruns.

A importância da *vontade do menor* tem efeito decisivo; consultá-lo, levando em conta seus sentimentos, deve ser o fundamento de qualquer decisão que o envolva (Bonnard, 1991). Contudo, pensamos nós, as condições precárias em que se encontram nossos fóruns, a falta de uma equipe multidisciplinar e o despreparo cultural dos lidadores do Direito – dentre os quais incluem-se, em primeiro plano, juízes, advogados e promotores de Justiça – desaconselham ouvir o menor durante uma audiência, onde não são raros os momentos de agressividade, confusão e perplexidade.

A *vontade do menor* não deve ser confundida com a oitiva pessoal a qualquer custo, ou em ambiente adverso. Nada impede o juiz de fazê-lo, e o advogado de o requerer, para que aconteça em outro lugar (como por exemplo: na própria escola, numa lanchonete), nada obstante as inúmeras dificuldades de o fazer, numa cidade como São Paulo (Lagrasta Neto, 1992; v. Capítulo II). Utilizando-se da inspeção judicial, prevista nos arts. 440 a 443, do CPC, será possível entrevistá-lo no ambiente em que vive, estuda ou trabalha, na presença de irmãos, colegas, ou do genitor que lhe detém a guarda (Fonseca, 1998).

As deficiências de adaptação profissional do Assistente Social e do Psicólogo evidenciam-se na aplicação do Direito de Família. Trata-se, parafraseando Jérôme Bonnard, de definir o papel que desempenham os primeiros no processo: não o de propor questões à criança obrigando-a a manifestar uma escolha, "mas de a observar no seu meio"; enquanto que os psicólogos devem descrever as palavras com que se expressam os menores, "a fim de permitir ao juiz saber se a escolha da criança corresponde à realidade de seus sentimentos" (ob. cit., p. 57).

Sob este aspecto, merece reflexão e regulamentação adequada o art. 12 da Convenção Internacional dos Direitos da Criança, que garante ao menor, capaz de discernimento, "le droit d'exprimer librement son opinion sur toute question l'intéressant (...) A cette fin, on donnera notamment à l'enfant *la possibilité d'être entendu dans toute procédure judiciaire ou administrative l'intéressant, soit directement, soit par l'intermédiaire d'un représentant ou d'un organisme approprié...*".

5. Guarda conjunta e guarda alternada – Diferenças

A partir da experiência dos países europeus, especialmente da França, e da lei de 1987, das legislações canadense e norte-americana, tem sido adotada como primeira imposição ao juiz determinar a residência habitual da criança, sem impedir-lhe a movimentação temporária – com isto, condenando-se, definitivamente, o sistema de guarda alternada.

O drama de pais separados, que não se ajustam ao interesse soberano do filho, reflete-se, especialmente, nos conflitos sobre sua guarda. Muitas vezes chantageiam-se mutuamente, outras, é o menor que conduz o conflito, mudando-se constantemente, e a seu bel-prazer, da casa de um para a do outro. A primeira mudança, e as que se seguem, permitem ao menor fugir aos deveres primários: tomar banho, manter o quarto arrumado, acordar no horário, ir à escola, estudar, trabalhar (mesmo em tarefas domésticas), freqüentar culto etc. Mas, o que é pior, desinteressa-se do respeito aos pais, descumpre a decisão judicial, não dá atenção à formação cultural e física, rebelando-se à menor contrariedade, tornando-se insubordinado, prepotente e, talvez, um futuro delinqüente.

O que dizer, então, de uma guarda alternada, quando por períodos, escolhidos ao acaso e sem qualquer critério, pretender-se que a criança esteja na casa de um ou de outro genitor; não em sua própria casa e talvez, por longos anos, num consultório médico? Se, de um lado, poderá preservar as imagens de pai e mãe, de outro, não irá fixá-las, pois serão imagens esmaecidas, que não lhe permitirão imaginar a paz e a segurança de um lar. No aspecto psicológico mais profundo, irá desenvolver caracteres descompensados de personalidade (masculina ou feminina), capazes de influir no surgimento de dupla personalidade, como parte de um fenômeno neurótico ou psicótico.

A guarda alternada irá facilitar o conflito, pois ao mesmo tempo que o menor será jogado de um lado para o outro, náufrago numa tempestade, a inadaptação será característica também dos genitores, facilitando-lhes a fuga à responsabilidade, buscando o próprio interesse, invertendo semanas ou temporadas, sob as alegações mais pueris ou mentirosas (viagens, obrigações profissionais, congressos etc.). Em suma, os adultos procurarão tirar "vantagens" desta situação indefinida, propícia ao desentendimento e à destruição de uma convivência sadia.

Não existe autoridade alternada; existe autoridade definida. A criança deve saber onde é o seu lar, quem são seus pais – aqueles que o amam, respeitam e educam – e que a estes deve obediência e respeito, sem qualquer tergiversação.

Talvez, não como último, como derradeiro defeito de uma guarda alternada menciona-se a sobrecarga existencial e de atividades impostas à criança. A vida sedentária dos apartamentos e o temor das ruas, a impossibilidade de uma presença constante dos pais, sobrecarregados, eles também, por atividades profissionais, e a busca incessante de atingir resultados, fazem da educação atual repositório do estresse e dos sintomas e doenças psicossomáticos. A lista destes sintomas é extensa e preocupante, tais como: sono agitado, ansiedade, doenças respiratórias, dores indefinidas, síndrome de pânico, náuseas, viroses, desinteresse pelo estudo, choro constante, inapetência, solidão e tristeza, que, muitas vezes, através de ***relações neuróticas***, culminam no suicídio ou na delinqüência precoce (*Veja*, 1998).

Estes sintomas encaminham a criança para fora do lar – não, como antigamente, para o brinquedo nas ruas pacatas, mas para o convívio com menores marginalizados: – a conseqüência é o crescimento da infanto-criminalidade, hoje agravada pelo tráfico de entorpecentes, pelas macroorganizações criminosas, que se aproveitam destes pequenos seres para formar um exército de "mulas" da droga ou, o que é pior, para aliciar quadros dirigidos à prostituição infantil.

Ainda que não se possa atribuir, com exclusividade, estes efeitos a uma guarda alternada, o que podemos concluir é que num mundo globalizado, onde o desemprego é o maior fantasma, a condução da prole tem sido negligenciada pela insensibilidade e, principalmente, pela *ausência de sentimento* e *fuga à responsabilidade.*

O juiz, livre para entender os argumentos da criança, deve examinar o grau de credibilidade e convicção com que ela os expõe, uma vez que: "...se a credibilidade da criança não lhe traz qualquer dúvida, o juiz está livre para considerar os sentimentos que exprime. Com efeito, não emitindo a criança mais do que um sinal, o juiz jamais poderá estar ligado aos seus sentimentos" (Bonnard, ob. cit.).

6. Conclusão

O estágio atual de desagregação da Família, como conseqüência de um capitalismo financeiro volátil; o surgimento institucionalizado de macroorganizações criminosas; o tráfico de entorpecentes; a prostituição infantil; o desapreço governamental às políticas de bem-estar social; o naufrágio dos políticos num mar de corrupção, além da falência dos costumes e dos padrões que norteiam uma vida equilibrada e que possa buscar a felicidade, implicam uma *reapropriação da democracia* e de seus processos, que impõe, como pretende, inclusive, o Papa João Paulo II (Negri, 1998), buscar-se uma *nova militância social.*

CAPÍTULO XII

FORMAÇÃO DA FAMÍLIA BRASILEIRA NO INÍCIO DO SÉCULO XXI

1. Introdução

Após a promulgação das Leis ns. 8.971/94 e 9.278/96, novas perspectivas se abrem para que outras uniões – inclusive, entre pessoas do mesmo sexo, uniões estáveis etc. – atinjam a condição legal de casamento. Como é de costume, o móvel destas leis continua sendo o dos interesses patrimoniais, ainda que, de início, dirigido à proteção do companheiro que, durante anos, dedicou-se e conviveu com outra pessoa e que, ao final, viu-se alijado de qualquer espécie de herança ou indenização.

Revestidas de novos formalismos, e com avanços, inclusive, na geração *in vitro*, uniões entre pessoas do mesmo sexo poderão conseguir, por via indireta, mediante a utilização da chamada "barriga de aluguel", a constituição de família e prole; por outro lado, novas espécies de contratos e pactos antenupciais permitirão relacionamentos que – mesmo no caso de efêmeros – poderão ser desfeitos ou denunciados, sem reflexos no patrimônio anteriormente constituído pelos contratantes.

Ao juiz de Casamentos sucederá o oficial de Registro?

Ainda que não se trate de verdadeira revolução no Direito de Família, concretizará inegável progresso nas relações humanas. Às ferrenhas disputas, com resultados desastrosos para os separandos e para a eventual prole, sucederá a separação civilizada e a ausência de prejuízo patrimonial, além de verdadeira proteção à pessoa dos filhos.

A emancipação profissional da mulher estabelece a realidade de novos lares, monoparentais, em que, sozinha, desempenha as tarefas de sustento e condução da família. Por outro lado, a proteção de sua incolumidade física e a proteção eficaz da criança e do velho tornam-se desafios constantes, junto com o desemprego, no respeito aos Direitos Humanos e no desenvolvimento de completa cidadania.

2. Do concubinato às novas espécies de organização familiar

Obra inegável da jurisprudência, inclusive a partir da interpretação do art. 1.363, do C.Civil, sumulada pelo Supremo Tribunal Federal, através da Súmula 380, admitiu-se o concubinato; a *sociedade de fato* entre os companheiros. Esta espécie de sociedade acabou por ser reconhecida pelo legislador constituinte (art. 226, § 3º), com destaque à participação dos companheiros na aceitação da existência de patrimônio comum, reconhecida a participação e a cooperação de cada um, igual àquelas de sociedade civil ou comercial. Passou, assim, a jurisprudência a admitir a colaboração da mulher nos afazeres do lar ou, com maior intensidade, na educação dos filhos – atividade que permite o desenvolvimento e o progresso do parceiro – merecendo parcela do patrimônio na partilha ou indenização pelos serviços prestados.

Do mesmo modo, resultou reconhecida a participação de pessoa do mesmo sexo que tenha vivido com o parceiro, durante longos anos, acudindo-o na doença, com direitos que se sobrepõem ao dos familiares ou herdeiros em geral, que, em razão de preconceito ou indiferença, afastaram-se, retornando apenas no momento extremo da morte, pretendendo disputar o patrimônio constituído exclusivamente pelos conviventes da união estável.

Tratando-se de pessoas de sexo diverso, a sociedade de fato será reconhecida se não houver, para qualquer delas, impedimento ao casamento, preenchido o formalismo essencial da convivência estável.

Entre pessoas do mesmo sexo, não previsto em lei o reconhecimento, com vistas à união conjugal (casamento), a situação acaba por incentivar preconceituosa hipocrisia, e investe contra a cidadania e os direitos humanos, uma vez que a jurisprudência apenas procura garantir direitos patrimoniais ou de companheirismo na herança, vedando o reconhecimento de uniões estáveis ou a possibilidade de adoção ou de inseminação assistida, em barriga de aluguel.

Exemplo recente foi dado por julgado do Tribunal de Justiça do Estado de São Paulo (EI n. 265.053 – São Paulo, 9ª C. de Direito Privado, rel. Des. Ruiter Oliva, j. em 19.8.97), que, por maioria de votos, admitiu a guarda de menor pela mãe, nada obstante alegação de seu relacionamento homossexual com outra mulher, extraindo-se da ementa: "Ademais, desde que recatada a vida decorrente dessa espécie de união, esse ato na consciência atual da sociedade já não se considera atentatório à moral ou revelador de deficiência ética" (microfilme 723/302/05).

A evolução lenta dos costumes – que sempre prejudicaram os direitos de companheiros sem impedimento matrimonial – vem sendo admitida por legislações européias, como consectário do verdadeiro sentido da liberdade sexual e da busca da felicidade.

Quando entre pessoas de sexos diferentes e que estão impedidas – *v.g.* por ser um deles casado, fato que é do conhecimento do outro companheiro –, desde quando estabelecida a união extramatrimonial, será cabível a partilha ou, quando nada, a indenização, se preenchidos alguns requisitos essenciais. Imagine-se que o homem mantém duas uniões, com filhos em ambas, porém permanecendo no estado de casado. A companheira, se dedicada exclusivamente aos afazeres domésticos e à formação e educação dos filhos, sem possibilidade de estudar ou de se aperfeiçoar profissionalmente, estará habilitada à partilha do patrimônio – em igual porcentagem que a do cônjuge – ou, quando nada, à indenização pelos serviços prestados. Não assim, porém, quando ambos podem se dedicar também às atividades de estudo e aperfeiçoamento, sem prejuízo da formação e desenvolvimento da prole. Nestas situações, é evidente, que a solução da querela deva ser buscada através *do estudo caso a caso.*

Villaça Azevedo (2000), ao analisar o Projeto de Código Civil, afirma: "...podemos dizer que o usufruto vidual foi substituído (art. 1.611 C.Civil), integralmente, pela concessão de cota-parte da herança ao cônjuge sobrevivo, solução de alta praticidade e de justiça. Também o companheiro é acrescentado no texto...".

O legislador brasileiro elaborou duas leis de proteção aos companheiros, respectivamente, as de ns. 8.971/94 e 9.278/96. Concede a primeira o direito aos alimentos, após a convivência por cinco anos ou diante da existência de prole, com a ressalva de não estabelecer o alimentando nova união e desde que comprove a necessidade. Nesta, como em outras leis dirigidas à família, o legislador é parcimonioso, para não dizer acomodado, pela pressão da moral e da religião – eis que nada impediria que o parceiro constituindo prole, antes de completar o primeiro ano, esporadicamente, comparecesse ao lar, com habitualidade, sem contudo colaborar para o sustento da prole: deveria, então, aguardar o outro durante mais quatro anos para requerer o pensionamento?

Outra questão poderia ser colocada: a do cônjuge que permanece com o filho, em geral amedrontado pela possibilidade da interrupção ou supressão do sustento; deveria aguardar o mesmo prazo, evitando procurar novo relacionamento ou *namoro* (v. Capítulo VI), para, ao final, cobrar o devedor faltoso? E se aquele fosse o responsável pela quebra do contrato (escrito ou não), teria ele direito a receber pensão, independentemente da existência de filho? Algumas decisões têm admitido o pensionamento do cônjuge culpado, o que poderia induzir esteja a jurisprudência predisposta a admiti-lo também para o companheiro, o que não passaria de rematado absurdo, pois não se admite que o cônjuge ou companheiro, que passe a conviver com outro parceiro, seja pensionado, com reflexos no sustento deste. Pareceria mais digno – não fosse praticamente impossível – que o novo companheiro ficasse envergonhado de ser indiretamente sustentado pelo ex-cônjuge ou ex-companheiro de seu atual parceiro. Condenar o alimentante a patrocinar novo relacionamento, mesmo que na busca de felicidade do alimentado, será correr o risco de permitir a um, que perpetue situação de dependência, escondendo uma relação que perdure no tempo, enquanto o outro será sacrificado injustamente por um fato que dificilmente poderá ser aferido, dependendo do grau de simulação utilizado pelos beneficiários. Evidente que estas circunstâncias se modificam diante da existência de prole e em relação a esta, porém, sempre, com exclusão do guardião cuja conduta induza a presença ou eventual sustento de terceiro.

O art. 2º da Lei n. 8.971/94 mencionava o direito sucessório dos companheiros, com reedição parcial do art. 1.611, do C.Civil, impondo o usufruto ao convivente supérstite e aos herdeiros, o que "estorvaria" o direito destes últimos, visto que: "Melhor seria tornar o convivente sobrevivo herdeiro, adquirindo sua parte na herança concorrendo com os aludidos filhos 'loco filiae' ou 'loco filii', conforme o caso (como filha ou filho). Assim, por exemplo a (o) sobrevivente, concorrendo com dois filhos, receberia cota da herança correspondente a um terço, ficando cada qual com o seu, sem o atrapalho do usufruto, gravando direito dos filhos herdeiros" (Villaça Azevedo, ob. cit.). Este mesmo autor admite que, na hipótese de sucessão, o convivente ficou com mais direitos do que o cônjuge, pois, em vida, teria direito à partilha dos bens adquiridos na constância do companheirismo, mas, com a morte, salvo disposição em contrário, receberá todos os bens do morto.

Do exame desse Diploma e daquele que lhe é posterior (Lei n. 9.278/96), conclui-se que houve revogação total do primeiro, ante a extensão do segundo, ao reconhecer – sem qualquer fixação de prazo – como entidade familiar a convivência duradoura, pública e contínua, entre seres de sexos diferentes, imposta exclusiva condição: o objetivo de vir aquela a se constituir em família (art. 1º).

O requisito de serem pessoas de sexos diversos induz estar impedido o reconhecimento da sociedade de fato entre aquelas do mesmo sexo, circunstância que, pelo contrário, vem sendo admitida pela jurisprudência, em especial a do Superior Tribunal de Justiça, reconhecendo o direito à sucessão ao companheiro(a) do(a) falecido(a). Neste sentido decisão do Tribunal de Justiça de São Paulo (*JTJ* 198:51). Acresce notar que esta restrição, ainda que não se cogite das hipóteses de haver adoção ou inseminação artificial, com "barriga de aluguel", tratando-se de casais do mesmo sexo, não impede o reconhecimento de que os componentes deste tipo de entidade familiar ou união estável constituem família, nada obstante impedidos de casar.

Esta conclusão resulta mais evidente quando examinamos os requisitos do art. 2º da Lei n. 9.278/96, quanto aos direitos e deveres dos conviventes: "I – respeito e consideração mútuos; II – assistência moral e material recíproca; III – guarda, sustento e educação dos filhos comuns", plenamente aplicáveis a qualquer espécie de relacionamento, quer entre pessoas do mesmo ou de sexos diferentes; também quando analisamos o seu art. 5º, no respeitante aos bens imóveis, adquiridos na constância da união, a título oneroso, que passam a pertencer a ambos, em condomínio e em partes iguais, salvo estipulação em contrário e por escrito.

Por outro lado, a rescisão da união estável implica o pagamento de pensão alimentícia àquele que dela necessitar, sem as restrições impostas pela Lei n. 8.971/94, anteriormente mencionadas.

Da interpretação dos arts. 5º e 7º, da Lei n. 9.278/96, se extrai que, diante da morte ou rescisão, previsto o direito real de habitação, ao convivente que sobrevive, além de afastados os entraves à disponibilidade e ao uso dos bens pelos herdeiros necessários, sem dúvida, ficaram revogados os arts. 2º e 3º da lei anterior, nada obstante opinião contrária, esposada por Villaça Azevedo (ob. cit., p. 28), quando admite a vigência do usufruto em favor do sobrevivente (art. 2º da Lei n. 8.971/94).

3. *Do casamento pactual*

A proteção dos bens tem sido preocupação constante daqueles que buscam novas formas de relacionamento e felicidade, diversas do casamento, constituindo-se em fonte de angústia e incerteza aos conviventes, além de justa reserva de expressiva fatia de mercado aos advogados.

Essencial, sob este aspecto, a busca de profissionais realmente esclarecidos e habilitados a acompanhar a concretização de cláusulas contratuais dirigidas ao estabelecimento de regular união estável ou à fixação de sólidas bases para entidade familiar.

Ao juiz de Casamentos substitui-se o oficial de Registro, permanecendo o Juiz de Direito como analista capacitado para definir a dissolução litigiosa ou a sucessão contestada.

Estas circunstâncias, em tudo benéficas ao reconhecimento do estado de companheirismo, concedem, finalmente, efetiva dignidade ao pacto e aos signatários, conforme preceitua a Constituição Federal. Por outro lado, impõe-se a utilização de medidas preventivas que, ao contrário de parecerem mercenárias ou excessivamente materialistas, demonstram que os cidadãos estão a desenvolver uma percepção de seus direitos, digna de povos desenvolvidos. Antecipar estas precauções, inerentes aos novos institutos da união estável e da entidade familiar, é condição salutar que não podem passar desapercebidas também àqueles que se casam.

A escolha do regime de bens é requisito comum a qualquer espécie de relacionamento, que se pretenda sério e duradouro, evitando-se, sempre que possível, a comunhão universal ou a separação total. Excluídas as hipóteses previstas em lei, deve-se ressalvar – a critério dos cônjuges ou conviventes – os casos de expressiva fortuna, de um ou de ambos, circunstância capaz de aguçar desconfianças desde o início de uma união, cujo móvel principal deve ser o amor, ao invés de o interesse. De qualquer forma, jovens esposos ou companheiros podem pactuar a comunhão parcial, protegidos os bens de cada um, adquiridos antes do casamento ou mesmo quando advindos da convivência em comum.

O pacto antenupcial poderá conter disposições sobre os bens, regras de convivência própria e da prole (onde irão estudar, qual a religião etc.), além de previsões sobre a nova configuração da família: a mulher que trabalha fora e a divisão de tarefas no lar; quem irá buscar ou levar filhos à escola; finais de semana à conta daquele que não estuda; respeito aos horários de estudo daquele que freqüenta cursos regulares ou de aperfeiçoamento; transparência nos empreendimentos e aplicações; constituição de pecúlio visando a aposentadoria ou pensionamento futuro; contabilidade do lar; destino dos bens adquiridos na constância do relacionamento, em caso de dissolução ou separação; demonstração mensal da disponibilidade e dos gastos com a prole, na hipótese de ambos trabalharem, ou de gastos com a prole e com o cônjuge ou companheiro que permanece exclusivamente dedicado aos afazeres domésticos etc.

Ao se elaborar pacto antenupcial, contrato de união ou de entidade familiar, convém estabelecer as cláusulas de comum acordo entre os parceiros, para, em seguida, recorrer-se a um advogado, visto que irá se constituir também na previsão de eventual distrato ou separação conjugal. Nota-se, assim, que sua importância chega a transcender aos debates no fórum, não resultando impossível que, doravante, imponha-se a prévia homologação judicial, visando à proteção igualitária de ambos os signatários. Basta, para tanto, lembrar hipóteses como a de uma das partes poder ser induzida em erro ou ser constrangida a assinar qualquer espécie de pacto que resulte, a médio ou longo prazos, em prejuízo não só para si, com a dispersão dos bens que trouxe à união, como para eventual prole. À medida que são esmiuçadas cláusulas, alargando-se o espectro do pacto antenupcial, é evidente que maiores serão os riscos de fraude, erro ou violência. Igualmente, em país de instabilidade econômica como o Brasil, a convenção de venda ou conservação plena dos imóveis, imaginada anos antes, poderá redundar em prejuízo, não só dos partícipes como da prole. Poderá haver cláusula – dependendo da disponibilidade de fortuna do casal – que regulamente a compra ou venda de bens imóveis, durante o tempo que durar a separação de fato ou de corpos, além de seu impedimento até a partilha, desde que não haja prejuízo para uma das partes ou para os filhos. Deverá existir cláusula que preveja a existência de controle, quer quando já participantes de sociedade comercial, quer quando venha esta a ser constituída por qualquer dos partícipes, inclusive podendo ser prevista a quebra de sigilo bancário ou a auditoria contábil na empresa. Poderão as partes indicar advogado, de comum acordo, para realizar a separação ou o distrato, bem como o prazo máximo em que estes devam se concretizar em petição, fixando-se, desde logo, a residência dos filhos – que poderá ser modificada por fato grave, superveniente e imprevisível.

Poderá parecer que o contrato será o elemento primordial do relacionamento entre as pessoas, sobrepondo-se ao *sentimento*.

Contudo, há tempos, as "moças de boa família" eram treinadas para tocar piano e contabilizar os gastos do lar – com a diferença de que o faziam sem entender-lhe(s) a finalidade. Influenciadas pelo sistema de vida americano, nos anos 20 e seguintes, compravam manuais e cadernos de capa dura, onde lançavam anotações dos gastos com os salários de eventuais empregados, a feira, o armazém, compra de bens duráveis, viagens, reformas de imóveis, percebimento de aluguéres, gastos com o comer e o vestir, cursos, escola das crianças etc.; hoje, porém, começam a entender, todos, damas e cavalheiros, o sentido desta rija e obrigatória contabilidade, que lhes permite manter um clima civilizado e responsável, diante de uma possível separação. Somente ao ingressar com um pedido de pensionamento, ou ao contestá-lo, é que se compreende a necessidade deste controle e da comprovação dos gastos, através de notas fiscais, recibos, movimento bancário, saldos de poupança ou aplicações, gastos com cartões de crédito etc., meio seguro de demonstrar, em juízo, o nível de vida, a disponibilidade e a necessidade de cada qual e da prole.

Convém advertir ainda que bens móveis existem de grande valor: objetos de arte, raridades, mobiliário, esculturas, pinturas, ações etc., que merecem o mesmo cuidado e cláusulas expressas sobre seus respectivos destinos, quer na aquisição ou venda, quer na partilha de bens do casal.

A guarda dos filhos e o regime de visitas, por espinhosos e dolorosos, podem e devem ser resolvidos mediante a prévia conciliação, estabelecendo-se a solução de ambos, por comum acordo entre parceiros ou cônjuges. Aduz-se que, quanto a estes fatos, poderá existir pacto provisório, antes mesmo da concepção e nascimento. A previsão de dificuldades não quer dizer que o relacionamento esteja fadado à falência; pelo contrário, é demonstração de que não se pretende, sequer, instale-se um processo concordatário. Estas medidas visam a que as pessoas não necessitem comparecer ao fórum para inúteis discussões; indicam amadurecimento, sendo que ao recorrerem ao juiz, apenas o farão para homologar cláusulas de separação, demonstrando bom-senso e noção de civilidade.

4. O Pacto Civil de Solidariedade (PACS)

Otávio Dias (*Folha de S.Paulo, mundo*, p. 1, 12.3.2000) comprovou que a recente lei francesa que permitiu o casamento de duas pessoas do mesmo sexo, definido como Pacto Civil de Solidariedade, em vigor desde 15 de novembro de 1999, alcançou, até o dia 31 de dezembro daquele ano, o registro de 6.211 PACS. Em nosso país tramitam dois projetos, um da ex-deputada Marta Suplicy e outro do deputado Roberto Jefferson, prevendo, ambos, o casamento de pessoas do mesmo sexo, enquanto que o último amplia a possibilidade para pessoas de sexos opostos, visando a não dar à futura lei a feição exclusiva de ligação entre homossexuais.

Informa a reportagem que: "Na França, se um dos contratantes morre, o outro não tem direito à herança, caso não haja um testamento. O (um dos) projeto(s) brasileiro dá direito automático à herança e prevê que, em caso de doença, os contratantes podem ficar ao lado de seus parceiros, mesmo que as famílias sejam contra".

No aspecto essencial, em se tratando de conviventes do mesmo sexo, existe a possibilidade, na lei francesa, de apresentarem apenas uma declaração conjunta de Imposto de Renda, além de isenção parcial de taxas, no caso de doação de bens ou percebimento de herança, sem contar outros benefícios sociais e trabalhistas. São considerados condôminos dos bens, móveis ou imóveis, adquiridos na constância do Pacto, restando expressamente vedada a adoção de crianças pelo casal, ou que recorram a técnicas de reprodução assistida para conseguirem filhos.

Mesmo no caso desta lei, que evidencia um avanço e uma adaptação legal aos anseios e aos costumes do ser humano, e de um povo com elevado grau de cultura, verifica-se que ainda não se atribui igualdade absoluta entre as pessoas, vedando-se o direito de paternidade, ao contrário do que vêm decidindo Cortes australianas. Assim, a igualdade de homem e mulher exclui a mesma garantia àqueles portadores de atitude comportamental diversa da conformação física. Contudo, parece contraditório admitir que possam parceiros pactuar uma vida, anseios e objetivos comuns, estando, porém, impedidos de adotar uma criança ou reproduzi-la, assistidos. Nada indica, até o momento, que o fato de existir mãe e pai biológicos seja garantia de que os filhos estarão bem criados ou que não haja facilidades para o encaminhamento à marginalidade e ao desregramento dos menores.

Cabe menção a recente julgamento, da Nova Gales do Sul (v. Capítulo VIII, n. 3), em que o pai, posteriormente ao casamento, fez opção para viver com companheiro do mesmo sexo e o Poder Judiciário atribuiu-lhe a guarda do filho, por entender que viveria melhor com o casal do mesmo sexo, do que com a mãe e seu companheiro. Por derradeiro, a influência de formação e a submissão a dogma religioso, no sentido de que uniões sejam coroadas pela reprodução, podem conduzir a um estado de contradição e espanto àqueles que, sem renegar a convicção religiosa, pretendam dar um sentido à vida, coerente com os próprios anseios, na busca de novas formas de convivência e felicidade.

5. *(Novamente) a independência da mulher*

Não se pode dizer que o Brasil seja, hoje, um país de estatísticas confiáveis. Mesmo porque não acredita seu povo em que pesquisas e estatísticas sejam circunstâncias importantes para o estudo de qualquer ciência. Acredita-se, sim, não passar de mera imposição de sociólogos ou antropólogos, em rematado equívoco, tanto que, na área jurídica, apesar da extensão dos dados disponíveis, não se conhece pesquisa dirigida a constatar a realidade sobre as propaladas causas da morosidade nas decisões do Judiciário.

O que se deve desde logo admitir é que, nesta área, as dificuldades impostas aos pesquisadores são inúmeras e sem qualquer fundamento, a partir da autorização de ingresso nos Cartórios Judiciais ou Tribunais, por pesquisadores de campo, incumbidos da busca, *processo a processo*, até a entrevista com os magistrados, e suas enormes barreiras, irracionalmente admitidas. Conhecem-se pesquisas sobre o perfil dos juízes na carreira, a partir, exclusivamente, de raras entrevistas e da aplicação de questionários, e admite-se serem as primeiras aconselháveis, em qualquer hipótese, uma vez que permitem, além do contato direto, não fiquem perguntas e respostas acorrentadas ao espaço de um caderno, sendo certo que as respostas frias à pesquisa escrita submetem-se à boa vontade do entrevistado ou à sua disposição de despender parcela expressiva de seu tempo com as respostas. Por outro lado, enquanto na entrevista alcança-se a resposta imediata e espontânea, nos questionários, além da falta de compromisso, os conceitos expendidos podem ser fruto de análise e subjetivismo maiores, com prejuízo à busca da verdade.

Apenas neste ano 2000, institutos e centros de estudos (IDESP e CEBEPEJ) iniciam uma verdadeira incursão nas origens, tramitação e duração dos recursos, além de pesquisarem se realmente as soluções encontradas pelo legislador vêm ao encontro das necessidades dos litigantes ou se, desnecessariamente, sobrecarregam as pautas de julgamento, com medidas de urgência (tutela antecipada, agravo de instrumento) que, ao invés de melhorarem a prestação jurisdicional, retardam excessivamente o julgamento das apelações. As respostas a estas questões baseiam-se atualmente naquilo que Barbosa Moreira, irônica, mas corretamente, alcunha de "achismo" (cf. intervenção no "Painel de Estudos sobre a Reforma do Processo Civil", em novembro de 1999, promovida pelo Centro Brasileiro de Estudos e Pesquisas Judiciais, em São Paulo).

Estes fatores demonstram a urgência e necessidade de outras pesquisas que possam confirmar, por exemplo, a verdadeira condição da mulher emancipada, da mulher casada ou da companheira, separadas, diante do trabalho fora do lar e dentro dele, e quais as suas perspectivas de futuro; qual a interferência do desemprego e da violência na desagregação dos relacionamentos familiares; qual a situação dos cárceres e das famílias dos criminosos; como a crise de terra e habitação vêm se refletindo na formação dos menores etc.

A título de exemplo e visando a enfatizar a necessidade científica de estudos e pesquisas na área judicial, menciona-se aquela realizada na Espanha, dedicada à Região de Madri, e analisada pelo Catedrático de Sociologia de sua Universidade Complutense, Professor Manuel Martín Serrano, com dados alarmantes sobre o futuro das mulheres e tipo de organização familiar, numa sociedade avançada.

As fontes utilizadas pela pesquisa são o Plano de Igualdade da Comunidade, além de outros Institutos, como o Nacional de Consumo, e objeto do foro sobre o Novo Modelo Social. Acresce ter sido a pesquisa objeto de críticas dos socialistas e partidos de esquerda, dirigidas ao número inexpressivo de municipalidades consultadas, circunstância que não permite seja o teor das conclusões e da análise invalidado. Escapando a armadilhas ideológicas, utilizam-se dois veículos de informação (*El Mundo* e *ABC Madrid*, ambos de 14 de janeiro de 2000), de tendências políticas distintas.

Aponta o primeiro jornal que: 83,9% do total de famílias monoparentais, com encargos familiares, têm nas mães as únicas administradoras; 60% dos lares sobrevive com o salário das mulheres, ainda que não exclusivo; 30% das mulheres abandonam seus postos de trabalho para cuidar dos filhos; 28% dos lares não têm, na sua composição, ao menos um varão adulto; outros 25% são sustentados exclusivamente pelo salário das mulheres.

O segundo periódico reitera as novas tendências sociais da comunidade, especialmente a mudança no modelo de família, cujos caracteres mais destacados são: uma de cada três mulheres abandona o emprego para se dedicar aos filhos ou ao lar; uma de cada quatro sustenta sozinha o lar; três de cada cinco ajudam com o salário; uma de cada sete dedica-se ao cuidado dos velhos; duas de cada cinco têm a seu cargo a educação de um menor; uma de cada 25 atende a um familiar com doença crônica. Apenas 5% das mulheres que trabalham ou estudam podem contar com a ajuda dos familiares para cumprir afazeres domésticos; 53% das mulheres, com filhos ou familiares a seu cargo, dormem menos de 7 horas/dia.

Rosa M. Tristan (*El Mundo*) aponta outros dados que evidenciam o fracasso – a médio prazo – das políticas públicas, numa economia neoliberal que, ao afastar o Estado-benfeitor, nada consegue colocar em seu lugar, enfatizando que: na próxima década, de 8 a 10% das mulheres estarão em situação de pobreza, na situação de separadas com filhos, idades entre 35 e 45 anos, desempregadas e com escassa formação profissional e educacional.

M. J. Álvarez (*ABC Madrid*), por sua vez, aprofunda a análise dos resultados obtidos, quanto ao envelhecimento da população. A Região apresenta-se com população acima de 65 anos, no percentual 15%; para cada 100 menores de 14 anos, existem 105 pessoas com mais de 65 anos; dentro dos próximos 15 anos a população será de 116.000 anciãos, sendo que nesse mesmo prazo, serão necessárias duas mulheres para cada três anciãos, enquanto hoje a proporção é de três para dois, o que irá exigir maiores recursos e a instalação de asilos.

Outros aspectos alarmantes dizem respeito à pobreza: atualmente, 43% das organizações familiares, que têm como cabeça do casal o varão, vivem abaixo da linha de pobreza; 77% das mulheres, nesta mesma condição, encontram-se abaixo da linha de pobreza, sendo que 14% são viúvas, com mais de 65 anos.

Conclui o Prof. Serrano que: "A nova estrutura familiar, devido às modificações na sociedade, exige novas soluções para as políticas sociais. O modelo atual não serve mais" (traduzi). Parece imperioso, assim, acrescentar que: se a estrutura do modelo espanhol não atende aos anseios da população da Região madrilenha, o que dizer do nosso povo, em sua maior parte vivendo em grotões ou favelas, desempregada, situada abaixo da linha de pobreza, e cuja juventude em nada difere da velhice européia, uma vez que não tem acesso à saúde e à educação, o que a transforma, precocemente, num conjunto de seres marginalizados, envelhecidos e envilecidos?

Observando-se o perfil da mulher do próximo decênio pode-se constatar que corre ela sério risco de se ver absorvida pela prostituição, enquanto seus filhos estarão dirigidos à marginalidade – independentemente de classe ou situação social –, à escravidão disfarçada ou à prostituição infantil, submetidos à disponibilidade que deles possa fazer a macrocriminalidade. Sendo estes fenômenos comuns aos países de terceiro mundo, ou em vias de desenvolvimento, vêem-se agravados pela presença de políticos corruptos, aliados à criminalidade transnacional, aos narcotraficantes, e à quase total ausência do Estado no administrar a segurança e repressão aos delitos de maior gravidade (*de mãos sujas e colarinhos limpos*).

A exclusão social, a vida nos guetos modernos (favelas, bairros de lata, imóveis invadidos, acampamentos de sem-terra, cortiços), nas periferias, nos morros ou nos bairros degradados, revela sua face mais perversa, quando afasta os aparatos do Estado (segurança, saúde, educação, rede de água e esgotos etc.) sem substituí-los por quaisquer outros. Naqueles, quem comanda é o criminoso, o traficante, o egresso do sistema prisional; são os esquadrões da morte; enfim, as máfias, que estabelecem a lei do gueto, protegem, empregam, defendem, ao mesmo tempo em que matam, vingam, cobram ("pedágios", minúsculas dívidas do tráfico), ostentando estrutura idêntica às congêneres européias ou orientais (máfias italianas, russas, a yacusa), quando vendem proteção e apadrinham lealdades e silêncios.

Não há como analisar ou prever qual será a realidade da mulher, da velhice ou das crianças, diante das novas formas de casamento e dos graves fatores sociais impostos à população, nos próximos dez anos, no Brasil, também por falta de pesquisas. Apesar disto, não será difícil imaginar o resultado das condições econômicas e sociais impostas à família brasileira. A mulher, ocupando em escala crescente os postos de trabalho, afirma-se emancipada, esquecida de que ao retornar da atividade profissional terá dupla jornada, dedicando-se em período noturno aos afazeres domésticos, e que seus filhos permanecem – na grande maioria – abandonados durante o dia, sem condições de freqüentar escola ou creche, mantendo-se unida a um companheiro que, por sua vez, se ocupa com exclusividade do próprio emprego, assiste televisão e vai ao encontro de amigos, sendo que, ao ser dispensado, raramente conseguirá ser readmitido, acabando por permanecer no lar (ou no bar), vítima de circunstâncias para as quais não foi treinado, compensando suas frustrações através da violência física e sexual contra a mulher e os filhos menores.

Dados estampados na revista *Veja* (ano 33, n.11, de 15.3.2000), revelam que está crescendo o número de denúncias de violência contra pais que espancam ou violentam os próprios filhos, num fenômeno que atinge "500.000 crianças por ano no país".

O resultado das pesquisas foi colhido pelo jornalista Marcelo Carneiro, junto ao Laboratório de Estudos da Criança (Psicologia USP), que recebeu denúncias encaminhadas por 78 ONGs, de 16 Estados brasileiros; da Abrapia (Associação Brasileira para proteção da Infância e da Adolescência) do Rio de Janeiro – que anotou 1.500 comunicados de maus-tratos contra 3.099 crianças –, além de outras entidades e secretarias de Estado, além da polícia civil de Pernambuco. Estatisticamente, estima-se que 1% de crianças, menores de 14 anos, sofra algum tipo de abuso, num total aproximado de quinhentas mil, equivalente a uma agressão por minuto. Em 70% dos casos o agressor é o pai ou mãe biológicos; em 90% dos casos a agressão se dá no interior do lar. O agressor tem, em 40% das denúncias, entre 26 e 34 anos, faz uso de substâncias psicoativas (álcool, tóxicos) e apresenta distúrbios de comportamento; em mais de 90% dos casos de abuso sexual, o pai ou o padrasto é o responsável, sendo que 90% das vítimas são meninas e metade tem entre 2 e 5 anos. De todas as crianças agredidas, 75% revelam atraso no desempenho escolar.

A displicência do governante brasileiro para com as minorias (crianças, velhos, excluídos, homossexuais, mulheres, vítimas de rascismo, soropositivos etc.) é proverbial. Durante séculos o povo brasileiro vem sendo educado para repelir aquilo que lhe não é igual. Incentivado pelo endeusamento da cultura alienígena (em princípio européia e hoje exclusivamente norte-americana) fortaleceu o sentimento atávico do colonizador que, ao se aproveitar moral e fisicamente do escravo, estuprando-lhe a dignidade e os filhos, acaba por nos encaminhar a uma visão acrítica dos acontecimentos políticos (guerra do Vietnã, interferência no comércio regional etc.), através da assimilação de falsos avanços culturais, propagados por telas de vídeos (televisores, computadores etc.) ou de cinema – isto sem contar a crescente vassalagem à língua inglesa, em nosso linguajar diário. Todos estes fatores, essencialmente políticos, deformam nossas consciências e transmitem-nos – em doses maciças – a violência e o relaxamento dos costumes. A moral capitalista do protestantismo explica, sem justificar, estas espécies de dominação e conduta, baseadas na expansão comercial, sempre em detrimento da organização da família.

Reportagem de Fausto Siqueira, no jornal *Folha de S.Paulo*, de 8.4.2000, cita o Prof. James Oleske, da Fundação François-Xavier Bagnoud Center, vinculada à Universidade de Nova Jersey (EUA), que referiu que, até o final deste ano, o mundo terá 10 milhões de crianças órfãs, em razão da Aids. Outras projeções indicam que, também em 2000, 5 milhões de crianças serão infectadas pelo HIV, prevendo-se, por esta razão, um milhão de crianças mortas. Menciona a mesma reportagem o número de casos por 100 mil habitantes, entre os anos de 1980 e 1999, nas cinco regiões do Brasil, sendo que o Sudeste lidera com 124.797 casos, seguido pela região Sul, com 26.512 casos, num total para o país de 179.541 casos (caderno 3, *são paulo*, p. 12).

Assim, as perspectivas, para os próximos dez anos, serão otimistas se dirigidas à imediata eliminação do desnível econômico e ao incentivo de uma política de pleno emprego e do reaparelhamento dos aparatos do Estado, nas áreas de saúde, educação e segurança.

Ao examinar as mais recentes decisões da jurisprudência constata-se que inúmeras têm procurado formar um arcabouço crítico, mais adequado às reais circunstâncias de vida do povo brasileiro, desligadas de retrógrados conceitos morais, éticos ou processuais, como exemplificado no Capítulo VI; porém merece destaque a fundamentação trazida pelo Relator, Des. Fonseca Tavares, no julgado da Câmara Especial do Tribunal de Justiça de São Paulo, na Apelação Cível n. 57.898-0/9, datada de 16 de dezembro de 1999. Tratava-se de apelo do Ministério Público, visando a desconstituir sentença, do Juízo da Vara da Infância e da Juventude, que deferira guarda provisória a terceiro, de menor (ocasionalmente) abandonada, e cujos pais biológicos residiam em longínquo Estado da Federação, com a finalidade de que pudesse prosseguir seus estudos em escola pública. Ao confirmar a decisão de primeiro grau, manifestou-se o e. Desembargador com argumentação candente: "... deu (o juiz) ao caso a solução mais adequada para a menor, deixando de lado o formalismo fetichista, por vezes odioso mesmo"; prosseguindo linhas adiante: "... excepcionalmente, o Poder Judiciário deve relevar a rigidez das formas processuais, tidas por não poucos como sacramentais, empreendendo visão mais razoável, mais realista, mais objetiva do fato que se lhe apresenta para julgamento..."; completando: "... o MM. Juiz não lançou sua sentença pelo mero decidir, baldo de razão. Muito além disso, removeu o empecilho processual, direcionando sua visão para o bem-estar da criança que se encontra ao desamparo dos pais...".

Vê-se, desta forma, que interferências político-econômicas, de responsabilidade do Estado, são minimizadas por decisões corajosas que demonstram, antes de mais nada, a adaptação da mentalidade do lidador do Direito aos renovados anseios da sociedade. De nada adiantam a renovação ou minudência das leis se, no momento de aplicá-las, perde-se o magistrado nas armadilhas ou meandros da processualística, em detrimento do direito material – única razão de ser do Direito e da Justiça. Especialmente no Direito de Família, os formalismos do direito processual devem ceder passo às decisões que busquem dar ao cidadão a certeza de ter alcançado a segurança de uma ordem jurídica justa.

Segunda Parte

A JURISPRUDÊNCIA DO FUTURO

INTRODUÇÃO

No futuro, o Direito de Família irá enfrentar questões cuja solução dependerá, e muito, do enfoque multidisciplinar, até o momento negligenciado. Advogados que pleiteiam timidamente, promotores de Justiça desligados dos afazeres de atendimento público e juízes incapazes de ousar, com aplicação cega de princípios que, ao invés de aproximar o povo de uma ordem jurídica justa, mais parecem temer essa proximidade como uma constante. Os fóruns estão distantes da vida comunitária, com raríssimas exceções: dificilmente encontramos os juízes visitando creches, hospitais, presídios, conversando com alunos de primeiro ou segundo graus, interessando-se pelos problemas de seu município. Há uma falsa impressão de que os magistrados, por não poderem prescindir do recolhimento e da discrição, devem, necessariamente, comportar-se como autômatos ou pessoas alienadas.

Poucos juízes submetem-se a um debate, com participantes de outras especialidades, mesmo que seja para dali extrair um triste diagnóstico sobre a própria instituição a que pertençam. As discussões no âmbito acadêmico, dentro de Universidades ou das Faculdades – menos, ainda, pensar em alguma ONG, na sede de Instituto, Associação ou Ordem, de Advogados ou Promotores de Justiça –, contam com participação inexpressiva de magistrados: em geral, comparecem sempre os mesmos, acabando por deixar de expressar o sentimento da classe e tornando-se objeto de esdrúxulas e injustas acusações de "reserva de mercado", deslembrada a arena adequada e para isso destinada: as Escolas de profissionais. Falamos por São Paulo, onde a freqüência tem sido tão inexpressiva, o desinteresse do Tribunal de Justiça tão manifesto, que os juízes novos sequer sabem para que serve e como poderiam melhor utilizar sua Escola de Magistrados, buscando imprescindível aperfeiçoamento. As tentativas de trazer professores de Filosofia, Letras, Sociologia, Psicólogos,

Cineastas, Teatrólogos, Músicos etc. etc., sempre resultaram mal-compreendidas, sendo julgadas, vesgamente, como arremetidas ideológicas, com pretensões dominadoras e deformadoras de consciências. Ao excesso de trabalho, em qualquer Comarca do Estado – agravado pela ridícula, acanhada ou inexistente instalação dos Fóruns ou Juizados Especiais, com enorme sobrecarga, após o expediente normal, aos magistrados e funcionários, sem qualquer recompensa –, soma-se a absoluta falta de voz dos juízes de primeiro grau, dificilmente respeitados por uma cúpula judiciária que se esconde por detrás de uma eleição viciada – onde os cargos mais importantes são atingidos ou por inércia ou como fruto de estranha homenagem – que opta, sempre, ou quase, pela escolha do mais antigo (e que foi objeto de Emenda Constitucional, aprovada pela Assembléia Legislativa paulista, propondo a eleição direta por todos os juízes, porém recusada pelo STF).

Talvez o maior desafio do Poder Judiciário, para o próximo milênio, esteja também na forma de seleção, instrução e aprimoramento cultural e profissional do magistrado. Um ser despido de instrumental mínimo para entender o mundo em que vive, a evolução dos costumes, as conquistas da ciência e do pensamento, um juiz treinado para a função ao invés de formado para a compreensão dos dramas das partes e dos réus, que cumpre seu dever como mero burocrata e que, como este, raciocine, sem dúvida conduzirá o Poder Judiciário para um desvão, para um quarto de despejo, quando não direto para a condição mais baixa das profissões. Essa perda total da visão de conjunto, de sentimento humanitário, é o que esperam seus inimigos, aqueles que estão sempre prontos, com fórmulas científicas (?) às algibeiras, para substituir a função jurisdicional por uma ditadura nefanda e explícita ou por expedientes tais, como imunidades ao julgamento ou que induzam ao controle externo do Poder que os incomoda, no caso, o Judiciário. Utilizando-se para tanto de representantes dos mais diversos segmentos, ao cabo, pretendem, infelizes, julgamentos capazes de interferir, não apenas na administração da Justiça mas na livre convicção do juiz, e que, ao final, acabarão por ser sempre comandados pelos mais experientes e autoritários.

Iniciaremos nossa pesquisa jurisprudencial por tema dos mais candentes do Direito de Família, com graves repercussões no conceito de entidade familiar, e que melhor evidencia o desrespeito à concepção dos Direitos Humanos.

A situação dos filhos não-reconhecidos, a partir da Constituição de 1988, melhorou, abreviando-se formas sacramentalizadas de reconhecimento, sempre utilizadas em prejuízo do investigante. Contudo, longe estamos de um processo abreviado e objetivo, especialmente quanto aos alimentos e à possibilidade de custear as despesas do processo de Investigação de Paternidade, sem prejuízo do próprio sustento (alimentos provisionais) – inclusive o custo de uma perícia, através de exames do tipo DNA, absolutamente proibitivo para litigantes até mesmo de classe média, e que não contam com qualquer espécie de subsídio público.

No Estado de São Paulo, promulgou-se a Lei n. 9.934, de 16.4.1998, que assegura a gratuidade para a realização do exame DNA às pessoas que comprovem miserabilidade em processos judiciais, dependente de regulamentação, no prazo de 120 dias, a demonstrar que o descaso estatal vinha favorecendo àqueles que pretendiam subtrair-se à realidade do Processo e à Justiça. Medidas como essa permitem que antigos processos – que acabaram arquivados por absoluta falta de iniciativa (leia-se *meios*) do investigante, ou processos em que a pretensão de submeter o investigado e a si próprio ao exame de código genético, pelo mesmo motivo, foi obstada por falta de numerário –, possam ser reabertos, visando não só a um tratamento igualitário das partes, como também permitindo-lhes o acesso a uma ordem jurídica justa. Se a ação é imprescritível, também o é a sua prova.

Por outro lado, não se firmou, nos Tribunais Superiores, jurisprudência sobre a validade absoluta destas provas genéticas, grassando profunda discussão que se estende aos Tribunais estaduais. Os mais sensíveis a essas dificuldades de custeio dos exames, fazem prevalecer evidências e fortes indícios – apurados por prova documental e/ou testemunhal – sempre, porém, sem obstar a perseguição do justo, ainda que sob o falso manto de um cientificismo de perplexidade, mais do que de aprofundamento cultural. Outros, absolutamente insensíveis à obrigação estatal de financiar os desvalidos, simplesmente julgam com a fria e insubsistente prova dos autos, facilitando a vida judicial dos investigados, independentemente de sua situação de fortuna. Com a nova lei paulista, constata-se que durante muito tempo não houve tratamento igualitário das partes – sequer perante o Processo – tendo os lidadores do direito aguardado, com prejuízo aos desvalidos do acesso a uma ordem jurídica justa, a iniciativa do Executivo estadual, ante a absoluta inércia do Judiciário. Nada poderá impedir que os processos de investigação ou negação de paternidade, promovidos através de provas despidas de cientificismo, sejam reabertos, independentemente de nova propositura ou distribuição, somente para adequá-lo à prova – já existente na época – a que as partes interessadas não tiveram acesso, por impossibilidade de pagar as respectivas despesas. Isso porque, tratando-se de ações imprescritíveis, de questão de estado, perfeitamente cabível uma espécie de *reformatio in mellius*, que favoreça investigante ou investigado, garantindo-lhes um julgamento justo, do qual foram alijados por mera questão financeira.

O legislador, mesmo se atrevendo a permitir o reconhecimento por iniciativa de um dos pais, contestando o outro, após a intimação pelo juiz, propicia, em geral, a ação negatória de paternidade, com os mesmos inconvenientes de um precário acesso à Justiça. A possibilidade de concretizar-se prova moderna e científica, ao alcance de todos, representa uma tranqüilidade e uma vitória indiscutíveis, para as partes e para a Justiça. É exatamente para este aspecto que devem os lidadores do Direito voltar a atenção. O progresso científico e a disseminação de informações – através da comunicação, na velocidade de fibras óticas – permitirá o progresso jurídico e da processualística, independentemente de leis escritas, pois, não é possível que assimilemos a informática e o conhecimento de países e povos mais desenvolvidos, sem que nossas leis também a eles se adaptem, por meio de formas de legislação mais rápidas e condizentes com esse propalado progresso. A revisão dos processos talvez se constitua na imediata revolução judiciária deste final de século. Uma revisão, por qualquer das partes, que permita, ainda que de forma tardia, seja alcançada a Justiça das novas conquistas humanas, transplantadas para o Processo Civil.

Há que reconhecer, para que se possa investir na prevalência das conquistas e da verdade científica, que o Direito brasileiro encontra-se rigidamente vinculado às formas. Esse formalismo retrógrado e rançoso permitiu – de início – a proliferação de uma *escola processual* que se curvou ao formalismo do direito material, especialmente, quanto à definição do que seria a prescrição e a decadência, lógico que sem qualquer preocupação com a Verdade ou a Justiça (Clóvis Bevilaqua, *RT* 139:446).

Partindo-se do princípio, ainda vigorante em nossa Sociedade, de que rico não vai para a cadeia, e que suas questões raramente chegam aos fóruns, inclusive sendo as das grandes companhias multinacionais resolvidas por árbitros de sua respectiva escolha, nos grandes escritórios de advocacia, parece razoável que, diante da globalização do capitalismo financeiro, cada vez mais seja o Poder Judiciário alijado das grandes contendas. Assim, quando se acena com a *reforma dos Códigos*, acena-se principalmente com paliativos, que pretendem curar (ou matar) o doente, revelando-se incapazes de atacar a doença. A falta de acesso à efetividade da Justiça, neste exemplo do investigante (ou do investigado) que não pode atingir a prova científica em razão de sua miserabilidade, tem parâmetro na Justiça Criminal em inúmeros exemplos, ainda que ao réu seja permitida a derradeira procura, através da Revisão Criminal.

A verdadeira visão do Futuro do Direito de Família passa, necessariamente por reformas do direito material e processual, mas, evidentemente, que investe, em primeiro plano, na mudança da mentalidade dos lidadores do Direito, em especial, dos juízes, com vistas a institucionalizar novo profissional: o *juiz-cidadão* (Dinamarco, 1998).

Criar-se um mecanismo que facilite a retomada dos processos, correndo estes paralelos com as descobertas e avanços do mundo científico; permitir que o juiz se desvincule do formalismo para – imediata e urgentemente, como é necessário – garantir condições mínimas de saúde e sobrevivência aos novos doentes das novas epidemias; acolher os novos tipos de concepção, as novas formas de aborto e relacionamento sexual, inclusive nos seus reflexos perante a família, em obediência à Constituição Federal, são condições mínimas de recuperar o Judiciário, e sua função, o respeito e a confiança das comunidades e de todas as minorias. Estes serão os desafios do Direito de Família do novo Milênio.

Primeiro Tema

INVESTIGAÇÃO DE PATERNIDADE

a) *Exames Hematológicos por Antígenos (HLA) e "Código Genético" (DNA) – Validade científica*

Supremo Tribunal Federal

1. HLA – Validade comparada

"Se o alto índice de confiabilidade que se credita ao teste HLA não prevaleceu diante da corte de origem, foi em razão de seu convencimento no sentido de que melhor valiam as evidências negativas da paternidade. Juízo de valor em torno de fato, imune à crítica extraordinária. Recurso não conhecido" (trecho da ementa oficial). Do voto (preliminar) do Min. Aldir Passarinho: "Sr. Presidente, pelo que pude ouvir, esse teste, aqui no Brasil, ainda está sujeito a uma reavaliação. Foram apresentados estudos de dois professores sobre a validade do teste – inclusive, mais para efeito da exclusão do que da afirmação da paternidade. De modo que, pelo menos aqui no Brasil, é um assunto que está sendo estudado agora, tanto que o Tribunal de São Paulo, Estado onde se encontra o maior centro de pesquisas do Brasil, não aceitou essa prova como absoluta". Do voto do Min. Francisco Rezek: "Ademais, por alto que seja seu índice, uma probabilidade estatística não se confunde com uma certeza científica – esta sim, e só esta, invulnerável a qualquer desafio que se lhe anteponha sob a roupagem de convencimento subjetivo. Sobre a própria extensão da probabilidade importada pelo teste HLA, impõe-se reconhecer que a pesquisa universitária é ainda incipiente, não se podendo exigir urgência, da parte dos tribunais, em que se acomodem ao peso específico do novo instrumento pericial" (*RTJ* 110:1133).

2. "DNA – Condução do réu 'debaixo de vara'.

Discrepa a mais não poder, de garantias constitucionais implícitas e explícitas – preservação da dignidade humana, da intimidade, da intangibilidade do corpo humano, do império da lei e da inexecução específica e direta de obrigação de fazer – provimento judicial que, em ação civil de investigação de paternidade, implique determinação no sentido de o réu ser conduzido ao laboratório, 'debaixo de vara', para coleta do material indispensável à feitura do exame DNA. A recusa resolve-se no plano jurídico-instrumental, consideradas a dogmática, a doutrina e a jurisprudência, no que voltadas ao deslinde das questões ligadas à prova dos fatos" (Ementa Oficial) (Ac. do STF, Pleno, no julgamento do HC 71.373-4-RS, em 10.11.1994, vencidos os Min. Francisco Rezek (Relator), Ilmar Galvão, Carlos Velloso e Sepúlveda Pertence. Redator para o Acórdão, o Min. Marco Aurélio).

Superior Tribunal de Justiça

1. Exame de DNA requerido após encerrada a instrução – Quadro probatório suficiente – Indeferimento (*RT* 703/202).

No mesmo sentido: "É sempre recomendável a realização de perícia para investigação genética (HLA e DNA), porque permite ao julgador um juízo de fortíssima probabilidade, senão de certeza, mas não é imprescindível à instrução do feito, nem condição para o julgamento de procedência da ação, pois são conhecidas as dificuldades para sua realização, por oposição do réu ou carência de recursos" (REsp 38.451-6-SP, 4ª T., m. v., *DJU* 22.8.94, p. 21.266; *Repertório IOB de Jurisprudência*, 2ª quinzena de Setembro de 1994, n. 18/94, p. 344).

2. Exame DNA – Prova técnica – Valoração

"1. A falibilidade humana não pode justificar o desprezo pela afirmação científica. A independência do juiz e a liberdade de apreciação da prova exigem que os motivos que apoiaram a decisão sejam compatíveis com a realidade dos autos, sendo impossível desqualificar esta ou aquela prova sem o devido lastro para tanto. Assim, se os motivos apresentados não estão compatíveis com a realidade dos autos há violação ao art. 131 do Código de Processo Civil. 2. Modernamente, a ciência tornou acessível meios próprios, com elevado grau de confiabilidade, para a busca da verdade real, com que o art. 145 do Código de Processo Civil está violado quando tais meios são desprezados com supedâneo em compreensão equivocada da prova científica. 3. Recurso conhecido e provido, em parte" (Ementa oficial) (REsp 97.148-MG, 3ª T., m. v., *DJU* 8.9.97, p 42.492; *Repertório IOB de*

Jurisprudência, 1ª quinzena de Outubro de 1997, n. 19/97, Caderno 3, pp. 374 e 375).

3. DNA considerado único exame apto pelo investigado – Recusa pelo sentenciante confirmada.

"Reunindo o quadro probatório elementos suficientes à solução do litígio, à instância ordinária era permitido dispensar a realização de nova perícia, postulada à derradeira hora. Inteligência e aplicação do art. 130 do CPC. Recurso especial não conhecido" (REsp 29.330-7, 4ª T., j. 29.6.93, *DJU* 6.9.93; *RT* 703:202).

4. Processual Civil. Agravo de Instrumento. Ação de Investigação de Paternidade. Beneficiário da Justiça Gratuita. Despacho determinando ao Estado recolhimento de honorários do feito para exame do DNA. Medida Cautelar. Efeito suspensivo a Recurso Especial. Recurso provido a favor do Estado do Mato Grosso do Sul (*RJSTJ e TRF* 82:100).

Observação:

Apenas a título ilustrativo, transcreve-se recente decisão dessa Corte na esfera penal, cuja ementa é: "Consubstancia desrespeito ao princípio constitucional da ampla defesa o indeferimento de pedido de realização de exame de DNA, formulado por réu denunciado por crimes contra a liberdade sexual, considerada como prova essencial para a negação de autoria. *Habeas-corpus* concedido" (HC 6.326-SP, 6ª T., rel. Des. Min. Vicente Leal, v. u., *DJU* 19.12.97, p. 67.534; in *Boletim do IBCCrim*, n. 64, Março/1998, p. 238).

Jurisprudência dos Estados

1. Tribunal de Justiça de São Paulo

1. Validade do HLA e do DNA quando afirmam ou negam a paternidade.

"Exame pelo método HLA não excludente da paternidade – Insuficiência, por si só, para confirmar a filiação" (*RJTJESP* 126/200).

No mesmo sentido: Ap. Cív. 235.099-1/3, 2ª C. Civil, j. 24.10.1995, v. u., rel. Des. Francisco de Assis Vasconcellos Pereira da Silva.

Em sentido contrário: HLA – Valor absoluto quando exclui a paternidade – Indeferimento do pedido de novo exame pelo mesmo método ou por DNA (Ap. Cív. 49.325-4/6, 9ª C. de Direito Privado, v. u., j. 12.8.1997, rel. Des. Ruiter Oliva; *JTJ-Lex* 180:119).

Neste ponto merece dilargada menção recente acórdão do TJSP que, por maioria de votos, indeferiu inicial de medida cautelar (denominada pelo requerente de 'ação de protesto', amparada no art. 867 do CPC) e que pretendia antecipar prova pericial para instruir ação rescisória de acórdão, que manteve declaração de paternidade. Alegava o autor que o reconhecimento se dera com base no exame HLA, sem qualquer segurança quanto à sua eficácia, sendo que hoje existe o DNA, com amplo espectro de certeza. O voto vencedor, lavrado pelo Des. Cezar Peluso afirma: "Numa síntese, a certeza jurídica é essencial às mais profundas exigências da vida e da ação humanas, e estariam ambas comprometidas, quando não pudesse o ordenamento guardá-las, em particular, aos graves riscos da instabilidade das decisões judiciais, mediante o velho instituto da coisa julgada material, cuja eficácia absoluta só deve ceder nas hipóteses taxativas de defeitos que, não comportando, como exceções declaradas, interpretações expansivas, o Estado repute extremamente perigosos à paz pública e à autoridade do direito objetivo", para, mais adiante, completar, negando caráter cautelar à pretensão, visto que: "...nenhum é o risco de dano à não antecipação de prova pericial incerta, destinada a atuar em processo futuro mas não menos inviável –, que não disfarça o intuito de *criar* suposto documento, cuja produção, além de ser agora contingente, poderia a parte, sem entrave e com requerimento medíocre, ter conseguido no processo original, e que, por ser incerto na existência e no conteúdo, não se sabe se fora, ou não, capaz de lhe garantir pronunciamento favorável na ação rescisória".

O voto vencido, da lavra do Des. Laerte Nordi, reitera posicionamento, ao afirmar: "Ainda recentemente, na qualidade de relator de uma ação rescisória (n. 37.347), deferi a realização do exame pelo DNA, apesar de, no processo originário, se ter concluído pela paternidade com base no HLA e na prova oral, afirmando-se inclusive que a prova era robusta". Após referir outros casos idênticos, arremata: "Nesta cautelar, estava, em princípio, pensando em acompanhar os votos anteriores, ao raciocínio de que o exame pelo DNA pudesse ser deferido na própria rescisória. Mas, convenci-me, depois das ponderações do Des. Mattos Faria, que seria conveniente a realização do exame, antes do ajuizamento, uma vez que, conforme o resultado, a rescisória nem se viabilize" (Medida Cautelar 75.622-4/7, 2ª C. de Direito Privado, j. em 13.10.1998, rel. Des. Oswaldo Caron).

2. Exame complementar pelo método HLA – Desnecessidade – Perícia hematológica reduzindo a zero o aparecimento do genótipo "A" na investiganda (*RJTJESP* 129:325).

No mesmo sentido: *RT* 704:116.

3. Exame HLA confirmatório da paternidade em grau de quase certeza – Complementação por prova testemunhal – Ação procedente (*RJTJESP* 115:139).

No sentido de que a revelia, por se tratar de direitos indisponíveis, não induz à presunção de veracidade dos fatos alegados na inicial e de que o HLA não constitui prova positiva absoluta acerca da paternidade: Ap. Cív. 273.832-1/8, 9ª C. de Direito Privado, v. u., j. 13.2.1996, rel. Des. Ruiter Oliva.

No mesmo sentido: "...a perícia pelo sistema do HLA é meramente excludente e não afirmadora da paternidade, embora presente um elevado grau de certeza" (do corpo do Acórdão) (Ap. Cív. 208.756-1/0, 1ª C. Civil, v. u., j. 17.12.1996, rel. Des. Alexandre Germano).

4. Exclusão do vínculo pelos métodos HLA e DNA – Inocuidade de qualquer outra prova (*RJTJESP* 136:203).

5. Relacionamento com outros homens – Irrelevância – Exame pelo DNA apresentando 99,99% de probabilidade – Ação procedente (*JTJ-Lex* 191:258).

No mesmo sentido: "O exame realizado pelo método DNA aponta o réu como pai biológico da autora. Revelou-se no exame que, pelas sondas multilocais, a probabilidade calculada do réu ser o pai biológico é de 1:4.7 bilhões, ou seja, serão necessárias 4.7 bilhões (!) de pessoas a fim de se encontrar outra de padrão igual ao do suposto pai e compatível com o da autora; e que pelas sondas unilocais, a probabilidade do réu ser o pai biológico da autora é de 99,69% quando comparada com a de qualquer outra pessoa, tomada ao acaso, da população caucasiana" (extraído da ementa oficial) (*Lex* 195:110).

6. Exame genético DNA – Obsolecência de todos os demais sistemas existentes (7ª C. Civil, AC 206.305-1/8, j. 18.5.94; *Repertório IOB de jurisprudência*, 2ª quinzena de Julho de 1994, n. 14/94, p. 260).

2. Mato Grosso do Sul

1. DNA – Recusa do investigado a se submeter ao exame – Inexistência de presunção de veracidade – Proteção constitucional (art. 5º. II) – Exegese do art. 333 do CPC (*Repertório IOB de Jurisprudência*, 1ª Quinzena de Junho de 1997, n. 11/97, Caderno 3, p. 203).

3. Minas Gerais

1. DNA eficiência e credibilidade mundiais e nos nossos Pretórios, suplantando as provas meramente indiciárias e testemunhais.

Voto vencido: Probabilidade e/ou a confiabilidade não é certeza. "Além disso, de acordo com o art. 421, § 1º, do CPC, por se tratar de prova técnica, é necessário que a participação de assistentes técnicos seja possível, para acompanhar toda a perícia, passando a prova pelo crivo do contraditório, fiscalizando-se os materiais e as técnicas usados para serem aceitos. O sigilo do método, bem como a não-identificação das equipes que participam da perícia colaboram no sentido de que a prova não se encontre cercada de segurança" (*RT* 730:320).

No mesmo sentido, inclusive com voto vencido: *Repertório IOB de Jurisprudência*, 2ª Quinzena de Novembro de 1995, n. 22/95, p. 346).

2. DNA – Incoerência com as demais provas dos autos.

"Se são condições para o reconhecimento da paternidade a prova do relacionamento sexual entre a mãe do investigante e o investigado, no período da concepção, e a exclusividade deste relacionamento, o DNA não pode prevalecer quando tais condições não restarem provadas, porquanto referido exame, por mínimo que seja, ainda traz risco de erro; não pode tal prova ser aceita, se não estiver em consonância com as demais provas dos autos" (Ementa oficial) (1ª C. Civ., v. u.).

Em sentido contrário: Prova científica possui peso incontestavelmente superior à prova indireta (*Repertório IOB de Jurisprudência*, 2ª Quinzena de Janeiro de 1995, n. 2/95, pp. 20 e 21 e, mesma fonte n. 3/95, p. 43).

4. Rio Grande do Sul

1. Obrigatoriedade do investigando a submeter-se ao exame de determinadores genéticos de paternidade pelo sistema HLA. Correta é a determinação da Juíza *a quo* que ordenou o comparecimento do réu-agravante, pena de "condução sob vara", para realização de tal exame, já que, *in casu*, seu corpo é objeto de direitos, sendo-lhe vedado invocar o direito personalíssimo de disposição do próprio corpo. Verifica-se, no caso telado, o interesse maior das agravadas em conhecer suas origens e, conseqüentemente, obterem o direito ao nome paterno (Ementa Oficial) (*RJTJRS* 162:233).

2. Excluída a paternidade no teste pelo sistema HLA, a feitura de nova perícia, mesmo pelo método mais sofisticado do DNA, não terá mais sentido. Recurso improvido (*RJTJRS,* Ementário, 172:226).

3. DNA – 99.9999% de probabilidade positiva, indica fortíssimo indício, que se avizinha da certeza – Apelação desprovida (*RJTJRS* 167:306).

4. HLA e DNA negativos – Provado o relacionamento sexual, com exclusividade, entre o investigado e a mãe do investigante, à época da concepção, deve a paternidade ser reconhecida – "É que, além da pericial não repousar sempre numa certeza absoluta, não pode decidir, por si só, as demandas judiciais, pois, se possível, tornaria dispensável a atuação do juiz nos processos onde ela fosse produzida ou daria à sentença judicial caráter meramente homologatório da conclusão do técnico". Maioria de votos (*RJTJRS* 184:262).

5. Santa Catarina

1. Investigação durante a constância do casamento do réu – Possibilidade – Exegese do art. 227, § 6º, da CF/88 – Exame pericial DNA – Obrigatoriedade inexistente – "O exame do DNA, ou como é cientificamente chamado: Sistema de Determinação de Seqüências de Aminoácidos Codificados do DNA, não obstante sua apregoada infalibilidade na determinação da paternidade, ainda não desbancou a vetusta investigação clássica (= indícios e presunções decorrentes da coleta de prova testemunhal e documental), dês que este recém-inventado método (1987 – Inglaterra) só há pouco tempo (1989) ingressou em nosso país, sendo por isso, e também pelo seu altíssimo custo e penúria de estabelecimentos habilitados, de difícil acesso aos cidadãos, em geral; ainda mais se o processo se iniciou em época anterior ao surgimento desta modalidade de perícia (1985)" (*Repertório IOB de Jurisprudência*, 2ª Quinzena de Julho de 1992, n. 14/92, p. 311). Confira-se também o v. Acórdão unânime da 1ª C. Civil do TJSC, j. 10.9.1991 (in *Jurisprudência Catarinense* 69:120).

2. DNA – Prova pericial negada em 1º grau, apesar de requerida pelo autor – Feito anulado – "A identificação digital genética do DNA constitui valiosíssimo recurso na distribuição da justiça, rápida e justa, possibilitada mediante considerável economia de tempo e dinheiro" (trecho de Ementa Oficial, in *Jurisprudência Catarinense* 69:120).

No mesmo sentido: DNA – Pedido da realização da prova pericial na fase recursal – Possibilidade – Sentença anulada – Exegese do art. 130 de CPC (in *Jurisprudência Catarinense* 74:272 e ss. e 389 e ss.).

3. Obrigatoriedade de o investigado submeter-se aos exames hematológicos à disposição da Justiça – Voto vencido – Agravo de instrumento provido (Ementa Oficial): "A paternidade, como laço de parentesco que une imediatamente a pessoa a um ascendente, constitui, sem sombra de dúvida, núcleo fundamental da origem de direitos a se agregarem ao patrimônio do filho, sejam eles direitos da personalidade ou até mesmo direitos de natureza real ou obrigacional. Como direito da personalidade, a paternidade não pode deixar de ser investigada da forma mais ampla possível, respeitados os princípios fundamentais da bioética. A defesa dos direitos da personalidade, se é objetivo da permanente preocupação do Estado, através de seus órgãos próprios, visualizados em suas três funções, não pode ser concebida como princípio absoluto. Deve ser flexibilizado o individualismo extremado se o exercício da prática científica segura e confiável não atentar contra a saúde, a vida ou a debilidade do órgão, sentido ou função da pessoa natural, para dar lugar, excepcionalmente, aos avanços da ciência, quando estes, sem qualquer degradação moral ou física, puderem ser úteis ao homem também na área da Justiça. Não se pode mais, em certos casos, mormente na investigação de paternidade, quando existe o choque de dois interesses, ambos situados na esfera dos direitos da personalidade – direito à inviolabilidade do próprio corpo e direito à identificação paterna – propender-se no sentido da corrente que erige como dogma a não obrigatoriedade da submissão do investigado ao teste de Impressões Digitais de DNA. A tendendência internacional na esfera da jurisdição é o recurso a essa perícia, para a indicação correta da verdade biológica, desatendendo-se, inclusive, a solução preconizada largamente na doutrina e na jurisprudência da improcedência da ação em caso da *exceptio plurium concumbentium*, porque os avanços da ciência permitem até nessa hipótese indicar a relação paterna" (*Jurisprudência Catarinense* 74:389 e ss.).

b) *Negatória de paternidade*

Superior Tribunal de Justiça

1. Ação do marido para contestar a legitimidade do filho de sua mulher. Prazo de decadência. É o estabelecido no art. 178, § 4º, I, do Código Civil, se ausente o marido. A ação negatória não se transforma, quando contestada, em investigatória, de modo a se tornar imprescritível. Recurso especial conhecido e provido (REsp 37.588-6-SP, 3ª T., rel. Des. Min. Nilson Naves, v. u., *DJU 1* 13.11.95, p. 38.672). Extrai-se do voto do Min. Eduardo Ribeiro: "Na hipótese em exame cuida-se de decadência, para a qual a lei estabelece prazo especialmente curto. O acórdão recorrido, entretanto, afirmando que se trata de ação de estado e que a negatória, com a contestação, transmuda-se em investigatória, teve-a como imprescritível. A assertiva de que toda ação envolvendo o estado das pessoas seja imprescritível implica petição de princípio e há de ser posta em confronto com a lei. No caso, esse cotejo leva, sem sombra de dúvida, a que se tenha de admitir existam exceções. Não há, efetivamente, como negar que o Código Civil prevê prazo de prescrição ("rectius" decadência) para a ação do marido, tendente a contestar a legitimidade de filho de sua mulher. O prazo é exíguo, excessivamente exíguo me parece, daí a resistência que por vezes surge. Creio talvez aceitável a construção jurisprudencial colocando o termo "a quo" na data em que o marido soubesse ou tivesse razão para saber que não era o pai, embora a lei estabeleça contar-se o prazo do nascimento. Afirmar a imprescritibilidade, contudo, além de importar violência a texto expresso de lei, não oferece solução desejável. Com efeito, não é razoável admitir que, a qualquer tempo, décadas quiçá após o nascimento, possa o marido ajuizar a ação, desestabilizando situação aceita como tranqüila, em detrimento daquele que, até então, era tido como integrante da família. Nada impede, de outra parte, que o filho venha a demandar o reconhecimento da paternidade. Autoriza-o o (já) citado artigo 27 do Estatuto da Criança e do Adolescente" (*Repertório IOB de Jurisprudência*, 1ª Quinzena de Janeiro de 1996, n. 1/96, p. 11).

Jurisprudência dos Estados

1. Tribunal de Justiça de São Paulo

1. Requisito – Existência de reconhecimento judicial de paternidade de direito – Inocorrência – Hipótese, tão-somente, de reconhecimento de paternidade de fato para fins alimentares – Via inidônea – Carência de ação – Recurso não provido.

Menciona o julgado, posição do C. STJ que "restringindo o autor seu pedido exclusivamente à pretensão alimentar, o reconhecimento da paternidade constitui questão prejudicial, não compreendida na coisa julgada. A determinação de que desde logo se procedam às alterações no Registro Civil afronta o artigo 128, do Código de Processo Civil" (*JTJ-Lex* 159:122).

2. Reconhecimento em assento de nascimento – Ajuizamento por filho legítimo contra filhos advindos de relacionamento concubinário do pai falecido – Pedido não fundamentado em erro ou falsidade do registro de nascimento dos réus – Ilegitimidade ativa de parte – Artigo 348 do Código Civil – Recurso não provido (*JTJ-Lex* 148:119).

3. Decadência – Assento de nascimento lavrado mediante declaração paterna – Contagem do prazo a ser feita a partir desta data – Intempestividade – Recurso não provido. É do teor do julgamento que: "...o apelante, fazendo-se o promotor do registro referido, confessou-se presente, no sentido em que o termo é aplicado pelo legislador civil, no artigo 178, inciso I, § 4º. A modificação do termo para a data da ciência do fato do nascimento somente tem lugar se, ausente no instante em que a criança é nascida, ou sendo-lhe tal fato ocultado, o marido dele não pode ter ciência contemporaneamente ao evento" (*RJTJESP* 137:230).

4. Admite-se a ação negatória de paternidade, mesmo que a prole tenha nascido na constância do casamento, considerando-se imprescritível o direito de ação do pai – Sentença reformada – Apelo provido (Ementa oficial) (*JTJ-Lex* 193:149).

5. Anulatória de registro – Ação de estado – Imprescritibilidade – Exegese do art. 178, § 3º, do Cód. Civil – Extinção do processo afastada – Recurso provido (m. v.) (*JTJ-Lex* 178:138 e 154:137, v. u.).

No mesmo sentido: A falsa declaração constante do registro civil, impugnável a qualquer tempo, pode ser atacada por quem tiver interesse fundado em obter a nulidade, até pelo próprio autor do fato – Imprescritibilidade (v. u.) (*JTJ-Lex* 170:145).

Em sentido contrário: Decadência – Ação proposta após o prazo estabelecido pelo art. 178, § 3º, do Código Civil – "Sendo certo que a criança nasceu na vigência do casamento do autor e da mãe da menor; esta foi registrada legalmente, e, decorrido um ano, o autor pretendeu a prestação jurisdicional, tendo eleito a ação negatória de paternidade que possui prazo decadencial exíguo, e porque não é possível o afastamento da vigência do art. 178, § 3º, do CC, a ação tinha mesmo que ser julgada extinta. Tal implica na conclusão de que, resta ao requerente o exercício de seu direito de contestar, mas através de outra via processual" (*RT* 702:57).

Ver, ainda: Registro Civil – Assento de nascimento – Vício de vontade – Anulação – Pedido formulado em ação negatória de paternidade – Natureza acessória que segue o destino do principal – Indeferimento, em face do reconhecimento da decadência do direito à negatória – Embargos rejeitados. "O que a lei proíbe pela via direta não pode, sem fraude, ser obtido indiretamente. Assim, o cancelamento de registro civil não pode ser alcançado, por via oblíqua, por titular de direito de contestar paternidade que inobservou o prazo fixado em lei para exercê-lo" (ementa oficial) (*JTJ-Lex* 149:177).

6. Investigação de paternidade – Ilegitimidade de parte – Contestação de filiação legítima por quem não é marido – Inadmissibilidade – Aplicação do artigo 344 do Código Civil – Recurso improvido – Maioria de votos (rel. Des. Toledo Cesar, vencido o Des. Mattos Faria, que fundamenta: "A idéia de preservação da dignidade do instituto do casamento e dos filhos gerados na constância do mesmo, não vem ferida em face à nova ordem constitucional vigente no país que afastou qualquer distinção entre filhos legítimos e adulterinos. Vê-se, pois, que a sistemática legal em vigor ao admitir o reconhecimento do filho havido fora do casamento, por qualquer dos cônjuges, não distinguiu, e assim não afastou de seu âmbito de incidência, os filhos reconhecidos pelo marido, na constância do matrimônio, mas em realidade gerados pela mulher com outro homem. Daí, a viabilidade de vir o homem declarar, em relação ao filho adulterino, o correto estado de filiação. Assim, se a lei expressamente permitiu a qualquer dos cônjuges o reconhecimento do filho havido fora do matrimônio, não há de vedar legitimidade para que o homem declare a sua paternidade, negando ser o pai o marido, e pleitear a retificação dos registros. A lei não distinguiu, e assim não afasta de seu âmbito de incidência os filhos reconhecidos pelo marido, na constância do casamento, mas em realidade gerados pela mulher com outro homem" (*Repertório IOB de Jurisprudência*, 1ª Quinzena de Maio de 1996, n. 9/96, p. 155).

7. Negatória cumulada com ação de investigação de paternidade e retificação de registros civis – Legitimidade "ad causam" – É da ementa oficial: "Não encontra óbice no art. 292 do CPC a cumulação das ações negatória de filiação com investigação de paternidade e retificação de registros civis, não havendo conflito com os requisitos alinhados no § 1º deste dispositivo legal. Ademais a sucessividade dos pedidos, como na espécie, é lícita, eis que expressamente amparada no art. 289 do Código de Processo Civil. A sistemática legal em vigor ao admitir o reconhecimento do filho havido fora do casamento, por qualquer dos cônjuges, não distinguiu, e assim não afastou de seu âmbito de incidência, os filhos reconhecidos pelo marido, na constância do matrimônio, mas em realidade gerados pela mulher com outro homem. Daí, a viabilidade de vir a mulher declarar o seu adultério e pleitear, em relação ao filho adulterino, o correto estado de filiação" (*RT* 721:89).

8. Negatória – Pretendida desconstituição de reconhecimento de paternidade afirmada por meio de investigatória – Descabimento. – "O autor, em ação de investigação de paternidade, foi declarado pai, por força de sentença que transitou em julgado. Operada, em conseqüência, a coisa julgada material, não se poderia desfazer ela através da ação intentada, porque processualmente meio impróprio e inadequado para esse fim" (parte da ementa oficial) (*RT* 683:63).

9. Retratação do reconhecimento – Possibilidade, se desobedecidas formalidades legais ou ante a presença de algum dos defeitos dos atos jurídicos (*RT* 674:113).

Em sentido contrário: Cabimento da negatória após a ruptura da relação concubinária "mesmo na ausência de qualquer das figuras do art. 147, II, do CC, uma vez que pouco importa a definição que se queira dar às circunstâncias que levaram os interessados a fazer a declaração que se diz falsa – Possibilidade de todo gênero de prova para comprovação do alegado – Legitimidade "ad causam" de quem tenha interesse moral na providência – Ação, ademais, imprescritível – Voto vencido" (*RT* 656:76).

Comentário

Em recente e rumoroso processo, através de agravo de instrumento pretendeu-se a anulação de assento de nascimento, mediante a exumação dos restos mortais do suposto pai, para que fosse submetido a exame pelo DNA, prova esta deferida pelo juiz de primeiro grau. O provimento do agravo lastreou-se na indagação sobre a premência quanto à realização da prova, que se tornaria inócua, se decretada a procedência "de ação de anulação do testamento" deixado pelo falecido. Baseou-se, ademais, na preservação dos sentimentos que a sociedade e a família "dedicam a seus mortos", além do que a prova pode "ser feita pelos ossos e fios de cabelo, visto que estes não estão sujeitos à decomposição pelo tempo", podendo ser postergada (AI 95.147.4/5, 9ª C. de Direito Privado, j. em 15.6.1999, rel. Des. Franciulli Netto, v. u.).

Verifica-se do teor deste acórdão, bem como daquele que, por maioria de votos, indeferiu a produção antecipada de prova, também através do método do DNA, que a jurisprudência prefere aguardar momento oportuno, ao invés de deferir prova que, neste caso, ou seria superada por outro julgamento, ou poderia aguardar melhor oportunidade, enquanto que, na outra, melhor seria sua realização, ou quando da propositura da anterior ação, ou no momento mesmo da rescisória. Crê-se que esta disponibilidade não esteja ao alcance ou sob o discernimento exclusivo do julgador: a parte é que é senhora de sua conveniência ou oportunidade, uma vez que não se trate de prova ilícita ou absolutamente despicienda ao deslinde do processo.

2. Minas Gerais

1. A ação negatória de paternidade é personalíssima, privativa do marido, consoante a regra do art. 344 do Código Civil, marcando, expressamente, o citado Diploma Legal, no seu art. 178, § 3º, o prazo prescricional de 2 meses para o seu exercício. Entretanto, ainda que assim não fosse, ao filho incumbiria provar, cabalmente, ao propor a ação, uma das duas únicas hipóteses que o Direito pátrio entende como motivos condicionantes de repúdio à paternidade, colocadas no art. 340 do Código Civil (da ementa oficial) (*Jurisprudência Mineira* 116:192).

2. Retratação – Admissibilidade apenas quando descumpridas as formalidades legais ou se o ato jurídico for eivado de algum defeito (*RT* 744:333).

3. Prova – Filho adulterino "a matre" – Presunção de paternidade por residir o casal sob o mesmo teto – Inadmissibilidade – Possibilidade de prova da separação de fato – Hipótese em que se dispensa a prévia ação negatória pelo pretenso pai – Julgamento antecipado da lide inadmissível – Necessidade de instrução em audiência – Carência afastada (Ementa oficial, parte): "Deve-se admitir a investigação de paternidade mesmo em se tratando de mulher casada, com dispensa de prévia ação negatória de paternidade, desde que o pai presumido tenha repudiado de forma inequívoca a paternidade, ou quando o casal esteja efetivamente separado, independentemente de estarem ou não os cônjuges sob o mesmo teto" (*RT* 618:169).

c) *Investigação de paternidade "post mortem"*

Jurisprudência dos Estados

1. Tribunal de Justiça de São Paulo

1. Legitimidade "ad causam" – Morte do suposto pai – Ação de investigação de paternidade dirigida contra os herdeiros, em seu sentido mais amplo – Abrangência – Renúncia da herança pelos herdeiros em favor do cônjuge sobrevivente – Conseqüências – Exegese dos arts. 366 do CC e 485, VII, do CPC (Ementa Oficial): "Falecido o suposto pai, caberá ação de investigação de paternidade contra os herdeiros, entendendo-se que deve esta expressão ser compreendida no mais amplo sentido, abrangendo sucessores a título universal, legítimos e testamentários e até mesmo os legatários. Assim, estando citados os filhos legítimos, forma-se regularmente a relação jurídica processual, sendo insofismável a caracterização da legitimidade passiva *ad causam.* A superveniente renúncia da herança pelos já mencionados herdeiros em favor do cônjuge sobrevivente após a citação da investigatória não torna inviável a demanda nem afasta a regularidade da relação processual, visto que seu pleito não visa somente a interesses patrimoniais, mas ao reconhecimento de um estado de família. Desnecessária, portanto, a convocação à lide do cônjuge meeiro beneficiário da renúncia ou, mesmo, do espólio, que então representava, em face da própria natureza da causa" (*RT* 646:55).

Em sentido contrário: Obrigação dos herdeiros somente por débitos alimentares do *de cujus* vencidos até sua morte – Exegese dos arts. 402 e 1.796 do CC – Maioria de votos (*RT* 699:52).

"É juridicamente impossível que espólio e herdeiros sejam simultaneamente autores ou réus. A colocação dos herdeiros e sucessores como partes exclui igual colocação do espólio, e vice-versa. Tratando-se de ação de investigação de paternidade *post mortem* cumulada ou não com petição de herança, a legitimidade passiva *ad causam* é só dos herdeiros, compreendidos estes na mais ampla acepção jurídica do vocábulo, abrangente daqueles que herdaram ou poderiam herdar e dos sucessores dos primitivos herdeiros" (Ementa oficial, in *RT* 616:52).

2. Filiação adulterina – Reconhecimento pelo pai, na constância do casamento, mediante acordo – Desnecessidade da prévia propositura da investigatória de paternidade – Admissão como herdeiro necessário – Artigo 227, § 6º da Constituição da República – Recurso não provido (*RJTJESP* 124:337).

3. Investigatória cumulada com petição de herança – Filiação adulterina "a patre" – Ajuizamento contra os filhos legítimos do falecido pai – Acolhimento dos pedidos – Concorrência do autor em igualdade de situação nos direitos sucessórios – Artigo 227, § 6º, da Constituição da República – Recurso não provido. – Liberalidade do falecido em favor do autor – Colação dos bens dos herdeiros no procedimento adequado do inventário (*JTJ-Lex* 149:16).

4. Investigatória cumulada com Alimentos – "Diz-se personalíssima a investigatória da paternidade em relação à legitimação ativa, pois somente o filho tem direito à proclamação de seu *status*. Contudo, no tocante à legitimação passiva, a ação tanto pode ser intentada frente ao pai como, ainda, morto ele, frente aos seus herdeiros" (*JTJ-Lex* 173:279).

5. Investigatória – Viúva-meeira – Legitimidade passiva de parte – Ré erigida à condição de sucessora, em face da morte de um dos filhos, co-réu, no curso da demanda – Existência, ademais, de interesse moral em discutir a paternidade atribuída ao ex-marido – Sentença confirmada (*JTJ-Lex* 144:81).

6. Investigatória – Prova pericial – Investigando falecido – Impossibilidade da produção da prova – Irrelevância diante da idoneidade do contexto probatório – Ação procedente – Recurso provido – Voto vencido (*RJTJESP* 130:251).

Em sentido contrário: "É possível investigar o liame genético *post mortem* pelo sistema HLA, a partir do estabelecimento dos haplópitos dos filhos, comparados ao da mãe, enquanto técnica que permite encontrar, por processo de exclusão, o haplótipo do pai já falecido e, assim, proceder ao confronto final decisivo" (Ementa oficial, in *RT* 616:52).

Perícia – Sistema HLA – Vínculo genético reconhecido – Percentual de sua existência – Redução pretendida pelo assistente técnico da parte contrária, embasando-se em possibilidades – Inadmissibilidade – Laudo criticado que se prende em dados concretos e definidos, tendo, ademais, seguro alicerce na prova oral – Recurso não provido (da ementa do repertório: "Nos casos onde a investigação de vínculo genético envolve o suposto pai falecido os exames mais utilizados são do HLA e do DNA, não estando indicada a exumação de cadáver que é possível e útil em casos de identificação médico-legal, consistindo procedimento de exceção na investigação de paternidade") (*JTJ-Lex* 142:120).

Quanto a esta possível a exumação, *em sentido contrário*: Exame hematológico – Sistema DNA – Investigado falecido – Exumação dos restos mortais – Admissibilidade – Afronta ao direito de credo religioso – Inocorrência – Questão de estado – Interesse público que se sobrepõe ao privado – Decisão confirmada – Recurso não provido (*JTJ-Lex* 188:218).

2. Bahia

1. Litisconsórcio necessário – Inocorrência – Investigação de paternidade – Cônjuge supérstite – Inadmissibilidade, pois somente integrará a lide quando não existirem herdeiros necessários – Hipótese em que será citada como herdeira do *de cujus* e não como meeira (*RT* 743:354).

3. Distrito Federal

1. Investigatória – Ação *post mortem* – Exame DNA – "Merece confirmada a sentença que, calcada no conjunto probatório – prova oral e documental –, tem como certa a paternidade. Até porque a prova pericial consistente no exame do DNA não se revela, em hipóteses que tais, indispensável, tanto mais quando pretendida após a prolação de sentença que, não padecendo de vício que importe em sua nulidade, desautoriza a reabertura da instrução com a conversão do julgamento em diligência" (4ª T. Civ., Ap. 33.604, v. u., publ. em 8.3.95, *COAD* – Informativo Semanal 18/95).

4. Goiás

1. Prova – Perícia genética – Poder discricionário do Juiz para deliberar sobre sua necessidade na formação da convicção – Inteligência do art. 130 do CPC – Prova – Investigação de paternidade que envolve suposto pai falecido – Utilização de exames pelo sistema HLA e DNA – Exumação de cadáver desaconselhável pelo comprometimento do exame e pelos gastos vultosos. Extrai-se do Acórdão a opinião do Prof. Sérgio Danilo Pena: "Para identificação por DNA de indivíduos após a morte e para casos de determinação de paternidade quando o suposto pai falecido não tenha deixado ascendentes, descendentes e/ou colaterais diretos legítimos vivos, torna-se necessário realizar os estudos em ossadas ou material de exumação. Estes estudos são complexos e dispendiosos. O preço de uma extração de DNA em material de exumação é de R$ 13.500 (treze mil e quinhentos reais). Esclarecemos que, os estudos de DNA nestes materiais são tentativas científicas da elucidação inequívoca, utilizando as técnicas laboratoriais mais atualizadas. Para determinação de paternidade após a morte, nossa recomendação é de recorrer a estes estudos, em material exumado somente em casos extremos, após terem esgotados todas as alternativas dos estudos com parentes vivos do falecido suposto pai". Acresce o v. Acórdão que: "... cifra-se ilação lançada no laudo fornecido pelo Laboratório de Imunogenética e Biologia Nuclear – LIB, especializado na área, o qual, instado a se pronunciar em caso jurídico em que se questionava a eficácia da perícia pelo mapeamento de DNA na precisão da paternidade *post mortem*, ostentou que a qualidade do mencionado exame em casos que tais, restaria comprometida devido, principalmente, ao estado de conservação e aos cuidados reservados na obtenção do material *post mortem*. Ademais, utilizando-se da caracterização de um só *locus*, o grau de certeza na determinação de paternidade fica algo aquém do ideal" (*RT* 735:354).

5. Minas Gerais

1. Reconhecimento de paternidade – Título de herdeiro após o trânsito em julgado da partilha – Reivindicação pelo reconhecido de sua quota-parte aos demais herdeiros – Execução da sentença que reconheceu seu direito (*RT* 735:372).

6. Paraná

1. Investigatória cumulada com petição de herança – Prova insuficiente – Testemunhal e pericial ("Prova pericial imprestável para afirmar a paternidade, dadas as falhas que apresenta, não podendo, assim, ser acolhida como elemento de convicção para nortear a decisão. Perícia que mesmo quando refeita, não supriu as lacunas existentes e nada esclareceu a respeito da alegada paternidade") – Recurso provido – Ação julgada improcedente (*Paraná Judiciário* 39:97).

2. Investigatória – Concubinato entre a mãe da autora e o apontado pai à época da concepção – Prova documental e testemunhal segura – Prova pericial pelo sistema HLA – Ação contra viúva e filhas do falecido pai – Procedência (*Paraná Judiciário* 45:75).

3. Investigação de paternidade. Investigado falecido. Prova pericial indeferida. Agravo. Admissibilidade da perícia. Verificação do exame genético através do sistema HLA (Ementa oficial, com remessa à *RT* 616:52) (*Paraná Judiciário* 38:34).

7. Santa Catarina

1. Investigação de Paternidade – Prova pericial – Exame consistente em impressões digitais de DNA – Incidência em caso de falecimento do investigando, sobre tecidos do próprio cadáver, coletados em vida ou "post mortem", submetendo os próprios filhos menores do "de cujus" ao referido exame – Admissibilidade – Conquista da ciência que não pode ser desacolhida no contexto do processo – Exame que não chega a comprometer o princípio da inviolabilidade corporal, que, aliás, evidencia outro direito da personalidade, que é o da paternidade, do qual resultam ainda entre outros direitos, o direito ao patronímico paterno e direito aos alimentos – Inadmissibilidade de se permitir o seu impedimento, ante a amplitude de provas admitidas na lei processual – Recurso provido para se viabilizar a perícia pretendida – Voto vencido (*RT* 720:220).

2. Ação de Investigação de Paternidade cumulada com Petição de Herança. Citação da inventariante e das filhas legítimas do *de cujus* . Prova clara e convincente acerca da coincidência entre a concepção e a convivência *more uxorio* da mãe com a pessoa indicada como pai. Desnecessidade de produção de qualquer outra prova. Pedido julgado procedente. Sentença confirmada (Ementa Oficial) (*Jurisprudência Catarinense* 73:124).

d) ***Investigação de paternidade e alimentos***

Supremo Tribunal Federal

1. Ação de alimentos proposta por filho contra seu indigitado pai. Reconhecida a filiação, em face do exame probatório, impõe-se em conseqüência a obrigação de prestar alimentos. Não se caracteriza, na espécie, negativa de vigência às Leis 5.478/68 e 883/49. Dissídio jurisprudencial não comprovado (Súmula 291). Recurso extraordinário não conhecido (Ementa oficial, *RTJ* 102:758).

No mesmo sentido : "Recurso extraordinário. Ação de alimentos. Filho natural. Ação declaratória incidental do réu onde negada a paternidade. Improcedência desta demanda e procedência da primeira. Sentença mantida, por maioria. Recurso extraordinário interposto deste acórdão. Rejeitados os embargos infringentes, do aresto respectivo não se interpôs apelo extremo. O filho natural pode, independentemente de prévia ação de investigação de paternidade, pedir alimentos sob o rito da Lei n. 5.478/1968, máxime quando intentada pelo réu declaratória incidental de negação de paternidade, julgada improcedente: tal a decisão da Corte "a quo". Não interposto recurso extremo da decisão definitiva, nas instâncias ordinárias, não há como conhecer do apelo derradeiro contra o acórdão majoritário na apelação. Aplicação da Súmula 281. Recurso extraordinário não conhecido" (RE 1075112/210, 1ª T., v. u., j. 3.4.89, *DJU* 18.10.91, p.14.550, ementa oficial, in *Repertório IOB de Jurisprudência*, 1ª Quinzena de Janeiro de 1992, n.1/92, p.17).

Em sentido contrário: "Leis 883/49 (arts. 4º e 5º) e 5.478/68 (arts. 2º e 4º). Filho adulterino. Alimentos provisionais. Legitimado o filho adulterino para acionar o pai (art. 4º da Lei 883/49), deve, contudo, aguardar sentença de 1º grau reconhecendo a paternidade (art. 5º), para ter direito aos alimentos provisionais. Recurso extraordinário conhecido e provido" (Ementa oficial, in *RT* 596:248, maioria de votos).

Ver também: *RTJ* 115:1231, relativamente à Lei 5.478/68. Recurso não conhecido por unanimidade.

Superior Tribunal de Justiça

1. "Alimentos. Investigação de paternidade. O termo do início da obrigação alimentar, quando reconhecida em juízo a paternidade, é a citação do réu. Precedentes do Superior Tribunal de Justiça. Recurso especial não conhecido. Maioria". Do Parecer do Ministério Público Estadual (SP) transcreveu-se: "... não houve ofensa a texto de lei federal alguma; quanto ao art. 5º da L. 883/49, revogado está pelo princípio constitucional citado, dada a manifesta incompatibilidade entre as normas, nos termos do § 1º, do artigo 2º, da Lei de Introdução ao Código Civil; quanto ao § 2º, do artigo 13 da Lei de Alimentos, deu-se-lhe a exata aplicação, com a extensão imposta pela citada norma constitucional" (Ementa oficial, in *Repertório IOB de Jurisprudência*, 1ª Quinzena de Janeiro de 1995, n. 1/95, p. 12).

Em sentindo contrário: A Lei 5.478/68 (art. 13), pela sua própria teleologia, não incide nas ações em que se postulam alimentos, inexistindo prova pré-constituída da paternidade. Destarte, em não se aplicando à referida Lei, o *dies a quo* da incidência dos pretendidos alimentos não pode ser a data da citação, mas sim a da sentença, mesmo que sujeita a apelação (CPC, art. 520, II)" (Ementa oficial, *RT* 744:186, citando o Relator, Min. Sálvio de Figueiredo Teixeira, precedentes do STF in *RTJ* 95:635; *RT* 601/194; *DJU* de 15.3.85, p. 3.139, além de outros precedentes da própria Relatoria).

2. Alimentos – Filho ilegítimo – Reconhecimento da paternidade que constitui questão prejudicial cujo exame não faz coisa julgada (Ementa oficial: "Ação de Alimentos. Limites do pedido e da coisa julgada. Código de Processo Civil, arts. 128 e 469, III. Restringindo o autor seu pedido exclusivamente à pretensão alimentar, o reconhecimento da paternidade constitui questão prejudicial, não compreendida na coisa julgada. A determinação de que desde logo se proceda a alterações no Registro Civil afronta o art. 128 do Código de Processo Civil. Hipótese em que não incide o disposto no parágrafo único do art. 4º da Lei 883/49" (*RT* 658:204, v.u).

Jurisprudência dos Estados

1. Tribunal de Justiça de São Paulo

1. Investigatória *post mortem* – Obrigação alimentar – Herdeiro – Pedido formulado em face de co-herdeiros – Inadmissibilidade – Interpretação do artigo 1.796 do Código Civil – Acolhimento, ademais, que erigiria o autor, participante da sucessão em igualdade de condições, a uma situação mais favorável que os réus – Recurso provido – Votos vencedor e vencido (*JTJ-Lex* 144:81).

2. Juizado Informal de Conciliação – Execução – Alimentos – Título resultante de acordo homologado no Juizado Informal de Conciliação – Reconhecimento da paternidade e da obrigação alimentar – Inadmissibilidade – Jurisdição conciliatória não compreensiva das causas que envolvem direito indisponível – Título executivo não caracterizado – Sentença de extinção do processo – Apelação improvida (AC. 271.425-1/6-00, j. 7.3.96, *DJSP* 22.4.96, p. 48, Ementa oficial, in *Repertório IOB de Jurisprudência*, 1ª Quinzena de Setembro de 1996, n. 17/96, p. 303).

3. Alimentos – Paternidade reconhecida como questão prejudicial – Irrelevância do fato de ser a mãe do menor casada à época da concepção, eis que separada de fato há vários anos – Presunção de paternidade de marido afastada, pela inexistência de convivência conjugal – Decisão que, porém, não faz prova nem coisa julgada para ação de filiação e petição de herança – Verba devida – Voto vencido – Inteligência dos arts. 337, 338, 340 e 346 do CC, e 1º, § 2º, da Lei 883/49 (Ementa oficial: "Inexistindo convivência conjugal à época da concepção do menor, desaparece a presunção legal de ser do marido o filho nascido de sua mulher. Assim, admite-se o reconhecimento da paternidade de terceiro como questão prejudicial para o só efeito da prestação alimentar, não fazendo tal decisão prova nem coisa julgada material para ação de filiação e petição de herança, que pedem maior indagação" (*RT* 635:191).

4. Alimentos Provisionais – Incidental em investigação de paternidade – Ausência do *fumus boni juris* – Desnecessidade de sua evidência pronta e de plano – Comprovação possível somente no curso do processo – Recurso provido para que o procedimento da ação cautelar tenha seqüência (*JTJ-Lex* 158:16).

Em sentido contrário: Ação investigatória de paternidade pendente – Ausência de prova indiciária da perícia sangüínea – Necessidade de sentença favorável ao autor na investigatória, para posterior arbitramento de alimentos – Cautelar indeferida – Recurso não provido (*RJTJESP* 127:183).

Inexistência de prova pré-constituída da paternidade, bem como de fatores idôneos de convicção para legitimar a pretensão – Pedido indeferido – Recurso não provido (*RJTJESP* 128:265).

Necessidade de reconhecimento formal da paternidade em processo contencioso – Recurso não provido (*JTJ-Lex* 145:166).

"Admitir-se devidos alimentos provisionais, antes mesmo de declarada a paternidade por sentença, importa em alargar a compreensão do texto do artigo 13 da Lei n. 5.478, de 1968, para situações por ele não abrangidas" (Ementa oficial, in *JTJ-Lex* 153:158).

5. Alimentos provisórios – Concessão – Relação de parentesco ainda não proclamada por sentença na ação de investigação de paternidade – Prestação jurisdicional retardada sem forte motivo e presença do *fumus boni juris* – Recurso não provido (Agravo) (*RJTJESP* 134:272).

6. Alimentos – Filiação ilegítima – Ação proposta pelo Ministério Público – Inadmissibilidade – Atividade exclusiva do Advogado – Lei Federal n. 5.478, de 1968, art. 2º, *caput* e § 3º – Extinção do processo sem julgamento do mérito – Artigo 267, inciso IV, do CPC – Recurso provido para esse fim (*RJTJESP* 116:38).

2. Distrito Federal

1. "Civil – Ação de investigação de paternidade c/c alimentos – Termo inicial para incidência dos alimentos fixados na sentença. Os alimentos fixados em ação de investigação de paternidade são devidos a partir da sentença" (*Repertório IOB de Jurisprudência*, 1ª Quinzena de Novembro de 1997, n. 21:97, Caderno 3, p. 424).

3. Mato Grosso

1. Possibilidade do filho ilegítimo demandar o pretenso pai, mesmo que a filiação não esteja juridicamente reconhecida, suficiência de fortes indícios e presunção quanto à paternidade (*RT* 723:427).

4. Mato Grosso do Sul

1. Apelação cível – Ação de investigação de paternidade cumulada com alimentos – Prova – DNA indeferido – Declaração escrita admitindo filiação – Fixação de alimentos a partir da citação e não da decisão (3ª T. Civ., v. u., j. 24.8.94, *DJMS* 18.11.94, p. 4).

No mesmo sentido: *Dies a quo.* Compensação do custo do exame DNA negada – (in *Repertório IOB de Jurisprudência*, 1ª Quinzena de Abril de 1995, n. 7/95, p. 107).

5. Minas Gerais

1. "A teor do art. 7º da Lei n. 8.560/92, os alimentos provisionais podem ser fixados na sentença de primeiro grau, existindo a obrigação enquanto não for reformada a decisão que julgou procedente a ação investigatória de paternidade, sem que, para efeitos desses alimentos provisionais, seja necessário aguardar-se o trânsito em julgado da sentença. No caso de ação de investigação de paternidade c/c alimentos, sendo os provisionais fixados pela sentença, estes são devidos a partir da decisão que os fixou, mesmo que o recurso tenha sido recebido em ambos os efeitos, sendo que o efeito suspensivo alcança a sentença na parte que esta declara a paternidade e fixa os alimentos definitivos, ficando os provisionais de fora da suspensividade. Maioria de votos" (*Jurisprudência Mineira* 132-133:49 e ss.).

6. Paraná

1. Investigação de paternidade cumulada com pedido de alimentos. Concessão destes em caráter provisório. Decisão reformada. Prestação alimentar devida somente após a sentença que venha a ser favorável ao autor. V. u. (*Paraná Judiciário* 9:191).

No mesmo sentido: Exigência de prova pré-constituída (mesmo Repertório 16:59).

Em sentido contrário: Desnecessidade de prova pré-constituída, bastando indícios suficientes para o convencimento (mesmo Repertório 13/180; 16/46 e 79; 17/82; 18/63; 31/46; 22/102).

2. Filho adulterino – Alimentos – Investigatória incidental – Possibilidade (*Paraná Judiciário* 42:59).

7. Pernambuco

1. Filho ilegítimo não reconhecido – Pedido de alimentos formulado com fundamento na Lei n. 5.478/68 – Inadmissibilidade – v.u. (1ª Câm. Civ., j. 19.6.92, *DJPE* 4.8.92, p. 6).

8. Rio Grande do Sul

1. Investigatória – Prova pré-constituída – Obrigatoriedade – "Sem prova suficiente da paternidade investigada, melhor dizendo, sem uma perícia técnica que pelo menos não exclua o investigado de ser o pai da menor, descabe o adiantamento da tutela, com o arbitramento de alimentos provisórios, até mesmo porque a concepção está encoberta por um véu impenetrável, e que somente a ciência é capaz de trazer alguma luz sobre este mistério imperceptível aos olhos humanos" (Ementa oficial, in *RJTJRS* 185:401, j. 23.10.97).

Em sentido contrário: mesmo Repertório 123:392; 122:384; 121:220.

9. Santa Catarina

1. Investigatória – Antecipação de tutela – Natureza do pedido de alimentos – Exegese do art. 273 do CPC – Medida decretada – Agravo provido (Ementa oficial: "Investigação de paternidade. Alimentos. Antecipação de tutela. Prova inequívoca. Juízo de verossimilhança. Fundado receio de dano irreparável. Irreversibilidade. Provimento do recurso para decretar a medida. Em tese, é possível a antecipação da tutela em qualquer processo de conhecimento, desde que preenchidos os requisitos do art. 273 do CPC. Na ação declaratória é possível a antecipação da tutela quanto a algum efeito executivo ou mandamental da sentença. Prova inequívoca, segundo a doutrina, é aquela que, por sua clareza e precisão autorizaria, desde logo, um julgamento de acolhida do pedido formulado pelo autor, se o litígio, hipoteticamente, fosse julgado naquele momento. As verbas alimentares são prestações para satisfação das necessidades vitais de quem não pode provê-las por si. Apesar da irreversibilidade que lhes é inerente, se a verossimilhança pesar significativamente em favor do autor, o magistrado estará autorizado a sacrificar o direito improvável, em benefício do direito que se mostre mais verossímil" (v.u., in *Repertório IOB de Jurisprudência*, 1ª Quinzena de Novembro de 1996, n. 21/96, Caderno 3, p. 362).

Em sentido contrário: mesmo Repertório, mesma Quinzena, n. 21/96, mesmo Caderno, p. 370.

Segundo Tema

AIDS E DIREITO DE FAMÍLIA

1. Introdução

Os reflexos da contaminação por Aids, no Direito de Família, merecem a atenção de todos os lidadores do Direito, visto que as conseqüências atingem filhos, cônjuges, companheiros, avós, empresas de produtos farmacêuticos, hospitais, companhias de seguro e de convênio médico, regime de sucessões, crimes, penas, estatutos prisionais, enfim, qualquer das atividades do ser humano no seu inter-relacionamento.

Dentre as hipóteses mais comuns, no Direito de Família, podemos vislumbrar e destacar: a) impedimento ao matrimônio – caso persista a impossibilidade de cura ou a possibilidade da transmissão como fator epidêmico, tendo como conseqüência a nulidade do casamento; b) a possibilidade de um dos parceiros, portador do vírus, infectar o outro durante a convivência, podendo responder civil e criminalmente por seus atos; c) em conseqüência, dar origem a prole infectada, sendo responsabilizado e afastado da convivência com o(s) filho(s), estipulando-se rigoroso regime de visitas; d) dever de assistência e obrigação alimentar, por parte do cônjuge inocente e do Estado; e) sucessão hereditária entre pessoas do mesmo sexo, que estejam contaminadas; f) transmissão através de concepção enxertada ou por mulher que se submeta ao empréstimo ou ao aluguel parcial do corpo, até o nascimento.

Outras circunstâncias poderiam ser lembradas, sem que haja qualquer previsão legal para o controle familiar das repercussões da doença no seu âmbito (Limongi França, 1990).

A primeira hipótese – impedimento matrimonial – revela-se excessiva, na atualidade, entre pessoas maiores e capazes; não, porém, se o relacionamento se dá com um dos participantes menor de idade e dependente do consentimento de responsável ou de decisão judicial. A propagação da doença, através do nascimento de filho, hoje sob controle, não se constituiria em motivo para o impedimento, visto que a procriação é um dos objetivos do matrimônio; caso contrário, seria obrigatória, inclusive àqueles que, por razões físicas, encontram-se impedidos, e desde que constatada por prévios exames positivos para a fecundação e gestação, o que, por óbvio, seria impossível, especialmente aos unidos em concubinato (Fanzolato, 1994). Este mesmo autor indica a possibilidade de assumir o Estado o trabalho de orientação aos nubentes e aos jovens em geral, sobre os perigos de um relacionamento com pessoa infectada.

Neste ponto, cabe breve consideração sobre o domínio televisivo na conduta da mulher e do jovem ou da criança, uma vez que estarão sempre sujeitos à abusiva influência da programação diária. Curiosamente, enquanto o governo se esforça para divulgar mínimos conhecimentos sobre como evitar-se o contágio e a propagação do vírus de qualquer das novas epidemias, por seu lado, a televisão produz, em horário nobre (19 às 22 horas), telenovelas ou "noticiários" que abusam de cenas de sexo explícito ou violência e propensão à justiça de mão-própria, além de minisséries, em que uma jovem da sociedade, no dia do casamento, abandona o noivo na porta da igreja, para viver na zona do meretrício.

Não se trata, nem esse seria jamais o intuito, de pretender uma posição de censor ou sequer de batalhar pelo retorno da censura ao país, mas constatar que se está a ultrapassar limites mínimos do bom senso e do descontrole, onde a defesa da cidadania (uma criança não pode lidar com essas imagens, na constatação da sexóloga Marta Suplicy) permite a confissão de um jornalista de que aquela novela está proibida em sua casa, para a filha de 5 anos (Cruz, 1998).

Haverá outra solução? Estatísticas assustadoras revelam que os registros de Aids em adolescentes, por contágio sexual, cresceram de 1990 a 1996, cerca de 200%, passando de 47 para 141 (entre heterossexuais), enquanto que os partos de adolescentes, entre 10 e 14 anos, ligados ao Sistema Único de Saúde (SUS), em 1993, foram 26.505, e em 1996, 31.911, representando um aumento de 17% (Dimenstein e Lambert, 1998). Segundo a ONU, na mesma reportagem, das 30 milhões de pessoas infectadas, pelo menos um terço tem entre 10 e 24 anos.

Dados recentes do Ministério da Saúde demonstram que a incidência da Aids nos Estados brasileiros, entre 1980 e 1999, repercutiu sensivelmente em São Paulo e no Rio de Janeiro. Da estatística geral, São Paulo lidera com 265,3 casos por cem mil habitantes, seguido do

Rio de Janeiro com 193,8 – o que representa, respectivamente, 85.452 e 26.278 casos. Por outro lado, mantida a mesma proporção por número de habitantes, Itajaí (SC), apresenta 963,6; Balneário de Camboriú (SC), 828; seguidas de São José do Rio Preto (SP), com 781,2; Ribeirão Preto (SP), com 703 e Santos (SP), com 671,6. Mas, segundo o médico infectologista Marcos Caseiro, citado por Fausto Siqueira (*Folha de S.Paulo*, 8.4.2000), "...somente constam das estatísticas oficiais sobre Aids os portadores de HIV que já desenvolveram a doença. Os soropositivos (que têm o vírus) sem sintomas não são notificados pela rede pública de saúde".

Mais delicada apresenta-se a questão do contágio durante o casamento ou união estável. Comprovadas relações sexuais adúlteras ou práticas que violam ou agridem os deveres matrimoniais (utilização de seringas infectadas por usuário de drogas), sem dúvida, permitirão o ingresso de separação ou divórcio litigiosos, buscando o culpado pela quebra do vínculo. O desconhecimento da doença ou da circunstância de concubinato anterior ao casamento e, mesmo, do relacionamento entre pessoas do mesmo sexo, caracterizariam, inclusive, a possibilidade de anulação do matrimônio por erro (art. 219, I e III, do CC). Sob este aspecto, revela-se a primeira dificuldade: não se sabe qual o período de incubação da moléstia. Constatada, após alguns anos de casamento, seria possível a separação de corpos, imediata (art. 223 do CC), conveniente, porém, que o doente não perca o contato com os filhos, assegurando-se-lhe regime de visitas, sob pena de contribuir essa circunstância para a progressão psíquica da doença, com encaminhamento à morte. Sendo inocente, o cônjuge doente, por desconhecer as conseqüências da utilização de instrumentos infectados ou por relacionamento com pessoa infectada, há que garantir-lhe o Judiciário um mínimo de vida digna como membro da família. Como será produzida a prova destas circunstâncias? Parece lógico que, tornada moralmente impossível a convivência, a solução para o doente-inocente e para a prole seria a separação ou divórcio sem culpa (Fanzolato, idem).

A questão de convivência entre pessoas do mesmo sexo, em que uma delas acompanha e ampara o portador do vírus – até a morte – merece a consideração do julgador, ainda que tão-somente para admitir a concretização de uma união estável concubinária ou através de matrimônio, ao menos para recompensar os esforços e a dedicação daquele contratante que sobreviveu (Rosado de Aguiar, 1997). O papel da família, amparando o doente, é importante para evitar radicalizações e a discriminação odiosa. A marginalização do doente, representa o desmoronar da sociedade e da civilização (Lagrasta Neto, 1989).

A responsabilidade do Estado, quer no fornecimento de medicação (*coquetel* de remédios), quer na fiscalização dos convênios médicos particulares ou de sua direta responsabilidade, é inegável e já repercute com habitualidade nos tribunais.

O surgimento da Aids envolve o estudo de questões sociais, psicológicas e biológicas (Cohen e Faiman, 1993), passando o doente por cinco estágios: negação e isolamento, ira, barganha (com Deus), depressão e aceitação (Kübler-Ross, 1977). Com duas culminâncias: a morte por abandono ou a vingança da transmissão deliberada. Sob o aspecto morte, propõe-se, diante das circunstâncias desumanas de carência e falta de infra-estrutura hospitalar e de medicação adequadas, condições de dignidade na fase terminal, que vem se constituindo em verdadeiro assassinato coletivo, impossibilitada – até o momento – inclusive a sedação profunda, que permita a eutanásia passiva ou a ortotanásia (Rosenthal, 1993, inclusive sobre a reforma do Código Penal, 1998). Este mesmo autor transcreve lição do Torá: "Todo aquele cuja existência tornou-se miserável está autorizado a abster-se de fazer algo para prolongá-la" e a palavra de João Paulo II: "Ante a iminência de uma morte inevitável, apesar dos meios empregados, é lícito em consciência renunciar a alguns tratamentos que procuram unicamente um prolongamento precário e penoso da existência".

Mais uma vez, cabe ressaltar a sensível atitude do governo de São Paulo, ao promulgar a Lei n. 10.241, de 17 de março de 1999, originada em projeto do Dep. Roberto Gouveia, que dispõe sobre os direitos dos usuários dos serviços e ações de saúde, e que, em seu art. 2º, inciso XXIII, garante ao doente "recusar tratamentos dolorosos ou extraordinários para tentar prolongar a vida" e no inciso XXIV "optar pelo local de morte".

Relevante mencionar, ainda, que em países de pobreza física e indigência mental, "a morte acontece no início da vida" (Pessini, 1990 e 1998), adquirindo para esse autor, ex-capelão do Hospital de Clínicas de São Paulo, importância ético-teológica, que enfatiza a distinção entre ortotanásia e distanásia, uma vez que: "da mesma forma que somos ajudados a nascer, precisamos ser ajudados a morrer, a nos despedir da vida com dignidade". O problema do paciente terminal reveste-se de sacralidade, temor obscurantista, uma boa dose de remorso, alem do despreparo da Medicina brasileira para enfrentar o doente, seus familiares e os interesses econômicos dos planos de saúde e da própria incapacidade do sistema público. A recente publicação, criada pelo Conselho Regional de Medicina de São Paulo (*Ser Médico*, 1998), trouxe entrevista com três profissionais que se preocupam com essa temática e cujas conclusões assustam pela dimensão da problemática, até hoje negligenciada, inclusive pela esfera judicial, ao menos em nosso País.

A complexidade do enfrentamento da morte inevitável não faz parte das preocupações do cidadão brasileiro – quer na condição de paciente, parente ou médico. Da entrevista mencionada podem-se realçar opiniões que tornarão realidade a nova legislação e servirão de respaldo para atualizadas construções jurisprudenciais. As dificuldades a serem enfatizadas estão em: quem pode ser considerado paciente terminal e no que consiste o "prognóstico fechado"?

Sem adentrarmos na esfera restrita do médico, podemos destacar alguns conceitos que ajudarão ao lidador do Direito e ao criador de leis, também para definir responsabilidades sobre o momento em que o tratamento deva ser interrompido – questão relevante para o tratamento do doente terminal (Stefanini). Ademais, pouco tem sido investido no esclarecimento profissional dos estudantes, que, obstinadamente, investem nesse tipo de paciente (Rosenthal), esquecidos de que, muitas vezes, teriam preferido morrer na residência, ao invés de na UTI (Simon), sendo, quase sempre, submetidos à ganância dos hospitais particulares ou dos planos de saúde. Ao mesmo tempo, a terapêutica inútil ou fútil acaba por se constituir num dos "ralos da perda de dinheiro público" (Rosenthal). Ao dilema da família, opõe-se o do médico, além de sua eventual responsabilização civil e criminal.

Extensa é a lista de envolvimentos que poderão repercutir na responsabilidade criminal, em relação ao soropositivo e a terceiros (Pedrotti, 1993), omitida por não se constituir em aspecto essencial destas colocações. Ponto crucial na propagação da moléstia encontra-se na Medicina Penitenciária, abordada por Catanesi, Grattagliano, Rossi (1994), em pesquisa aplicada a partir de questionário dirigido a médicos penitenciaristas italianos. Recomendações supranacionais indicam que o tratamento da questão da Aids nos presídios deve ser objeto de definição quanto às medidas preventivas, de busca e tratamento, idênticas àquelas aplicadas à comunidade. Concluiu a Assembléia Parlamentar do Conselho da Europa (1988) por advertir aos governos dos países membros que não adotem medidas coercitivas, diante do caráter ineficaz, discriminatório e vexatório, fazendo prevalecer um "princípio de equivalência", voltado ao respeito aos Direitos Humanos (Magliona, 1994).

A propagação epidêmica da Aids nas prisões brasileiras, assim como no restante do mundo, constitui-se num problema de saúde pública, que depende da fixação de estratégias coordenadas, dentre as quais uma visão clara dos serviços médicos que deverão ser providenciados (Burris, 1992). O despreparo percebido em países de primeiro mundo para o enfrentamento da situação do aidético-preso desemboca numa "fuga da responsabilidade" dos sistemas carcerários, através de medidas alternativas para o cumprimento de penas. A falência dos sistemas de penas e prisionais evidencia, também, o desamparo das vítimas (Cherubini, Monetini, Bruno, 1994).

Os aspectos da apuração de delitos pelo Estado, com a punição dos responsáveis, nos casos de utilização de sangue infectado, encontraram na França um primeiro caso de repercussão internacional. Três ex-ministros socialistas, no mês de Julho de 1998, passaram a responder por acusação de homicídio involuntário e de atentado involuntário à integridade física, estando dentre os acusados Laurent Fabius, também presidente da Assembléia Nacional e primeiro-ministro entre 1984 e 1986, bem como os ex-ministros do Bem-Estar Social e da Saúde. A acusação era a de terem permitido a utilização de sangue e produtos derivados contaminados com o vírus da Aids, entre os anos de 1983 e 1985. Este processo que poderia ter se constituído num exemplo para todas as nações, especialmente quanto à punição exemplar de agentes públicos e garantia dos cidadãos de que uma Justiça independente não iria se curvar à ganância ou a omissão de quaisquer entidades ou cidadãos, pelo contrário, desaguou numa decisão pífia e desmoralizadora da Justiça francesa.

Apenas Edmond Hervé, ministro da Saúde do ministério Fabius (1984 a 1986), acabou por ser responsabilizado pela contaminação pelo HIV, de aproximadamente 4.000 pessoas. Curiosamente, esta sentença foi proferida por uma *Corte de Justiça da República*, criada em 1993 para julgar políticos, e que, como analisa o jornal *Folha de S.Paulo*, "não aplicou nenhuma pena a Hervé", reabilitando Fabius, uma vez que mesmo aquele afirma: "Faltou coragem, pois eu não fui nem verdadeiramente condenado e nem absolvido" (caderno *mundo*, 10.3.99). No Brasil, não há, até hoje, sequer estimativas do que a desídia do governo pode ter propiciado em termos de contaminação populacional. Estatísticas recentes demonstram que 148 mil brasileiros tornaram-se soropositivos (*Folha de S.Paulo*, 12.3.99).

Com incríveis reflexos na apuração da prova no Direito de Família, discute-se sobre a autonomia do paciente e sua responsabilização legal, além da quebra do sigilo referente ao diagnóstico, que não seja produto exclusivo de preconceitos, ansiedades ou pavores dos profissionais designados para atendê-los (Cohen e Faiman, 1993). Sobreleva, desde logo, o distanciamento entre juristas e terapeutas, em razão do sigilo mencionado, capaz de impor uma visão menos estreita do segredo profissional, a partir do questionamento se deve ser absoluto ou relativo (Demanet, 1990).

Por fim, a Civilização poderá atravessar uma nova era de trevas, com a estigmatização dos soropositivos em categoria semelhante à dos leprosos da Idade Média. Estudos recentes revelam que os EUA ostentam estatísticas relevantes sobre a movimentação de correntes migratórias e deportação, através de comentário estampado em revista universitária, ao questionar para onde seriam os infectados deportados, conclui que, em muitos países, os doentes do HIV "are barred from major sectors of employment and, even worse, are being persecuted as outcasts". E completa: "Thus, it seems especially cruel to deport an alien – especially one who has lived in this country for some time and who probably became infected with HIV in the United States – to a hostile environment where she will not be counseled or adequately treated" (Jarvis).

Como sempre, o fenômeno epidêmico não nos afeta até o momento em que somos obrigados à convivência com o doente ou com a morte. A insensibilidade neurótica do nosso tempo revela-se pela inércia e desprezo, enquanto não atinge nossa própria vida ou a de nossos entes queridos. Assim é com relação aos problemas familiares: insensíveis espectadores da tragédia, tornamo-nos excelentes atores participantes, quando arremessados da platéia ou da ribalta ao palco, quando não aos hospitais e clínicas especializadas nas *relações neuróticas*.

A jurisprudência existente sobre o tema Aids e Direito de Família está centrada na obrigatoriedade do atendimento médico; no relacionamento homossexual e conseqüente partilha de bens; no estudo de programas políticos e instituições dirigidas ao controle epidêmico (Parker, 1997), no fornecimento obrigatório de medicação pelo Estado, não só de *coquetéis*, como também numa política preventiva de combate ao câncer de colo de útero, apresentando a mulher infectada pelo vírus maior probabilidade de desenvolver displasia cervical (Barbosa e Do Lago, 1997).

Por ora, são poucos os reflexos na guarda e visita de filhos, ante a transmissão da moléstia e suas repercussões no casamento e na união estável, como fator de culpa pela separação ou divórcio. Repercussão imediata ocorre nos planos de saúde, nas internações ou nos seguros de vida. Limitada pela inércia dos lidadores do Direito, quase tem sido ignorada a propositura de ação de alimentos, visando a garantir a sobrevivência ou o tratamento do soropositivo, defronte ao companheiro ou cônjuge não-culpado e parentes. Não se crê impossível que muitos genitores estejam com seu direito de visita à prole limitado ou proibido, em razão da moléstia, enquanto outros – pais ou filhos – são escorraçados da convivência familiar por relação afetiva com pessoa do mesmo sexo, portador(es) ou não do vírus da Aids, condenado(s) ao abandono e ao isolamento, ante julgamento iníquo e moralista.

Além destes aspectos, diretamente ligados à atividade jurídica, outros existem que merecem urgente atenção de toda a Humanidade. Com maior ênfase em algumas regiões do Globo terrestre, em razão do atraso cultural e dificuldades econômicas, a Aids tem alcançado condição epidêmica e de letalidade indiscutível.

Dados recentes mostram a situação assustadora do presídio feminino da Capital de São Paulo, onde 80 das 370 detentas têm mais de 50 anos; das 1.100 que compõem o sistema, 37% respondem por envolvimento com drogas, enquanto os homens atingem o percentual de 12% de um universo bem mais amplo. Da mesma forma, enquanto um quarto das mulheres é portadora do vírus HIV, nas prisões masculinas existem 18% infectados, com taxa comparável à da Espanha. 65% das presas do sistema carcerário paulista estão condenadas por tráfico (Biancarelli). Este mesmo jornalista revela que o enquadramento do tráfico como crime hediondo limita os benefícios aos encarcerados, quer no atendimento médico, quer na repressão à vida sexual, fazendo proliferar o lesbianismo e o homossexualismo.

Por outro lado, pesquisa do Centro Brasileiro de Informações sobre Drogas Psicotrópicas mostra o crescimento do número de estudantes do ensino fundamental e secundário que delas se utilizam, com prevalência daquelas injetáveis, disseminadoras do HIV entre adolescentes. Dados da Fundação Oswaldo Cruz demonstram a coincidência entre rotas do tráfico de cocaína e municípios onde há elevado número de aidéticos, afora estatísticas sobre a média de idade – 12 anos – da primeira relação sexual (*Folha de S.Paulo*).

Todos estes fatores somente impedirão o alastramento da doença se objeto de profunda e competente campanha de esclarecimento, na família, na mídia e nas Escolas. Mas, como fazê-lo em relação às famílias? Conceitos econômicos globalizantes, com reflexo imediato na desestruturação do pleno emprego e na violência – aquisição desvigiada de armas –, aliados à gratuita agressividade televisiva e da mídia, acrescidos da repetência e evasão escolares, além da desnutrição crescente, esfacelam a família brasileira, num repelente amplexo de violência e ternura (Unger, 1998).

A evasão escolar e a violência nas escolas refletem a falência do sistema educacional. Estatísticas revelam que os professores atingiram estágio de *alta exaustão emocional*, o que quer dizer, de acordo com pesquisa do Laboratório de Psicologia do Trabalho da Universidade de Brasília, "situação em que o trabalhador sente que não pode dar mais de si mesmo". De um universo de 30 mil professores, que respondeu aos questionários (entre 1996 e 1997), 53% manifestaram indicadores de serem portadores da moléstia laboral (*burnout*), num complexo de 1.440 escolas estaduais (Rossetti, 1998).

No que diz respeito às relações escola-segurança, acena-se com a criação de conselhos de professores, funcionários, pais e alunos, em parceria com o Estado, através de uma espécie de organização não-governamental, verdadeira panacéia para a incompetência e desmandos do Estado (Mariz de Oliveira, 1998). A boa-intenção implicaria triplicar – ao menos para as mulheres – as tarefas familiares e profissionais, com mais uma atribuição "fora do expediente normal". Ou será que podemos desconhecer que a mulher de periferia – por ora, a mais atingida pelo tráfico e pelo banditismo – gasta em média 4 horas em trânsito para o emprego, cuida dos filhos e da alimentação da família e ainda deverá participar de reuniões do conselho, lógico que, a partir das 21:00 horas?

O Estado neoliberal globalizante procura entregar à iniciativa privada, autarquias e empresas estatais; contudo, serviços essenciais como Educação, Saúde e Segurança jamais podem ser atribuídos a cidadãos cujas famílias estão desestruturadas como partícipes da tragédia: este comodismo será mais uma vez aproveitado pelas organizações macrocriminosas, aliciando, dentre os jovens de baixa renda, futuros contingentes de criminosos.

São espantosos os dados da proliferação da Aids entre jovens, de acordo com o Programa das Nações Unidas para HIV/Aids, o Unaids, quando anuncia para o ano 2020, entre os 23 países mais afetados pelo vírus, 40 milhões de órfãos, com menos de 15 anos, infectados, e cujos pais também já morreram ou morrerão em razão da moléstia. Verifica-se situação de crescimento astronômico na Europa Oriental, tomando-se por base o ano de 1994, com 30 mil portadores que, em 1997, salta para 190 mil; enquanto, na Rússia, 158 casos em 1994 e 4.400 em 1997 (Blanco, 1998).

Estabeleceram-se grupos de trabalho, desde os idos de 1986, em Brasília, integrados por participantes que desempenham atividades assemelhadas em alguns Estados brasileiros, além de representantes de ONGs, até a constituição de um grupo voltado aos "Direitos e garantias dos portadores de Aids, familiares e grupos de risco" (Teixeira, 1997).

Ao projetar conclusões acabaram por redigir verdadeira carta de princípios, nunca publicada ou divulgada de forma correta, valendo sua transcrição:

"Deverão ser assegurados a nível constitucional ou legal os seguintes direitos e garantias:

I – Acesso à informação adequada sobre as medidas de prevenção, assim como sobre locais para orientação, diagnóstico e tratamento da Aids.

II – Participação de representantes dos grupos de risco na programação e avaliação das ações de controle da Aids em todas as esferas governamentais.

III – Impedir que a Aids seja utilizada para cercear o exercício da plena cidadania dos grupos de risco.

IV – Impedir que a Aids seja utilizada para cercear o livre acesso dos grupos de risco aos estabelecimentos de ensino, lazer, saúde, cultura e serviços.

V – A realização de testes anti-HTL VII/LAV, por não determinar a confirmação do diagnóstico da Aids, só será efetivada mediante orientação médica e consentimento do indivíduo, não podendo ser utilizada com finalidades discriminatórias como: exames pré-admissionais, demissões, seguros etc.

VI – Enfatizar o cumprimento do Código de Ética Médica no que se refere ao sigilo de resultados de exames laboratoriais, divulgação desautorizada de nomes e fotografias dos pacientes e seus familiares.

VII – Assegurar a quantidade e qualidade de produtos hemoderivados para tratamento de hemofílicos, incentivando a preferência pelo uso de crioprecipitados ou de concentrados de Fator VIII e IX tratados pelo calor ou métodos químicos.

VIII – Incentivar a expansao de *hemocentros* para permitir a auto-suficiência do setor público em hemoderivados.

IX – Garantir aos politransfundidos terapia de substituição por produtos não hemoderivados, eliminando os riscos de infecção.

X – Assegurar o bem-estar psíquico aos pacientes de Aids em isolamento, e o direito a visitas e comunicações freqüentes com familiares e pessoas por eles nomeadas, obedecidas as normas técnicas da assistência hospitalar.

XI – Garantir o atendimento aos portadores de Aids, inclusive intercorrências clínicas que apresentarem, em quaisquer locais, principalmente unidades hospitalares, ambulatórios, consultórios médicos e dentários, prontosocorros etc.

XII – Garantir que os grupos de risco e os pacientes recebam assistência social adequada, inclusive com a mobilização de grupos ou associações voluntárias e filantrópicas constituídas pela comunidade.

XIII – Ter garantida a assistência da justiça, gratuita, por intermédio de profissionais que os orientem para a regularização e formalização de diferentes atos sobre seus interesses, tais como testamentos, pátrio-poder, pensão, heranças, seguro de vida, dívidas, hipotecas, legados etc.

XIV – Assegurar o direito aos falecidos de Aids de terem seus cadáveres velados em locais e condições apropriados, de acordo com as indicações técnicas sanitárias adequadas."

2. Aids e o Código Civil

Esta nova epidemia, que ameaça os hábitos e a sobrevivência de grande parte da humanidade, vem sendo considerada, como o foram, há séculos, as doenças sem esperança de cura, como o câncer e a lepra.

Há que se advertir para os perigos de uma radicalização do comportamento, não só do cidadão, como do Estado. Ambos podem levar a fobias preconceituosas que poderão conduzir a família e o Estado a uma síndrome, até se atirar o doente numa total e inconcebível marginalização ou, por que não?, confiná-lo em guetos, asilos ou hospitais para infectados, antecipando-lhe a morte. Ansiosos, estigmatizados, marginalizados, os doentes terão o estado físico e psíquico agravados por um isolamento imposto pela ignorância da sociedade e que, certamente, deverá conduzi-los, o que já restou comprovado, a um estágio terminal irreversível.

O papel da família é dos mais importantes para evitar tais radicalizações e, não menos importante, o do Poder Judiciário no impedir que ocorram. Acrescente-se que o efeito invasivo da moléstia, a menos de alguns meses do final do século, já começa a atingir as classes privilegiadas, após extensa destruição – nem sempre objeto de estatísticas corretas – junto às classes inferiores.

Evidente que, numa primeira reflexão escrita, lá pelos idos de 1988, não pretendia esgotar ou abarcar todos os ângulos da questão, mas já alertava sobre conseqüências no Direito Civil.

Haveria que partir, por óbvio, da celebração do casamento ou da concretização de união estável entre dois seres, quer fossem marido e mulher, homem e mulher, homossexuais, ou mesmo, no caso de adoção, de solteiro e menor, visando a concretizar entidade familiar.

A primeira observação que me ocorreu foi a da redação dos arts. 199 a 201 do Código Civil, que lembram as hipóteses do motivo urgente ou iminente risco de vida, na dispensa dos editais de proclama para o casamento. Da análise do artigo 200, § 1º, diante do resultado evolutivo e às vezes avassalador da moléstia, parece claro não haver qualquer impedimento a que o casamento se realize mediante procuração (art. 201).

No capítulo das nulidades há que cogitar da hipótese do art. 183, IX, caso a doença, em seu desenvolvimento, hoje parcialmente conhecido, atinja mentalmente uma das partes, impedindo-a de consentir.

Curiosa, por sua vez, é a previsão do art. 214, que permite o casamento de menores, ante o relacionamento advindo de uma situação criminosa, para evitar imposição ao cumprimento de pena. Se houver como causa subjacente a transmissão por uso de tóxico, aquele dos nubentes que era portador da moléstia, deve ser compelido à separação de corpos, conforme o permite o parágrafo único desse artigo? Lembra-se, ainda na hipótese, a possibilidade da prática do aborto terapêutico, ao invés do casamento de aparência – "por honra".

O art. 218 poderá admitir a hipótese de anulação de casamento daquele que se una a portador do vírus da Aids, desconhecedor do fato, complementado o enquadramento pela definição do art. 219, em seu inciso III, ou mesmo no inciso II, ambos do C.Civil, na figura *boa fama* – exemplos: o ex-viciado em tóxicos que contraiu a doença; o bissexual ou homossexual que abandona a conduta social aceita, já como portador da moléstia. Se de boa-fé, um ou ambos os contraentes, seria caso de aplicar-se o art. 221.

No artigo 223 do Código Civil, encontramos menção à cautelar de separação de corpos, cuja utilização, em questões que envolvam a moléstia, poderá se tornar corriqueira, assim como nas de alimentos, guarda, visitas e, até mesmo, da suspensão ou perda do poder parental.

Com relação aos direitos e deveres dos cônjuges ou companheiros, torna-se evidente que a doença em estágio avançado, quando contraída por qualquer deles, poderá propiciar a apresentação de pedidos de perda da parcela da representação legal da família ou da condução conjunta da sociedade conjugal. Postulada ao mesmo tempo que a cautelar de separação de corpos, poder-se-ia até cogitar de uma curatela provisória – equivalente a uma interdição – além de outras cautelares, visando ao afastamento dos filhos do cônjuge doente, ou de alimentos provisionais em face do ascendente do cônjuge ou companheiro infectado, quando desprovido o outro do essencial à sua sobrevivência e à mantença da prole.

Casos haverá de suprimento judicial para a prática de atos, não só em questões imobiliárias, como para decisões referentes à fixação do domicílio etc.

Cabe, neste momento, menção à modificação de competência para apreciar questões que envolvam relação estável, agora, no Estado de São Paulo, dirigidas às Varas de Família, e que poderia ter sido decidida a favor destas, desde a Constituição de 1988.

Nota-se, ademais, que a urgência na concessão de medidas cautelares, liminarmente, quando se tratar de soropositivos, é inafastável, uma vez *razoavelmente* demonstrada, especialmente quando se tratar de garantir tratamento médico, ou acesso à medicação, aos despossuídos, em ações contra entidades de previdência e saúde privadas ou estatais.

Deve-se advertir, desde logo, que todas as medidas de cunho segregacionista devem ser repelidas – salvo se demonstrado o risco de propagação ou transmissão – uma vez que a árdua recuperação do doente passa, obviamente, pela solidariedade humana, com ênfase na assistência pela família.

O abandono puro e simples do doente à própria sorte, sob o execrável argumento da transmissibilidade ou propagação da moléstia, faz lembrar, inicialmente, o temor medieval desenvolvido em relação às pestilências, ou à enxovalhada desculpa de que a responsabilidade é exclusiva do Estado. O juiz deve analisar detidamente todas as circunstâncias que favoreçam a permanência do soropositivo junto aos seus familiares, obrigando-os a uma aceitação equilibrada, ainda que sob os rigores das leis civil ou penal.

3. Aids e a Lei do Divórcio

Da Lei 6.515/77 extraímos outras conseqüências com relação a Aids. Através de estatísticas publicadas na *Folha de S.Paulo*, desde o já distante ano de 1988, constatava-se que 70% dos casos neste Estado tinham como origem o relacionamento sexual. Desta forma, as hipóteses do art. 5º, quanto à conduta desonrosa ou grave violação aos deveres do matrimônio, conduzem a repercussões nos casos de relacionamento extraconjugal, concepção *in vitro*, gestação, barriga de aluguel, transfusões sangüíneas ou de uso de tóxicos, por suas origens semelhantes, merecendo atenção e estudo, ainda que afastado o estigma preconceituoso, sempre presente em países como o Brasil.

Enfatiza-se o rigor com que devem ser apuradas as acusações de moléstia adquirida em transfusões ou por tóxico injetável, o rigor científico com que devem ser pesquisadas, eis que protraem no tempo, visto que as acusações podem ser fruto do erro ou má-fé, tendo sido a doença contraída em razão de transfusão, mas padecer da suspeita de ser devida a relacionamento sexual ou ao uso de tóxico, para lembrar apenas duas possibilidades excludentes.

Outra questão relevante seria entender-se como doença mental – e portanto incluída na hipótese do § 2º, do citado art. 5º – contrair-se doença por uso de tóxicos, por relacionamento extraconjugal ou homossexual etc., tomado este como desvio comportamental. Aqui também o rigor no exame da prova deve ser absoluto, a partir de conclusões científicas, por especialistas, não se tomando como base, exclusiva, os preconceitos ou pós-conceitos estratificados, despidos de cientificismo e meramente opinativos, por parte de testemunhas.

Prosseguindo-se na leitura da lei verifica-se, no art. 6º, que a separação poderá ser negada se vier a se constituir em causa de agravamento "das condições pessoais ou da doença do outro cônjuge, ou determinar, em qualquer caso, conseqüências morais de excepcional gravidade para os filhos menores". Relembra-se que o isolamento do soropositivo sempre deverá ser considerado como um fator de agravamento de sua doença e de suas condições pessoais, além do fato, óbvio, quanto às conseqüências morais para a prole. A ninguém é lícito ignorar que *todos* têm receio da doença, o que acaba por influir no comportamento dos conviventes, dos filhos, no lar, na escola ou no emprego.

Capítulo espinhoso é o relativo à proteção dos filhos de soropositivos. Requerida a separação de corpos, poderá o outro cônjuge impedir a aproximação do doente, seu direito às visitas, ou a suspensão ou destituição do poder parental? O progresso no estudo científico da doença é que irá determinar quais precauções o magistrado deverá tomar no sentido de impedir que o medo da proliferação e transmissão da doença transformem-se em egoísmo, capaz de intensificar a evolução da moléstia ou a morte mais rápida do paciente.

Não se deslembre, quanto a estes aspectos, a responsabilidade pelo pagamento de pensão alimentícia que, mesmo em caráter provisional, dependendo das circunstâncias, poderá desde logo ser dirigida aos ascendentes do infectado.

Saindo da esfera litigiosa para a consensual, e examinando-se o artigo 34, § 2º, da Lei do Divórcio, não resta dúvida que o juiz pode recusar a homologação, tendo em vista a análise que fizer, dentre outros, de seu artigo 5º, § 2º.

Uma derradeira reflexão a respeito de casal soropositivo e seus filhos menores se impõe: será possível aos avós requererem a modificação de guarda, com fundamento no artigo 13 da Lei do Divórcio, cumulando-a com pedido de interdição de ambos os pais? A estes pedidos de modificação de guarda ou de interdição caberia acrescentar o da oferta obrigatória de pensão alimentícia, aos doentes, pelos progenitores? Se a decisão, com base em estudos da Medicina, reconhecer que os doentes devem ser afastados do contato com os filhos, evidente que estarão a depender de assistência para sobreviver, não parecendo justo que os avós fiquem com a guarda definitiva dos netos, enquanto seus próprios filhos corram o risco de morrer por falta de assistência ou manutenção mínimas. A decisão será complexa, dolorosa e deve ser tomada depois de intensa busca de soluções alternativas e profunda reflexão. As conseqüências de ordem patrimonial, aliadas àquelas de ordem moral, pressupõem profissionais preparados e sensíveis, mesmo que afastado o caráter epidêmico da moléstia. Outras áreas do Direito estarão sendo afetadas: a dispensa do empregado doente; a falta de atendimento médico; de fornecimento de *coquetel* de medicamentos; a responsabilidade do Estado e dos particulares por indenizações devidas a transfusões infectadas, mortes etc., constituem os novos desafios para a ciência jurídica e para os parâmetros da prestação jurisdicional.

4. Temas conclusivos

Extraem-se prévias conclusões, que podem ser as seguintes:

Todos merecem a proteção da lei, principalmente o soropositivo. Não mais estamos na Idade Média em que as vergonhas e doenças eram ignoradas até por Deus.

Não se pode agravar a situação do doente, isolando-o, para que mais rapidamente alcance o seu destino trágico, salvo se comprovado o caráter epidêmico ou sua transmissibilidade por mero contato, o que não ocorre até o momento.

Juízes, advogados, membros do Ministério Público, médicos, assistentes sociais, psicólogos, peritos e todos aqueles que participam diretamente do processo devem ter uma consciência clara dos objetivos da Justiça e das raízes do mal, preservando-se os Direitos Humanos e de Cidadania.

Não podemos capitular ante o temor do desconhecido. Não podemos capitular ante os egoísmos, quer do doente, quer de sua família. Não podemos, por fim, capitular ante o interesse superior do menor, sua proteção, para não transformá-lo de vítima em algoz, de eventuais genitores doentes.

A prova, por mais difícil e diabólica, não pode vir a se tornar algo repetitivo ou um simples hábito. Devemos estar atentos para *que seja científica, sem perder a condição de humana*. Neste capítulo é que irão surgir os maiores desencontros entre a verdade real e a prova, muitas vezes maculada pelo rancor ou pelos preconceitos das partes, dos lidadores do Direito e do próprio magistrado, não só no tratamento desigual entre homens e mulheres, mas, o que é pior, entre seres normais e seres atormentados por doenças físicas, morais ou desvios de conduta.

Pesquisas antropológicas demonstraram que no nível consciente a mulher não admite, especialmente quando relacionada a um único parceiro, que a Aids possa atingi-la: não é prostituta, homossexual, solteira, usuária de drogas, logo, nunca estará sujeita à contaminação! A Igreja dificulta-lhe a prevenção, através do esconderijo do dogma e da hipocrisia, a nível do inconsciente: o casamento, que, de forma idealizada, gera felicidade, prazer, alegria. O encontro destas duas vertentes é a sexualidade, que permanece cor-de-rosa até a chegada do resultado positivo do teste.

Denise Martin (*Folha de S.Paulo*, 1998) assim analisou pesquisa antropológica voltada especificamente às mulheres, distinguindo, através do desenvolvimento prévio de sintomas, entre portadoras de HIV ou com Aids, concluindo: "Porque elas amam, elas arriscam e ao mesmo tempo perdoam, cuidam, suportam situações insuportáveis, muitas vezes associadas ao desconhecimento do comportamento do parceiro, à falta de diálogo, à violência".

Os reflexos na vida de crianças advindas desses relacionamentos e que se constituirão nas proles futuras de portadores de HIV ou com Aids, são duradouros, podem ser fatais e, acredita-se, não estão recebendo proteção adequada da atual legislação, inclusive do "novo" Código Civil e do próprio governo.

Aureliano Biancarelli, em sua dedicada função de jornalista, fez extensa cronologia da doença, a partir de novembro de 1991, encerrando-a em março de 1997, através de notícias naquele periódico, constatando que, com o início da distribuição da medicação AZT pela rede pública de saúde, através do PRO-AIM, programa da Prefeitura Municipal de São Paulo, que estuda a mortalidade, revelou-se, pela primeira vez, "uma queda no número de mortos pela Aids na cidade" nada obstante o número de mortes e doentes crescesse em relação às mulheres.

Verifiquemos o que diz a **JURISPRUDÊNCIA**:

Superior Tribunal de Justiça

1. Seguro-Saúde. Aids. Epidemia. 1. A empresa que explora plano de seguro-saúde e recebe contribuições de associado sem submetê-lo a exame, não pode escusar-se ao pagamento da sua contraprestação, alegando omissão nas informações do segurado. 2. A interpretação de cláusula contratual, sobre a exclusão de despesas decorrentes de epidemia, está fora do âmbito do recurso especial (Súmula 5). Recurso não conhecido (REsp 86.095-SP, 4ª. T., rel. Des. Min. Rosado de Aguiar, v. u., j. 22.4.96, *DJU 1* 27.5.96, p. 17.877, ementa oficial, in *Repertório IOB de Jurisprudência* n. 13/96, p. 221).

2. Sociedade de fato – Homossexuais – Partilha do bem comum – O parceiro tem o direito de receber a metade do patrimônio adquirido pelo esforço comum, reconhecida a existência de sociedade de fato com os requisitos previstos no art. 1.363 do Código Civil – Responsabilidade civil – Dano moral – Assistência ao doente com Aids – Improcedência da pretensão de receber do pai do parceiro que morreu com Aids a indenização pelo dano moral de ter suportado sozinho os encargos que resultaram da doença – Dano que resultou da opção de vida assumida pelo autor e não da omissão do parente, faltando o nexo de causalidade – Art. 159 do CCivil – Ação possessória julgada improcedente – Demais questões prejudicadas – Recurso conhecido em parte e provido (REsp 148.897-MG (Reg. 97661245), 4ª T., rel. Des. Min. Rosado de Aguiar, j. 10.2.98, *DJU* 6.4.98).

3. Recurso Especial não admitido – Portador do vírus da Aids – Plano de saúde – Súmulas ns. 5 e 7 do STJ – Divergência não comprovada – O recurso especial não tem condições de ser admitido porque o direito do agravado, portador do vírus da Aids, de receber tratamento através de plano de saúde foi reconhecido por interpretação de cláusula contratual, decorrente, ainda, do exame dos fatos e provas dos autos. Incidência das Súmulas ns. 5 e 7 do STJ. As ementas reproduzidas são insuficientes para demonstrar a semelhança fática com o caso dos autos. Agravo regimental improvido (A.Reg. no AI 121.233-SP, 3ª. T., rel. Des. Min. Carlos Alberto Menezes Direito, j. 25.4.97, v.u., *Boletim AASP* n. 2.051, p. 116).

Jurisprudência dos Estados

1. Tribunal de Justiça de São Paulo

1. Processo – Suspensão – Determinação, com base em certidão de Oficial de Justiça, atestando a impossibilidade de efetuar a citação do réu por ser este portador de Aids e estar em fase terminal da doença – Insubsistência – Fé pública do meirinho que não se estende a matéria médica nem alcança o diagnóstico de moléstias infecciosas – Necessidade de oitiva do médico assistente do acusado ou de nomeação de perito oficial para atestar a certeza do diagnóstico e a efetiva impossibilidade, em virtude do estado de saúde, de ser citado e de assistir à instrução, em Juízo ou no local em que se encontra – Aplicação analógica dos arts. 220 e 403, segunda parte, do CPP – Prosseguimento do feito determinada (*RT* 642:297).

2. Tutela antecipada – Concessão de liminar em ação intentada contra seguradora com vistas ao adiantamento de despesas médico-hospitalares – Inexigibilidade de caução – Inaplicabilidade do artigo 588, II, do Código de Processo Civil – Hipossuficiência da agravada, outrossim, que não implica na irreversibilidade da medida – Intelecção do artigo 273, § 2º, do Código de Processo Civil – Decisão mantida – Recurso não provido.

A experiência comum indica a circunstância do seguro-saúde principalmente agregar pessoas de classe média e de baixa renda, mais preocupados com os elevados custos médico-hospitalares e a proverbial deficiência dos serviços públicos do setor. Daí a falta de senso lógico-jurídico de privar o segurado da tutela imediata e salvadora ao argumento de insuficiência econômica ou impossibilidade de prestar caução. A exigência indiscriminada de capacidade econômico-financeira e muitas vezes de caução em situações quejandas e pungentes conspira contra o acesso à Justiça (AI 015.729-4, São Paulo, 2ª C. de Direito Privado, rel. Des. Vasconcellos Pereira, v. u., 3.9.96, *Ementário de Jurisprudência do TJSP*, 1997, pp. 63-64).

No mesmo sentido:

1) Competência – Pedido de condenação em obrigação de fazer ajuizado contra o Município de Santos – Fornecimento gratuito de coquetel anti-Aids – Pedido fundado no princípio isonômico, ante a existência de programa do Município que garante o fornecimento gratuito do medicamento a outros pacientes – Inexistência de solidariedade da União Federal, uma vez que o programa no qual o autor pretende sua inclusão é exclusivo do Município – Inadmissibilidade

do chamamento da União ao Processo – Artigo 77, III, do Código de Processo Civil – Competência da Justiça Estadual – Agravo provido (AI 40.445-5, Santos, 8ª C. Direito Público, rel. Des. Antonio Villen, j. 21.5.97, v. u.).

2) Deferimento para longa permanência em hospital – Dispensa da caução (AI 32.980-4, São Paulo, 6ª C., rel. Des. Munhoz Soares, j. 19.12.96, v. u., in *Boletim AASP* n. 2.046, p. 108).

3. Convênio de assistência médico-hospitalar – Contrato de adesão – Contratante hipossuficiente e iletrado – Cláusula que exclui direito à internação hospitalar em letras bem pequenas – Descumprimento pela contratada da obrigação legal de dar destaque às limitações do direito do consumidor – Responsabilidade daquela pelo pagamento das despesas decorrentes da internação do contratante – Inteligência e aplicação dos artigos 46 e 47 do Código de Defesa do Consumidor (Ap. Cível 240.429-2/6-SP, 16ª C. Civil, rel. Des. Pereira Calças, j. 25.10.94, in *RT* 719:129) (Pesquisa Monotemática do *Boletim AASP* n. 2.043, p. 36).

4. Ação Cautelar – Liminar contra o Estado – Fornecimento de "coquetel" de medicamentos para tratamento da Aids – Admissibilidade – Estando presentes as condições especiais do processo cautelar, do *fumus boni juris* e do *periculum in mora*, posto que o direito à vida é o maior deles e que a droga é de comprovada eficácia, porém custosa e fora das possibilidades econômicas dos enfermos, é dever do Estado custeá-la – Inteligência do artigo 196 da Constituição da República – Liminar mantida – Recurso não provido (AI 22.239-5, São Paulo, 8ª C., j. 18.12.96, rel. Des. Felipe Ferreira, v.u., in *RJTJESP* 188:227).

No mesmo sentido: AI 22.257-5, 8ª C. de Direito Público, j. 16.10.96, rel. Des. Celso Bonilha, v.u.

5. Convênio de Assistência Médico-Hospitalar – Contratante portador do vírus da Aids – Medida cautelar inominada por ele proposta visando à expedição de guia de internação ante a recusa da empresa contratada – Liminar concedida – Não oferecimento da ação principal – Cassação da liminar – Propositura de nova cautelar em razão da necessidade de outra internação – Litispendência alegada – Inocorrência – Fato novo, vez que não se trata da mesma internação – Liminar concedida – Decisão mantida – Inteligência dos arts. 301,

§ 3º e 808, parágrafo único, do Código de Processo Civil (AI 236.527-2/9, 11ª C., j. 14.4.95, rel. Des. Laerte Nordi, in *RT* 719:123).

6. Indenização – Responsabilidade Civil – Contágio pelo vírus da Aids – Culpa de companheiro, em relação concubinária – Exclusão de propalada culpa concorrente da vítima – Cumulação de indenizações por danos moral e material – Admissibilidade – Não configuração de outorga indenizatória, pelo dano moral, superior ao pedido – Acerto no deferimento de indenização por serviços especiais prestados ao paciente, até o advento de sua morte – Caso em que, para tanto, precisou a autora deixar seu emprego fixo, dedicando-se exclusivamente ao companheiro – Inexistência de excesso no arbitramento da verba honorária – Recursos não providos (Ap. Cível 248.641-1, Barretos, 10ª C. de Direito Privado, rel. Des. Quaglia Barbosa, j. 23.4.96, v.u., *RJTJESP* 182:89).

Nota do autor: *Crime contra a pessoa* – Perigo de contágio de moléstia grave – Descaracterização – Réu que sabia ou devia saber ser portador de Aids uma vez falecida sua esposa em virtude da doença – Falta de prova nos autos da intenção de transmitir a moléstia à nova companheira, dolo específico do referido crime (art. 131 do CP) – Acusação não sustentada pela vítima e seus familiares nem admitida pelo réu – Desclassificação para perigo de contágio venéreo indamissível – Ação penal do delito do art. 130 do CP que, é pública, condicionada a representação (§ 2º), inexistente na espécie, nem mesmo havendo manifestação de vontade em tal sentido – Absolvição decretada (*RT* 656:286).

7. Hospital – Indenização – Morte de filho menor vitimado pela Aids, anos depois de ter recebido transfusão de sangue – Época, porém, em que não havia obrigatoriedade legal do uso do teste anti-HIV – Legislações do Estado de São Paulo e de âmbito nacional que tornaram referido teste obrigatório, editadas posteriormente ao fato alegado – Nexo causal não demonstrado – Ação improcedente.

"Na época em que a menor esteve internada no hospital (1985), não havia obrigatoriedade legal de uso do teste anti-HIV, o que ocorreu, no Estado de São Paulo, somente a partir da Lei 5.190, de 20.6.86, e em âmbito nacional, com a Lei 7.645, de 25.1.88. Enquanto o teste não era disponível, a única forma de identificação de um portador do vírus HIV era a seleção dos doadores, com o afastamento dos indivíduos pertencentes a grupo de risco. Havia a possibilidade de triagem clínica dos doadores, com uma eficiência calculada em torno de 50 a 70%, conforme a população" (Ap. 206.754-1/6, 1ª C., j. 10.5.94, rel. Des. Alexandre Germano, *RT* 707:52).

Em sentido contrário:

1) Indenização – Responsabilidade Civil – Ato ilícito – Hospital – Morte causada por transfusão de sangue contaminado pelo vírus da Aids – Não realização dos testes de detecção – Ação procedente – Embargos rejeitados.

"A análise do sangue a ser transfundido é obrigatória, pois quem realiza a transfusão responde pelos danos que o ato cirúrgico possa vir a causar. Não se trata só da síndrome de deficiência imunológica, mas de qualquer patologia transmissível pelo sangue.

"Indenização. Admissibilidade – Em se tratando de ato ilícito a indenização deve ser o mais completa possível, aquilatada, além da possibilidade sócio-econômica dos ofendidos, as reais possibilidades do responsável, pena de tornar inexeqüível o julgado – Valor relativo a danos morais majorado, bem como aquele devido a título de pensão mensal, observados os parâmetros demonstrados nos autos – Recurso parcialmente provido)" (EI 170.026-1, São Paulo, 2ª C. Civil, rel. Des. Walter Moraes, j. 3.8.93, v.u., *RJTJESP* 149:175).

2) Ap. 260.549-1, Assis, 7ª C. de Direito Privado, rel. Des. Rebouças de Carvalho, j. 16.10.96, v.u.

3) Nexo causal demonstrado – Adoção de cautelas que não afastam a obrigação de responder pela existência do fato – Responsabilidade do Poder Público (Hospital da UNICAMP) indenizar já a nível objetivo – Art. 37, § 6º, da Constituição da República – Sentença confirmada – Recurso não provido (Ap. 262.152-1, Campinas, 4ª C. de Direito Público, j. 8.5.97, v.u., in *RJTJESP* 196:71).

8. Ação Cautelar Inominada – Contrato de cobertura médico-hospitalar – Aids – Não exclusão expressa de sua cobertura e, ao invés, indicação, por outros elementos de prova, que a abrangia – Invocação da excludente de "moléstias epidêmicas", prevista ao contratar para abranger o tratamento da Aids – Descabimento

"O definir-se Aids como moléstia epidêmica, é conceito estritamente médico, que quase todos, inclusive os juristas, não sabem se é pacífico ou não – Os contratos, culminância dos atos jurídicos sob o prisma dos negócios, não necessitam detalhar conceitos jurídicos, até porque, específicos atos de prática do direito que são, devem os que contratam submeterem-se ao império da lei, e não lhes aproveita alegar ignorância – Mas, quando contém previsões que se voltam para outros campos técnicos, sua interpretação deve ser feita em moldes de não agravar as decorrências da ignorância própria aos leigos quanto à terminologia técnica extrajurídica – Excluída a indenização por dano moral na sentença, mantém-se na íntegra a mesma, proclamada a responsabilidade da empresa de assistência médica" (Ap. Cível 282.692-1, São Paulo, 5ª C. de Direito Privado, rel. Des. Marco César, j. 24.4.97, v. u.).

9. Ação cautelar – Liminar – Recurso contra ato judicial que, concedendo a liminar, possibilitou tratamento médico-hospitalar do requerente. Alegação de ausência do *fumus boni juris*, em decorrência de cláusula expressa excluindo a responsabilidade da requerente para doenças de notificação compulsória, entre as quais se encontra a SIDA (Síndrome da Imuno-Deficiência Adquirida) – Invocação de Resolução do Conselho Federal de Medicina n. 1.401/93 que impõe à agravante obrigatoriedade de atendimento – Matéria a ser discutida nos autos da ação principal – Liminar mantida, em face do perigo da demora e sinal da existência do direito de ação – Recurso improvido (AI 271.476-2, São Paulo, 10ª C. de Direito Privado, rel. Des. Marcondes Machado, j. 27.2.96, v. u.).

10. Contrato de prestação de serviços – Plano de reembolso de despesas médico-hospitalares – Diferenciação entre a presença do vírus "HIV+" e as manifestações da Aids – Inadmissibilidade – Hipótese em que é apenas uma questão de tempo até a instalação dos fenômenos clínicos que evidenciarão a presença da Aids – Recurso não provido

"Não é admissível, para fundamentar recusa de cobertura de plano de reembolso de despesas médico-hospitalares, estabelecer distinção entre a reação positiva para o vírus "HIV" e presença dos sintomas clínicos identificadores da Aids" (Ap. Cível 236.701-2, São Paulo, j. 31.5.94, rel. Des. Marrey Neto).

11. Prestação de serviços – Plano de saúde – Aderente portador do vírus da Aids – Adesão do contrato sem possibilidade de questionamento das cláusulas – Hipótese, ademais, de ato jurídico com função social – Atuação do agravante como substituta da seguridade social governamental – Previsão de riscos genérica – Recurso não provido.

"Se não pode o INSS recusar tratamento a paciente aidético, não será lícito às empresas substitutas da seguridade social governamental incluir, em seus contratos, cláusulas de exclusão de determinadas moléstias" (AI 258.037-2, São Paulo, rel. Des. Albano Nogueira, 18ª Câm. Civ., j. 24.4.95, v. u.).

No mesmo sentido: Plano de saúde – Contrato – Nulidade de cláusula – Admissibilidade – Diagnóstico de portador de HIV positivo, insuficiente para liberação da demandada da obrigação de reembolso de despesas – Paciente acometido de sintomas não excluídos das cláusulas de cobertura – Caracterização de desequilíbrio contratual – Incidência das normas do Código de Defesa do Consumidor, pertinentes às cláusulas abusivas – Recurso não provido (Ap. Cível 280.232-1, São Paulo, 4ª C. de Direito Privado, rel. Des. Fonseca Tavares, j. 17.4.97, v.u.).

12. Contrato de Adesão – Plano de Saúde – Cobertura – Aids – Aceite de forma tácita – Pagamento de várias internações em razão da doença – Autor não obrigado a denunciar ser portador do vírus HIV positivo – Proposta, ademais, que não excluiu quaisquer enfermidades – Sentença mantida – Recurso não provido (Ap. Cível 237.564-2, São Paulo, rel. Des. Viana Santos, 16ª C. Civil, j. 18.10.94, v.u.).

No mesmo sentido:

1) Apelante que sempre deu cobertura ao apelado, sabendo de sua condição de portador do vírus – Moléstia, ademais, não caracterizada como epidêmica (Ap. Cível 248.393-2, São Paulo, 9ª C. Civil, rel. Des. Octavio Helene, j. 9.2.95, v.u.).

2) Cláusula que faz referência a situação imprevista, excepcional, que foge à normalidade – Doença que é uma realidade amplamente conhecida – Inexistência de fato imprevisto – Enfermidade, ademais, que não foi especificamente excluída – Recurso não provido (Ap. Cível 238.128-2, São Paulo, 14ª C. Civil, rel. Des. Ruiter Oliva, j. 1.11.94, v.u.).

Em sentido contrário:

1) Responsabilidade da seguradora apenas quanto aos riscos assumidos na apólice – Não extensão às situações não previstas – Artigo 1.460 do Código Civil – Recurso provido (Ap. Cível 266.159-2, São Paulo, 9ª C. Civil, rel. Des. Celso Bonilha, j. 26.10.95, v.u.).

2) Contrato – Prestação de serviços – Plano de Saúde – Aids – Diagnóstico no curso do tratamento – Cobrança das despesas pelos serviços prestados a partir de então – Admissibilidade – Existência de

cláusula prevendo a exclusão da cobertura – Recurso não provido (Ap. Cível 263.211-2, São Paulo, 10ª C. Civil, rel. Des. Menezes Gomes, j. 29.6.95, v.u.).

3) Seguro-saúde – Apólice que prevê, expressamente, a não cobertura de Aids – Admissibilidade – Empresas privadas de finalidade lucrativa que não estão obrigadas a suprir a deficiência do Estado – Aplicabilidade dos arts. 1.432, 1.434 e 1.460 do Código Civil (Ap. Cível 282.259-1/9, São Paulo, 1ª C. de Direito Privado, rel. Des. Guimarães e Souza, j. 13.5.97, v.u., *RT* 744:234).

13. Contrato – Convênio médico – Cláusula que prevê limite de 5 dias de internação em UTI, com prorrogação desse prazo a critério da prestadora de serviços – Nulidade – Disposição contratual que se caracteriza como exagerada vantagem para a contratada e verdadeira restrição de direito para o contratante – Inteligência e aplicação do art. 51, IV, do Código de Defesa do Consumidor (Ap. Cível 232.777-2/0, São Paulo, 11ª C. Civil, rel. Des. Gildo dos Santos, j. 19.5.94, v.u., *RT* 707:73).

14. Convênio de Assistência Médico-Hospitalar – Aids – Alegação de que o tratamento está excluído das condições gerais do seguro, sob o argumento de consistir em doença infecto-contagiosa – Inadmissibilidade – Infecção que é conseqüência, e não causa – Sujeição à fiscalização da SUSEP que não exime a empresa de assistência médica da obrigação de cumprir o que foi contratado.

"A instalação de infecções, chamadas de oportunistas, se dá pela baixa da resistência imunológica, em conseqüência do vírus da Aids. A infecção é conseqüência, não causa, e não sendo a Aids doença infecto-contagiosa, não se enquadra nas exclusões elencadas pela cláusula contratual. A melhor interpretação do ajuste contratual é aquela que não exclui a síndrome da Aids de cobertura de convênio médico" (Ap. Cível 269.957-2/7, São Paulo, 15ª C. Civil, rel. Des. Ruy Camilo, j. 24.10.95, v.u., *RT* 726:263).

15. Tutela Antecipada – Concessão – Fornecimento, pelo Estado, de medicamento para tratamento de Aids – Imposição que decorre do texto das Constituições da República e do Estado e da Lei Federal n. 8.080, de 1990 – Violação ao princípio da separação dos poderes e ao artigo 273 do Código de Processo Civil – Inexistência – Recurso não provido (*JTJ* 222:251).

16. Tutela Antecipada – Artigo 273 do CPC – Autores portadores de Aids – De nada vale a alegação da agravante de que a tutela antecipada não pode ser concedida porque há possibilidade de criar-se situação fática irreversível, uma vez que está em jogo a vida, e o Judiciário, na aferição dos valores, não pode hesitar, dando preferência ao bem maior, que é a vida, deixando de lado o formalismo da possibilidade fática irreversível. Inexistência de afronta ao artigo 272 do CPC e ao princípio da separação dos Poderes – Recurso improvido (AI 86.815-5, São Paulo, 8ª C. de Direito Público, rel. Des. Toledo Silva, j. em 9.9.98, v.u.).

2. Primeiro Tribunal de Alçada Civil de São Paulo

1. Seguro de Vida em Grupo – Falecimento de segurado portador do vírus HIV – Desconhecimento da doença pelo contratante – Ausência de prévio exame médico para celebração do contrato – Cobrança admissível (Ap. 660.809-3, Capivari, 6ª C., rel. Juiz Jorge Farah, j. 5.3.96, *RT* 732:269).

No mesmo sentido: Seguro de Vida em Grupo – Ação de cobrança – Hipótese em que a apelada não comprovou que o segurado, ao contratar, já tinha ciência de que era portador do vírus da Aids e que teria se omitido – Má-fé do segurado que não se presume – Afronta aos artigos 1.443 e 1.444 do Código Civil não caracterizada – Procedência decretada – Recurso provido (Ap. 580.548-9, Bauru, 3ª C., rel. Juiz Carlos Paulo Travain, j. 30.4.96, *JTA-Lex* 160:114).

Em sentido contrário:

1) Seguro de vida em grupo – Morte de segurado decorrente de moléstia grave (Aids) – Omissão ao subscrever a proposta sobre dado essencial a respeito de sua saúde – Indenização não devida.

"Descabe indenização relativa a valor de seguro de vida em grupo, pleiteada pelos beneficiários do segurado que faleceu em decorrência de moléstia grave (Aids), uma vez que este ao subscrever a proposta, omitiu dado essencial a respeito de sua saúde, especialmente sobre a existência de moléstia que o tivesse levado a hospital. Eventual desconhecimento quanto ao seu real estado de saúde não o isentava de fazer declarações conforme a verdade, ou ao menos naquilo que sabia e tinha pleno conhecimento" (Ap. 575.007-0, Jundiaí, 5ª C., rel. Juiz Torres Júnior, j. 6.12.95, v.u., *RT* 731:290).

2) *RT* 728:267.

3. Rio de Janeiro

1. Casamento – Anulação – Erro – Configuração

"Ação de anulação de casamento. Erro essencial. Cônjuge portador de Aids. Sendo a doença grave e transmissível, anterior ao casamento, mesmo que ignorada pelo cônjuge portador, impõe-se o desfazimento do ato matrimonial. Apelação provida" (Ap. Civ. 4.652/92, 2ª C., rel. Des. Lindberg Montenegro, j. 16.2.93, in *Repertório IOB de Jurisprudência*, 1ª Quinzena de Agosto de 1993, n. 15/93, p. 287).

2. Adoção – Dispensa do consentimento dos pais – Mãe natural aidética, em estado terminal

"Embora, como regra, a adoção dependa do consentimento dos pais, esse consentimento é dispensável em relação à criança ou adolescente cujos pais sejam desconhecidos ou tenham sido destituídos do pátrio poder. Correta, pois, a sentença que decreta a perda do pátrio poder e defere a adoção em face do precário estado de saúde da mãe natural, portadora do vírus do HIV, em estado terminal, sem condições de atender a filha, ora adotada. Desprovimento do recurso" (Ac. unânime do Conselho Superior da Magistratura do Rio de Janeiro, Proc. n. 1.019/94, j. 27.3.1995, rel. Des. Sergio Cavalieri, in *COAD, Boletim Semanal, ADV*, Setembro de 1995, p. 572).

3. Seguro-Saúde – Definição de moléstia "infecto contagiosa" – Validade da cláusula que exclui o portador de Aids

"Sendo perfeitamente lícita, no contrato de seguro de saúde, a exclusão de cobertura para os riscos de moléstias infecto-contagiosas, de notificação obrigatória, não há como se justificar liminar determinando a prorrogação indefinida de internação e tratamento médico do segurado infectado pela Aids" (AI 2.585/96, 1ª C., rel. Des. Marlan de Moraes Marinho, j. 23.7.1996, v.u., in *RT* 735:376).

4. Seguro-Saúde – Alcance de cláusula que exclui portador de Aids

"Apólice de Seguros. Seguro feito com o objetivo de garantir à contratante pagamento ou reembolso de despesas médico-hospitalares. Cláusula de não cobertura de doenças infecto-contagiosas e suas conseqüências. Conquanto seja a Aids doença transmissível não cuidou a seguradora de especificar no contrato que tal doença não tinha cobertura. A época em que foi feito o contrato em 1984 não autorizava crer que na expressão doenças 'infecto-contagiosas' estivessem as partes concordando que entre elas estivesse a doença Aids. Na atualidade os contratos fazem referência direta a Aids para não haver dúvidas quanto à cobertura, o que evidencia que antes o contratado tinha a certeza que o contrato o amparava mesmo na hipótese de vir a contrair a doença" (Ap. Civ. 1.066/94, 3ª C., rel. Des. Humberto Paschoal Perri, j. 23.8.94, in *Repertório IOB de Jurisprudência*, 1ª Quinzena de Maio de 1995, n. 9/95, p. 136).

5. Seguro-Saúde – Paciente portador de Aids – Internação anterior

"Tem-se por afastada, nos contratos de seguro de saúde, a cláusula que exclui a cobertura de despesas médico-hospitalares no tratamento da Síndrome de Imunodeficiência Adquirida (SIDA), na hipótese de a empresa seguradora, em internação anterior e com igual finalidade, ter autorizado e promovido a cobertura dos valores pertinentes, quando já se mostrava o contratante portador do vírus da Aids. Em tais casos, resulta, como conseqüência, a modificação da vontade contratual, cuja hermenêutica da intenção das partes revelada no cumprimento do pacto, conduz à desconsideração dessa disposição restritiva, dado a natureza do contrato e o seu caráter finalístico, que se apoiam na proteção e na segurança da saúde quando da ocorrência de fatos que necessitem de atendimento médico-hospitalar, a impor, por isso, a obrigação da empresa de saúde contratada de caucionar, sempre que necessário, nos termos e moldes do instrumento celebrado, as importâncias relativas a novos tratamentos que venham a ser exigidos em razão da moléstia de que se acometeu o contratante" (Ap. Civ. 426/96, 3ª C., rel. Des. Eduardo Duarte, j. 14.8.96, v.u., in *COAD, Informativo Semanal ADV* 52/96, p. 795).

Do mesmo Relator, *no mesmo sentido*: "Considerando a natureza dos contratos de seguro-saúde e o seu caráter finalístico, que se apoiam na proteção e na segurança da saúde, tem-se por afastada, porque abusiva, a cláusula que exclui a cobertura de despesas médico-hospitalares no tratamento da Síndrome de Imunodeficiência Adquirida (Ap. Civ. 8.369/95, 3ª C., j. 24.9.1996. v.u., in *RT* 744:342).

6. Responsabilidade Civil – Dano Moral – Hospital – Erro no diagnóstico

"Sujeita-se ao pagamento de indenização por dano moral o hospital que, após a realização de exames destinados a determinar se doador de sangue está infectado com o vírus da Aids, apresenta-lhe três resultados, um positivo, outro duvidoso e um terceiro indeterminado, verificando-se, depois, que o resultado correto, obtido em outro centro de saúde, é o negativo, padecendo o paciente, enquanto durou a dúvida, grande dor, muito sofrimento, tristeza, mágoa e vergonha" (Ap. Civ. 1.755/93, 4ª C., rel. Des. Wilson Marques, j. 18.4.1995. v.u., in *COAD, Informativo Semanal, ADV*, n. 37/95, p. 585).

7. Responsabilidade Civil – Hospital – Transfusão de sangue infectado com o vírus da Aids – Danos moral e material deferidos – Prazo prescricional afastado – Sangue envenenado injetado em recém-nascido – Eclosão da moléstia em anos seguintes.

"Culpa evidenciada do serviço médico prestado na utilização diversa do sangue paterno doado, por outro de origem desconhecida" (Ap. Civ. 7.979/95, 1ª C., rel. Des. Ellis Figueira, j. 28.5.1996, v.u., in *Repertório IOB de Jurisprudência*, 1ª Quinzena de Novembro de 1996, n. 21/96, p. 363).

8. Seguro-Saúde em grupo – Contrato realizado pelo empregador em favor do empregado – Exclusão de cobertura de determinadas doenças – Admissibilidade – Dano moral inocorrente – Inaplicabilidade do art. 46 do Código de Defesa do Consumidor – Voto vencido.

Ementa da Redação: "Tratando-se de seguro de assistência médico-hospitalar em grupo, realizado pelo empregador em favor do empregado, é inaplicável a regra do art. 46 do CDC, uma vez que o exame das cláusulas contratuais foi realizado pela empresa onde o segurado falecido trabalhava, não cabendo, também, à espécie, indenização por dano moral em face da morte do beneficiário, já que a empresa seguradora tem o direito de opor cláusula de exclusão de determinadas doenças. *Voto Vencido*: Compete à seguradora, ao entabular contrato de seguro-saúde, proteger a saúde do segurado como um todo e não parcialmente, pois trata-se de direito assegurado pela própria CF, inerente à própria vida da pessoa humana, sendo defeso qualquer cláusula contratual que exclua determinadas doenças por infringir o disposto nos arts. 53, § 4º e 46 do CDC" (*RT* 742:364).

9. Sucessão – Testamento – Cláusula de inalienabilidade – Beneficiário portador do vírus da Aids – Liberação do gravame

"Testamento. Cláusula de inalienabilidade. Pretensão de beneficiário, atingido pelo vírus da Aids e em estágio avançado da doença, de liberar-se o gravame, alienando-se o bem e aplicando o numerário daí defluente no tratamento de sua saúde. A proteção do benefício, que era a vontade da testadora, deixaria de ocorrer se, impossibilitado de vender o imóvel gravado, ficasse ele reduzido à miséria, sem recursos para minorar-lhe os sofrimentos nos últimos tempos de sua vida. Compatibilização, no caso, da regra do artigo 1.676 do Código Civil, com a do artigo 5º da Lei de Introdução ao mesmo ordenamento e com a interpretação teleológica da cláusula. Deferimento do pedido, com o depósito do produto da venda em caderneta de poupança à disposição do Juízo, liberando-se gradualmente o numerário para custeio do tratamento" (AI 1.948/94, 5ª C., rel. Des. Humberto Mendonça Manes, j. 14.2.1995, v.u., in *Repertório IOB de Jurisprudência*, 2ª Quinzena de Junho de 1995, n. 12/95, pp. 186-187).

4. Rio Grande do Sul

1. Seguro-Saúde – Aids – Cláusula controvertida – Liminar – Concorrência dos pressupostos

"Paciente, o segurado, de grave moléstia, de evento potencialmente letal, e travada controvérsia exegética de cláusula contratual, presentes estão os requisitos do *periculum in mora* e o do *fumus boni juris* materializadores da plausibilidade do direito e que permitem a medida liminar, por isso que bem concedida. Agravo improvido. Unânime (AI 596099150, 5ª C., rel. Des. Luiz Gonzaga Pila Hofmeister, j. 29.8.1996, in *Boletim AASP* n. 2.043, p. 33, Pesquisa Monotemática).

2. Do mesmo repertório anterior, e ainda que não diga respeito diretamente à Aids, vale a transcrição de outra ementa referente a contrato de seguro-saúde, emanada daquele Tribunal:

Seguro-Saúde – Cláusula excluindo da cobertura tratamento experimental não aprovado pelo SNFM

"Beneficiária portadora de câncer, com quadro clínico terminal ante a inexistência, no Brasil, de outro tratamento disponível para evitar a ação progressiva da doença. Tratamento no exterior mediante a utilização de *antineoplastons*, com resultados favoráveis, apresentando melhora no quadro clínico. Embora utilizado por um só médico e em um só Estado da Federação norte-americana, tendo sido reconhecida judicialmente a sua legalidade, com sucesso indiscutível, por mais de uma década, não pode mais ser considerado como experimental. Ademais, tratando-se de tratamento realizado no exterior, não se pode aceitar a limitação da apólice com validade apenas no

Brasil. De qualquer modo, ainda que existissem dúvidas, tratando-se de contrato de adesão, não poderiam ser solucionadas a favor da seguradora. Por outro lado, ela se mostra inadequada para a finalidade do próprio contrato, relacionada com a saúde e, portanto, com o direito à vida, direitos que integram os chamados direitos da personalidade, portanto, absolutos. Inadmissibilidade da exclusão do tratamento da cobertura do seguro. Procedência das ações. Embargos rejeitados" (EI n. 595161639, rel. Des. Tael João Sellistre, j. 15.12.1995, maioria de votos, *RJTRS* 175:124, Pesquisa Monotemática, cit., p. 36).

Nota do autor: A análise recente das políticas e instituições dirigidas ao enfrentamento da epidemia aidética (Parker, 1997), revelou a probabilidade de instalar-se o câncer em mulheres portadoras da Aids, conforme pesquisas norte-americanas (Barbosa e Do Lago, 1997): "Recente revisão da literatura internacional, realizada por Hughes (1994), mostra que a probabilidade de uma mulher infectada pelo HIV desenvolver uma displasia cervical é muito maior do que entre mulheres não-infectadas. Meta-análise realizada a partir de cinco estudos de caso-controle, em países desenvolvidos, demonstrou que o risco de displasia cervical é 4,9 vezes maior entre as portadoras do vírus quando comparadas às não portadoras. Em janeiro de 1993, o *Center of Disease Control* – CDC, nos Estados Unidos, reconheceu o câncer de colo de útero como doença associada à Aids e recente documento do NIH (1996) recomenda que mulheres com sorologia positiva para o HIV recebam uma completa avaliação ginecológica, como parte de seu exame inicial, e que o papanicolau seja repetido seis meses após".

5. Santa Catarina

1. "Alimentos. Menor impúbere, representada por sua mãe. Devedor que, além de ser portador do HIV, não dispõe de rendimentos para suprir o encargo. Pedido julgado improcedente. Apelação. Recurso desprovido. – A teor do artigo 399 do Código Civil, para que exista obrigação alimentar, é necessário que a pessoa a quem se reclamam os alimentos possa fornecê-los sem privação do necessário ao seu sustento; se o devedor, assim, não dispõe senão do indispensável à própria mantença, mostra-se injusto obrigá-lo a privações acrescidas, tão-só para socorrer o parente necessitado" (Citação de Yussef Sahid Cahali, in *Dos Alimentos*, Ed. RT, 2ª ed., p. 554) (Ap. Civ. 47.054, 3ª C., rel. Des. Wilson Guarany, v.u., in *Jurisprudência Catarinense* 74:162).

Terceiro Tema

O PERDÃO

Jurisprudência dos Estados

1. Tribunal de Justiça de São Paulo

1. Separação Judicial – Insuportabilidade da vida em comum, ainda que identificado perdão relativo a graves violações dos deveres do casamento – Eventual perdão por parte da ré reconvinte, de resto, que não justifica os atos violadores dos deveres conjugais que lhe foram imputados pelo autor reconvindo – Apelação a que se nega provimento, ante o reconhecimento da culpa recíproca (Ap. Cível 228.114-1, 1ª C. Civil, rel. Des. Luís de Macedo, v.u.).

2. "A Lei 6.515/77 não contempla o perdão do marido à mulher infiel. No tocante à guarda de filhos menores, deve predominar o interesse destes".

(Cuidava-se de quase-adultério, sem que a cópula tivesse sido consumada. É do v. Acórdão que, nada obstante tivesse a apelante coabitado com seu esposo, impraticável o reconhecimento do perdão, eis que: "A nova lei, no entanto, não contempla o perdão, que, desse modo, será apenas apreciado como caráter genérico de elemento informativo da insuportabilidade da vida em comum, hipótese admitida pela própria apelante que se encontra separada do marido 'há cerca de um ano e três meses', embora vivendo no mesmo teto (...). De tal sorte não há que falar em perdão, uma vez que, para que este ocorra é indispensável a convivência acompanhada de relações sexuais (*RT* 471/173)". (6ª C., rel. Des. Francisco Negrisollo. v.u., j. 3.7.1979, in *RT* 535:86).

Em sentido contrário:

1) Separação Judicial Litigiosa – Ausência de prova dos fatos

alegados na inicial, desobedecido o disposto no artigo 333, I, do Código de Processo Civil – Inexistência de demonstração de abandono do lar conjugal e de infidelidade atribuídos ao apelado – Perdão tácito do apelado, por sua relação extraconjugal havida há dez ou quinze anos, por força do prosseguimento do casamento – Recurso não provido" (Ap. Civ. 052.572-4, 3ª C. de Direito Privado, rel. Des. Antonio Manssur, j. 16.9.1997, v. u.).

2) Separação Judicial Litigiosa – Adultério da mulher – Fato que não fora devidamente demonstrado – Existência, tão-só, de menção a relações sexuais com terceiro no Boletim de Ocorrência – Hipótese em que não se configurou a confissão desejada pelo marido – Convivência posterior, ademais, que presume perdão pela parte ofendida – Recurso não provido (Ap. Cível 110.495-1, 5ª C. Civ., rel. Des. Silveira Netto, j. 4.5.1989).

3. Separação Judicial – Litigiosa – Injúria grave – Causa de pedir não provada pelo autor – *Dolo in re ipsa* – Imputação caluniosa caracterizada – Grave violação do dever de respeito mútuo – Afronta produzida no curso do processo – Direito superveniente – Separação decretada – Reconvenção procedente – Recurso provido.

Injúria grave irrogada no processo, mas não provada pelo autor, pode, como suporte fático de *jus superveniens*, tipificar causa culposa de separação, recognoscível no mesmo feito, se o pede em reconvenção a parte contrária.

Separação Judicial – Litigiosa – Injúria grave – Tentativa infrutífera de conciliação – Irrelevância – Perdão não caracterizado – Distinção de reconciliação – Separação decretada – Reconvenção procedente – Recurso provido.

Tentativa ou tentativas infrutíferas de conciliação, no curso do processo de separação judicial, não caracterizam perdão de injúria grave, que seja fundamento do pedido de ação ou da reconvenção" (ementas oficiais).

Transcreve-se do corpo do Acórdão: "...a ser verdadeiro o argumento de inferência de perdão as tratativas infrutíferas de conversão da separação litigiosa em consensual, já não poderia o Juízo insistir, nunca, em conciliar, sob tal proposta os cônjuges, nem estes buscar aquela de modo espontâneo, porque a frustração desse esforço impediria, sempre, o acolhimento ulterior do pedido, debaixo do pretexto de presunção automática de perdão da causa injuriosa" (2ª C. Civil, rel. Des. Cezar Peluso, j. 8.8.1995, m. v., in *RJTJESP-Lex*, 177:154).

2. Rio de Janeiro

1. Separação judicial – Desfalques dados pela mulher – Perdão do marido – Interdição e internamento em casa de saúde – Ação improcedente.

"Não podem dar causa à separação desfalques dados pela mulher se no primeiro houve perdão do marido, que participou da reposição do dinheiro, e no outro ela se encontrava inequivocamente alienada, sendo hospitalizada por esse motivo e logo interditada" (3ª C. Cível, rel. Des. Amílcar Laurindo, v.u., *RT* 547:191).

2. Separação Judicial – Adultério – Perdão presumido

"Com a revogação do art. 319 do Código Civil, não havendo presunção legal de perdão decorrente da coabitação, perdão do adultério depende de prova inequívoca de o mesmo ter ocorrido".

Do corpo do Acórdão extrai-se que: "Quanto ao perdão, não se presume. Não basta a residência sob o mesmo teto para desse fato inferi-lo. É necessário prova de a vida em comum ter sido estabelecida. Ora, os litigantes dormiam em quartos separados e o autor, quando teve certeza da infidelidade da esposa, ajuizou a presente ação. (...) Por outro lado, com a revogação do art. 319 do CC pela Lei 6.515/77, não mais havendo presunção legal de perdão decorrente da coabitação, da residência sob o mesmo teto, por si só, não se pode presumir perdão que, em face da revogação, depende de prova, não produzida pela ré" (8ª C. Cível, rel. Des. Dourado de Gusmão, v.u., *RT* 568:166).

Quarto Tema

GUARDA CONJUNTA

1. Introdução

As decisões dos juízes e das Cortes brasileiras têm sido tímidas, no que diz respeito a uma ampliação do conceito de guarda. Quiçá temendo a equivocada interpretação referente não à ***guarda conjunta***, mas à guarda alternada, compilam-se alguns exemplos a demonstrar que o Direito de Família pouco tem progredido, também por culpa do formalismo excessivo de seus juízes, alheios à revolução dos costumes.

Perde, por outro lado, o legislador a excelente oportunidade de atualizar e ampliar institutos voltados ao Direito de Família, onde, ao contrário de outros países, especialmente França, EUA e Canadá, a revisão legislativa do Código Civil, atualiza situações consolidadas pela jurisprudência. No Brasil a tibieza e desinteresse dos advogados sequer ensejam o pleito, ou são erroneamente postuladas, desaparecendo ante o formalismo e a incapacidade dos juízes para assimilar mudanças. Nada obstante, o desejo dos genitores de experimentá-las, acaba por sensibilizar raríssimas e honrosas exceções, uma delas datada de mais de 10 anos.

Jurisprudência dos Estados

1. Tribunal de Justiça de São Paulo

1. Guarda de filho – Presença da avó paterna no pólo passivo da ação, juntamente com o genitor do menor, para exercício de guarda conjunta – Exclusão – Ausência de legitimidade de parte, quando não se disputa o pátrio-poder – Situação do artigo 13 da Lei de Divórcio que não legitima terceiros possíveis ou eventuais guardiães – Recurso improvido.

Guarda de filho – Cassada liminar concedida inicialmente para garantir a guarda do filho em favor do genitor, restabelecendo a situação anterior à propositura do pedido – Despacho que revela necessidade de produção de provas para levantamento da real situação – Ausência de indicação de que o menor, na companhia materna, terá abalada sua saúde mental ou emocional, a qual poderá sofrer prejuízos se deferida a guarda ora para um, ora para outro – Recurso improvido (AI. 51.501.4/0, 5ª C. Direito Privado, rel. Des. Silveira Netto, j. em 11.9.1997).

Comentário

Este primeiro caso, indica que pai e mãe eram portadores de deficiência auditiva e de comunicação, sendo que a última atravessava período em que a saúde apresentava-se abalada e frágil, "...levando a sérias desavenças do casal (...) mostrando-se ela incapaz para cuidar do menor". Qual a razão de não poder a avó compartilhar a guarda, no interesse superior do menor? Não se extraem do v. Acórdão elementos para uma tomada de posição quanto à guarda conjunta, que, ao ser refutada, parece fazê-lo com base na definição de guarda alternada.

2. Pais separados de fato – Guarda conferida à mãe, que organiza nova família com terceiro – Pedido de destituição do pátrio poder – Inadmissibilidade – Concessão, todavia, da guarda conjunta dos menores à mãe e seu companheiro (Ap. 8.428-1, 2ª C. Civil, rel. Des. João Del Nero, j. 26.5.1981, *RT* 552:70).

Comentário

A questão tratada neste aresto dizia respeito ao casamento entre B e C – com três filhos menores. Estando o casal separado de fato há vários anos, C passou a viver com A, que cuidava dos menores como se verdadeiro pai fosse. A solução alvitrada, que deferiu à mãe o pátrio poder e a guarda, esta em conjunto com A, fundamentou-se no art. 24, § 2º, da Lei 6.697/79 (antigo Código de Menores). Estas duas decisões, a última datada de 1981, demonstram a possibilidade de se encontrar a melhor solução para o menor, inclusive sob o aspecto previdenciário, numa interpretação menos formal de princípios que podem vir a orientar a legislação do Direito de Família. O atual Estatuto da Criança e do Adolescente, em seu art. 33, também ampara situações irregulares, relativas à guarda, enquanto que seu art. 21, assegura aos genitores igualdade de condições para o exercício do poder parental.

2. Distrito Federal

1. "Guarda de filhos – Guarda conjunta – Impossibilidade – Não preservação dos interesses da criança.

A chamada 'custódia conjunta', mostra-se prejudicial à formação psicológica da criança, por importar em situação não definida e ausência de um lar estável. Recurso conhecido e provido em parte. Maioria de votos" (Ap. Civ. 38.523/96, 1ª T. Cível, rel. Des. Haydevalda Sampaio, j. 6.5.1996, *DJ* 7.8.1996, p. 13.094).

Comentário

Desde o resultado do julgamento, verifica-se a existência de dissídio, ficando vencido o Revisor. A nosso ver, o prejuízo à formação psicológica do menor está na falta de fixação de uma única residência, não, porém, na divisão de deveres e direitos, quer em relação aos genitores, quer em relação ao menor, quando, aí sim, poderia verificar-se, diante da ausência de um lar estável, uma situação indefinida para este, com o conseqüente desvio psicológico.

3. Minas Gerais

1. Menor – Guarda – Pais separados – Custódia alternada semanalmente – Inconveniência – Permanência sob a guarda da mãe – Direito de visita do pai.

Ementa Oficial: "É inconveniente à boa formação da personalidade do filho ficar submetido à guarda dos pais, separados, durante a semana, alternadamente; e se estes não sofrem restrições de ordem moral, os filhos, principalmente durante a infância, devem permanecer com a mãe, por razões óbvias, garantindo ao pai, que concorrerá para as suas despesas dentro do princípio necessidade-possibilidade, o direito de visita" (Ap. 48.974/0, 5ª C., rel. Des. Campos Oliveira, j. 29.2.1996, *RT* 733:333).

Comentário

Do corpo do Acórdão extraem-se substanciosos argumentos contrários à *guarda alternada*, devidos à inconstância de moradia, ausência na formação de hábitos, orientações díspares (pai ou mãe), com repercussão negativa na personalidade da prole. Correta, sob este aspecto a decisão. Contudo, a ousadia estava, em primeiro lugar, em não curvar-se a *razões óbvias*, para conceder a guarda à mãe, quando poderia ter repartido todas as tarefas e a responsabilidade pela vida e bem-estar do menor entre os genitores; em segundo lugar, o conservadorismo indica que o pai deva manter a subsistência, enquanto à mãe reservam-se os afazeres domésticos. A independência da mulher, suas atribuições profissionais fora do lar, constituem-se em motivo de orgulho e exemplo para a prole, enquanto o varão, além de contribuir para o sustento, vê-se compelido a outra espécie de atribuições, tornando-se participativo e atuante.

4. Paraná

1. "Medida Cautelar – Guarda e posse provisória de menor – Modificação de acordo celebrado entre os pais, relativo à 'custódia conjunta', com revezamento anual. 1. A solução que deve prevalecer, no que pertine à guarda de filho menor é aquela que melhor consulte aos interesses deste. Mesmo porque as disposições que regem a guarda dos filhos não são inflexíveis e, sobretudo, devem ser minimizadas as conseqüências advindas da separação dos pais que, sem dúvida, sempre afetam o bem estar e a felicidade dos filhos. 2. A convenção não exclui a faculdade que tem o juiz, segundo a regra do art. 13 da Lei do Divórcio, de 'a bem dos filhos', regular por maneira diferente da estabelecida, a situação deles (com) os pais, faculdade que tem caráter excepcional e, inegavelmente, abrange todas as hipóteses ('em qualquer caso') e, portanto, quer haja, quer não haja sentença transitada em julgado quanto à guarda dos filhos" (AI, Ac. n. 11.701, 3ª C. Cível, rel. Des. Silva Wolff. Negaram provimento, v.u. Publicado em 30.9.1996. *JUIS* – Jurisprudência Informatizada Saraiva [12]).

Comentário

A decisão demonstra que é possível regulamentar a guarda, na espécie conjunta, ao mesmo tempo em que prevalece o interesse soberano do menor, inclusive, com aceno ao art. 13 da Lei do Divórcio, a critério do juiz, e desde que preservado aquele interesse, designando-se outro guardião ou instituição menorista. A guarda não é, como todos sabem, passível de trânsito em julgado, podendo ser modificada a qualquer tempo; ora, se o juiz pode o mais, que é destituir a ambos os genitores, ilegalidade ou proibição não há em atender aos reclamos destes, quando pretendem partilhar de direitos e deveres, perante os filhos.

5. Rio de Janeiro

1. "Menor – Guarda – Deferimento a casal ao invés de a um dos cônjuges – Inexistência de vedação legal, embora o art. 24 da Lei 6.697/79 (art. 33 do Estatuto da Criança e do Adolescente) utilize a expressão 'detentor', no singular".

Ementa Oficial: "Recurso do Ministério Público contra decisão do juizado de menores. Deferimento de guarda e responsabilidade de um menor a casal. Não há vedação legal para que a guarda e responsabilidade seja deferida ao casal ao invés de a um dos cônjuges embora o art. 24 da Lei 6.679/79 utilize a expressão 'detentor', no singular. O Poder Judiciário, assim como tem atribuições para decidir sobre o exercício do pátrio poder, poderá também deliberar sobre a guarda e responsabilidade do menor em situação irregular, sendo justo que essa guarda seja deferida desde logo ao casal que tem a possibilidade e interesse na adoção do infante" (CSM, Proc. 492/89, rel. Des. Hilário Alencar, j. 17.1.1990, *RT* 669:149).

Comentário

Mais do que na Vara de Família, na da Infância e da Juventude perseguem os lidadores do Direito o interesse soberano do menor. Longe de disputas patrimoniais e dos interesses subalternos, que invadem a vida dos casais separados, preserva-se – com ampla liberdade de decisão e de sentimento – a solução que melhor ampare ao menor e seus familiares. Revela-se, ademais, em condições de resolver, com a urgência devida, quaisquer conflitos envolvendo a prole, mantida a necessária distância de inútil formalismo processual, salvo, é evidente, no que diz respeito aos atos infracionais, quando o menor acaba ou indevidamente perdoado ou, reiterada e inutilmente, segregado.

Terceira parte

ENSAIO BIBLIOGRÁFICO ENCICLOPÉDICO

1. Um pouco de conversa...

Nunca fui adepto das *notas de rodapé* ou sua menção vazia às obras, em bibliografia. Assim, recorri a Otto Maria Carpeaux quando, ao analisar o Século XVII, nominado de "Antigüidade", Barroco, ensina: "Aos cavaleiros e damas de festas latinas substituem-se os *scholars* burgueses do 'Collegium latinum'; aos feudais ociosos, os trabalhadores fanáticos da erudição filológica e arqueológica. (...) A maioria desses *scholars* são holandeses; e mesmo quando franceses ou alemães, pontificaram, pelo menos, na Universidade holandesa de Leyden. Mas a nacionalidade não importa: todos eles têm os nomes latinizados, e todos eles lembram imediatamente os retratos de dignos professores com perucas enormes, entre estantes cheias de pesados in-fólios. É a época da nota ao pé da página" (*História da Literatura Ocidental*, Edições O Cruzeiro, 1959, pp. 176 e 177).

De forma radical agiu Alberto Dines (*Vínculos do Fogo*, Projeto Cultural, Banco Safra, 1992), ao remeter as notas bibliográficas à página esquerda do livro: "...sem as subordinações impostas pela verticalidade (...) Dupla a imagem de cada momento – o vivido e revivido nem sempre iguais. Instância de nexos, oficina de conexões, neste recanto fabricam-se as remissões necessárias ao teor do incidente. *Relato* e *relação* são afins, a notícia define-se a partir das referências. E, para que não se confundam a ocorrência e seu eco, eis-nos, agora, aqui. E, logo, ali" (p. 20).

Sem a tanto me atrever, trouxe-as para o fim, mais como uma pequena história da evolução cultural do autor e sua obra, do que ilustração de sabença, homenageando a Oliver Sacks (*O homem que confundiu sua mulher com um chapéu*, Companhia das Letras, 1997), com quem reaprendi, não sem alguma tardança, uma forma discreta de, ao final, remeter o leitor para ambas (notas ao pé e bibliografia).

Os nove primeiros capítulos foram escritos com poucos dias de distância, do início ao fim, a partir de meados de 98, enquanto que o restante veio vindo até Abril de 2000. A vontade de escrever um livro sobre Família era um sonho, que teimei em manter intercorrente. Vicissitudes da minha própria vida e de pessoas queridas que a atravessaram, além, obviamente, do crepitante crescer de meus queridos filhos, atrasaram sua feitura e não permitiram que pudesse dispor do tempo necessário para colocar-lhe na ordem, ao menos naquela que me convém. Finalmente, deixei de resistir ao computador e – alheados os acessos de fúria e inexplicáveis deletações – sentei-me diante do vídeo, pondo-me a elaborá-lo.

Não creio que consegui transmitir tudo aquilo que captei, em quase oito anos nas Varas de Família, do Foro Central da Capital de São Paulo, mas creio ter demonstrado as influências mais duradouras e profundas, que me permitiram atingir um estágio de compreensão e de expressão *do sentimento*, não só para infelizes partes (autores, réus, filhos etc.) que desfilaram por inúmeras audiências, como também para meus familiares.

Se há um fator ao qual deva dedicar esta obra, sem dúvida, que o seja ao *sentimento*, que não há confundir com sentimentalismo, como adverte Carpeaux, citando Meredith: *Sentimentalismo é sentimento, comprado abaixo do preço* (ob. e loc. cits., p. 120).

Para começar a escrever, além das interferências pessoais – as quais prefiro manter no anonimato – muito contribuíram as culturais. Tenho que as referir, pois considero-as a base de inicial formação humanística.

De início, três obras: *Os Thibault*, romance pacifista de Roger Martin Du Gard; *Judas, o obscuro*, romance de Thomas Hardy, que examina o conflito entre homem e mulher sob a ótica estreita da religião e do pessimismo e, por fim, *As Dores do Mundo*, de Schopenhauer. Esta base rudimentar acabou sendo constantemente renovada por outras leituras de psicologia, arte, literatura, além da influência de obras antropológicas, de Sociologia e Política, e, é certo, do Cinema e da Música, além, é claro, do Direito.

Mais adiante, li e reli Erasmo (*O Elogio da Loucura*), além de Fernando Pessoa, Machado de Assis e Eça, Borges e Mário de Andrade. Noutros tempos e campos: Gramsci, Caio Prado Jr., Celso Furtado, Jaspers, Horney, Fromm, Freud, Jung, Gilberto Freyre, Darcy Ribeiro, Malinovsky, Hobsbawm, Hauser. Da literatura lembro: Mann, Unamuno, Quevedo, Onetti, Arlt, Fuentes, Cortázar, Paz, Tabucchi, Eco, Gadda, Calvino, Lampedusa, Proust, Balzac, Sartre, Buzzati,

Pavese, Erich Auerbach, Ecléa Bosi. E, assim vai. Tudo um pouco misturado com Orlando Gomes, Caio Mário, Clóvis, Dinamarco, Watanabe, Barbosa Moreira, Calmon de Passos – Dinamarco e Watanabe, também, pela amizade e ensinamentos da convivência – Bobbio, Calamandrei, Aníbal Bruno, Nelson Hungria, Frederico Marques, que formaram o arcabouço típico do pensamento de um brasileiro, pobre e autodidata. Essa mistura de "poeta, barbeiro e jornalista...", tão a gosto do "Juó Bananére", seria capaz de demonstrar, ainda que distante no tempo, a formação de um neto de imigrantes italianos.

Alexandre Ribeiro Marcondes Machado, sob o pseudônimo de "Juó Bananére", no seu *La Divina Increnca*, bem descreve as vicissitudes e alegrias lingüísticas e da vida daquela gente, no começo do século.

Assim, e também por isto, sempre resisti a aceitar a obra jurídica como simples e estéril *obra jurídica*. Nas questões de Família evidencia-se que a formação individual de cada um de seus atores é sempre mais importante do que aquilo que pensam, enxergam ou escrevem o jurista ou o legislador e seus intérpretes.

As influências de raça, religião, expressão verbal e artística; os atavismos da cultura, da política e da miséria ou abundância, refletem melhor o comportamento e o pensar de seres que buscam o Judiciário como derradeira esperança para reparar humilhações e ofensas, além, é claro, do que as angústias e aflições pessoais e familiares – estas últimas, sem dúvida, as piores. Ler a história do padeiro Gennaro (Capítulo VII) pode ser mais importante e útil do que desfilar os olhos por páginas e páginas de Doutrina ou Jurisprudência, insípidas e ultrapassadas.

Os juízes são criaturas que têm muito próximas Vida e Morte; e pensam alguns poder dominá-las. Para entendê-las e filtrá-las é obrigatório o uso do *sentimento*; não do sentimentalismo medíocre, que é confundido com o saudosismo barato, mas o *sentimento* cuja origem está, também, na Ciência Jurídica, mas principalmente na Cultura e na História de cada um. Quais, senão estes conceitos, poderão nos fazer entender a reflexão de Umberto Eco?: "Nós (assim como não conseguimos viver sem comer ou sem dormir) não conseguimos compreender quem somos sem o olhar e a resposta do outro. Mesmo quem mata, estupra, rouba, espanca, o faz em momentos excepcionais, mas, pelo resto da vida, lá está a mendigar aprovação, amor, respeito, elogios a seus semelhantes. E mesmo àqueles a quem humilha ele pede o reconhecimento do medo e da submissão" (in *Cinco Escritos Morais*, Record, 1998, p. 95).

Alguns poderão estranhar esse amontoado de nomes e muito de esquecimento (quantos livros e autores que li e não lembro, desapareceram de minhas estantes e vida?), achando-os incongruentes e, mais ainda, deslocados num livro jurídico. Lembro, para estes, a frase de Ítalo Calvino: "Cada vida es una enciclopedia, una biblioteca, un muestruario de estilos donde todo se puede mezclar continuamente y reordenar de todas las formas posibles" (in *Seis propuestas para el proximo milenio*, Ediciones Siruela, Espanha, 1989, p. 138).

2. Anotações aos Capítulos

Prefácio

Oliver Sacks, *Um antropólogo em Marte*, 1995; *O homem que confundiu sua mulher com um chapéu*, 1997 e *A ilha dos daltônicos*, 1997, todos editados pela Companhia das Letras, São Paulo.

Nunca será demais repetir o quanto foi importante a leitura parcial de sua obra, para que me atrevesse a este ensaio. Vale transcrever sua preciosa lição, da qual extraí a essência da idéia do Capítulo VII, numa frágil tentativa de humanizar a literatura jurídica: "Hipócrates introduziu o conceito histórico de doença, a idéia de que as doenças têm um curso, dos primeiros sinais até o clímax ou crise e daí para a resolução feliz ou fatal. Portanto Hipócrates introduziu o ***relato de caso***, uma descrição ou representação, da história natural da doença – expressa com precisão pela antiga palavra *patologia*. Esses relatos são uma forma de história natural, porém nada nos dizem sobre o indivíduo e *sua* história, nada transmitem sobre a pessoa e sua experiência enquanto se vê diante da doença e luta para sobreviver a ela. Não existe "sujeito" em um relato de caso rigoroso; os relatos de caso modernos aludem ao sujeito em uma frase superficial (indivíduo trissômico e albino, sexo feminino, 21 anos), que tanto se poderia aplicar a um rato como a um ser humano. Para devolver o sujeito humano ao centro – o ser humano sofredor, torturado, em luta – devemos aprofundar um relato de caso transformando-o em uma narrativa ou história; só então teremos um "quem" além de um "o quê", uma pessoa real, um paciente, em relação à doença – em relação ao físico" (in *O homem...*, cit., pp. 9 e 10).

Lawrence Durrell, *O Quarteto de Alexandria*, Ed. Ulisséia, 1960, Rio de Janeiro/Lisboa.

Mika Waltari, *O Egípcio*, Círculo do Livro (?) (livro desaparecido de minha biblioteca).

A. Majocchi*, Memórias de um cirurgião*, Livraria José Olympio Editora, Rio de Janeiro, 1939.

"Shuo-full"– "Convencimento pelo diálogo" – instituto usado pelos chineses para evitar que as pessoas procurem o Judiciário, pois somente aquelas despidas de bom-senso o fazem. Na referência à obra há que encaixar outras expressões relevantes ao Direito, como por exemplo:

a) ***um dia na Corte*** (Capítulo II, p. 37) – Expressão utilizada pelo *Chief judge* Cooke: "todo cidadão tem direito a um dia na corte e *the small claims court* existe para colaborar na garantia deste direito";

b) ***modelo de Stuttgart*** (Capítulo II, p. 43) – Instituto processual alemão que permite "aos litigantes, advogados e juízes, participarem, através de franco diálogo, da solução das questões de fato e de direito, fazendo com que a sentença seja rápida e inteligível para as partes, que dela podem imediatamente apelar" (in *Juizado Especial de Pequenas Causas no Direito Comparado*, Caetano Lagrasta Neto – reedição da Ed. Oliveira Mendes, 1998, pp. 48 e 31).

Capítulo I

Guarda Conjunta – v. Capítulo XI.

Fantz Fanon (p. 26), ***Os condenados da terra***, Civilização Brasileira, 2ª ed., 1979. Fanon lança um libelo, em 1961, contra o colonialismo europeu na Argélia. Como médico psiquiatra examina as seqüelas da tortura, tanto para o torturador como para o torturado e suas respectivas famílias (v. especialmente seu Capítulo 5: "Guerra colonial e perturbações mentais", pp. 210 e ss.), quando diz: "Em regra, a psiquiatria clínica coloca as diversas perturbações apresentadas por nossos doentes sob a rubrica de "psicoses reacionais". Assim fazendo, privilegia o acontecimento que desencadeou a doença, embora aqui e ali seja mencionado o papel do terreno (a história psicológica, afetiva e biológica do paciente) e do meio. Parece-nos que nos casos aqui apresentados, o acontecimento desencadeador é principalmente a atmosfera sangrenta, cruel, a generalização de práticas desumanas, a impressão pertinaz que têm os indivíduos de assistirem a um verdadeiro apocalipse" (p. 213).

proletariado "lumpen" (p. 26) – Expressão utilizada pela doutrina sociológica marxista para definir o que hoje chamamos de "excluídos". Eufemismos à parte, é este o grande e crescente contingente de operários e proletários, e suas famílias, que, ao perder o emprego –

no qual sequer foram registrados –, defrontam-se com atividades marginais e com a miséria mais atroz. Lançados às ruas, desagrega-se o núcleo familiar, vindo, juntamente com os filhos, a engrossar as fileiras da criminalidade e da prostituição, a partir, os menores, do tóxico, do sexo e da sua traficância e os adultos do furto e do roubo. Cabe lembrar Sérgio Buarque de Hollanda (in *Raízes do Brasil*, 6ª ed., José Olympio, 1971, pp. 101 e ss.) quando afirma que: "No Brasil, onde imperou, desde tempos remotos, o tipo primitivo da família patriarcal, o desenvolvimento da urbanização – que não resulta unicamente do crescimento das cidades, mas também do crescimento dos meios de comunicação, atraindo vastas áreas rurais para a esfera de influência das cidades – ia acarretar um desequilíbrio social, cujos efeitos permanecem vivos ainda hoje". Sob esse aspecto, e citando Luiz Felipe de Alencastro e Maria Luíza Renaux (in *História da Vida Privada no Brasil*, Companhia das Letras, 2º v., 1997, cap. 6, p. 310) constatamos a atividade inicial dos imigrantes com características, às vezes, inferiores à de escravos ou de *lumpen* proletários: "A concentração de imigrantes pobres nas cidades confunde aqueles que contavam utilizar a imigração branca para "civilizar" o país. Torna-se evidente uma realidade social cujos termos eram até então antinômicos: a existência de europeus pobres, nivelados ao estatuto dos escravos de ganho e do eito, exercendo atividades insalubres e personificando formas de decadência social que pareciam estar reservadas aos negros".

banditismo (p. 26) – Ao estudar os bandidos, E. J. Hobsbawm, avança comparações em relação aos imigrantes e diz: "O banditismo é a liberdade, mas numa sociedade camponesa poucos podem ser livres. A maioria das pessoas está presa aos grilhões da autoridade e do trabalho, um reforçando o outro. O que faz os camponeses sucumbirem à autoridade e à coerção não é tanto sua vulnerabilidade econômica – muitas e muitas vezes são praticamente auto-suficientes – quanto sua imobilidade. Suas raízes estão fincadas na terra e na casa patriarcal, e ali devem permanecer como árvores, ou antes como anêmonas do mar ou outros animais aquáticos, que se acomodam depois de uma fase de jovial mobilidade. Assim que um homem se casa e possui uma propriedade, está amarrado. Os campos têm de ser semeados, e é preciso colher; até mesmo as rebeliões camponesas têm de ser interrompidas para que se façam as colheitas. As cercas não podem ficar muito tempo sem ser reparadas. Mulher e filhos são como uma âncora que prendem um homem a um local identificável. Somente a catástrofe, a aproximação do milênio ou a grave decisão de emigrar podem interromper o ciclo fixo da vida agrícola, porém mesmo o imigrante tem de logo se reestabelecer em outra parte, a menos que deixe de ser camponês. A cerviz do camponês está curvada socialmente, porque em geral ela deve estar curvada no trabalho físico em seu campo. Isto limita o recrutamento de bandidos. Não impossibilita que um camponês adulto se torne um bandido, mas dificulta-o em muito, tanto mais porque o ciclo anual do roubo segue sempre o mesmo ritmo do da agricultura, chegando ao auge na primavera e no verão, decaindo durante o outono e o inverno..." (in *Bandidos*, Forense-Universitária, Rio de Janeiro, 1975, pp. 24 e 25).

Na mesma obra, elabora distinção entre revolucionário e criminoso, apesar das evidentes afinidades: "... o banditismo social é fenômeno que apresenta afinidades com a revolução, por representar um protesto social, senão um prelúdio ou campo de cultura da revolta. Nesse sentido, difere radicalmente do submundo comum do crime, com o qual já tivemos ocasião de compará-lo. O submundo – como seu nome deixa entrever – é uma anti-sociedade, que existe pela inversão dos valores do mundo convencional, mas possui com este uma relação parasitária. Um mundo revolucionário é também um mundo 'convencional', exceto, talvez, em momentos particularmente apocalípticos, quando até mesmo os criminosos anti-sociais terão seus acessos de patriotismo ou de exaltação revolucionária. Por isso, para o verdadeiro submundo, as revoluções são pouco mais que excelentes ocasiões para a prática de crimes. Não há nenhuma indicação de que o ativo submundo de Paris produzisse militantes revolucionários ou simpatizantes durante as revoluções francesas dos séculos XVIII e XIX, muito embora, em 1871, as prostitutas apoiassem decididamente as Comunas; entretanto, como classe, elas eram menos criminosas do que vítimas da exploração" (pp. 96 e ss.).

Em outra obra (*Rebeldes Primitivos*, Zahar, 1970 – especialmente Capítulo III – "A Máfia"), o mesmo Hobsbawm, desenvolve distinções e semelhanças entre banditismo social e movimentos, como, por exemplo, a máfia. Há que se admitir modificações estruturais nessa macroorganização criminosa, a partir do ingresso no "mercado" americano e no tráfico de tóxicos, como atividades básicas do crime organizado. Outra relação importante vem definida através de suas alianças com membros da política italiana, do Vaticano, de lojas maçônicas e da Opus Dei. Neste sentido é que se dirigem as investigações italianas sobre a atividade dos mafiosos, a partir dos anos 70, em suas ramificações com Licio Gelli (Loja P2); Marcinkus (prelado que era presidente do Banco Vaticano); Giulio Andreotti (expoente da Democracia-Cristã, na Itália); Michele Sindona e Roberto Calvi (dirigentes do Banco Ambrosiano); e citem-se os abnegados magistrados, covardemente assassinados, e que investigavam tais delitos: Falcone e Borsellino, dentre outros. Assim, o banditismo social acaba por ter influência no próprio Estado, formando um verdadeiro Estado dentro do Estado (conferir, *por todos*, *O Labirinto da Conspiração*, José Goulão, Ed. Caminho, Lisboa, 1986).

As ramificações são tantas e tão importantes que a organização criminosa (seja ela, oriental, russa, européia ou do continente americano) escapa à insuficiente formação e ausência de aparelhamento de todas as polícias, inclusive daquela supranacional, bem como dos órgãos judiciais de perseguição e julgamento.

Vale transcrever trecho sobre um dos caminhos da lavagem do dinheiro, para mostrar que a criminalidade organizada – o "colarinho limpo de mãos sujas" – é mais ativa e poderosa, controlando bancos, famílias e Estados, de forma absoluta: "Pode-se transferir qualquer quantia por cabo de banco a banco, tão logo ele passe pela porta de um único banco, e fazê-lo *estagiar* de banco a banco, em até 200 bancos através do mundo, até que desapareça completamente. Passar pelo primeiro banco é a única parte difícil, e está ficando cada vez mais difícil em muitos países.

"Contudo, sempre que um deles arrocha, os lavadores simplesmente se mudam. A lista de lugares para onde podem ir continua alongando-se; a competição por seus negócios é ferrenha" (in Claire Sterling, *A máfia globalizada*, Ed. Revan, 1997, p. 223).

Assim, a visão romântica e ingênua (?) das organizações criminosas, transmitida por técnicos *roliudianos* (*O Poderoso Chefão*, "*Good Felas*") e capaz de mostrar a existência de criminosos sociais vinculados à noção de "honra" e respeito familiar, não passa de mascaramento às atividades hediondas do banditismo em escala mundial, diversamente de alguns diretores japoneses, que retratam cruamente a realidade da *Yacusa*.

Aproveitando-se da miséria, administrada através da corrupção dos políticos, e que constantemente renova os quadros do tráfico de entorpecentes e do trabalho infantil, da exploração de mulheres e meninas, "as máfias" batalham por conseguir uma auréola de honra, proteção à família e "limpeza"; cristandade e sucesso financeiro; enquanto os pobres e desempregados submetem-se a quaisquer ocupações no recrutamento criminoso e a classe média faz vistas grossas à impunidade – lógico, até que ela própria e seus filhos sejam atingidos. Os delitos praticados por adolescentes de classe média nos condomínios (de apartamentos ou de casas); o tráfico de entorpecentes que "adota" jovens estudantes de bons colégios, dando-lhes veículos e motos para servirem de "mulas" para a comercialização de drogas em pequena escala, são dois dos fenômenos que começam a assolar a estabilidade fictícia da média burguesia, cujas famílias estão absolutamente desestruturadas, mas que fingem viver muito bem num sistema capitalista financeiro volatizado, enquanto a própria ignorância e alienação insistem em ficar estampadas nas *Caras*.

Estas circunstâncias merecem consideração e aprofundado estudo, a partir da colonização portuguesa, da escravatura e da imigração, com seus reflexos na criminologia e na família brasileira – o que se faz premente, mas tarda.

Direitos Humanos (p. 26) – Edward Peters (in *Tortura*, Ática, 1989, pp. 196 e ss.) refere os métodos conhecidos de tortura no final do século XX e, dentre eles, muitos são também, e disfarçadamente, utilizados no seio da família e aplicados à prole. Crescem assustadoramente as denúncias de agressão entre cônjuges e companheiros e de maus-tratos às crianças, sendo que, na maioria dos casos, as vítimas ou não se dirigem à Delegacia ou, ao final, acabam renunciando à representação criminal. Acresce não serem raros os casos de genitores perversos, transformados, ou que assumem, sem qualquer pejo, a condição de carrasco ou torturador. A família brasileira, aos poucos, começa a desvendar aquilo que, durante muito tempo, ficou recolhido à intimidade d'alcova, ou que não ultrapassava os umbrais da cozinha: o tratamento animalesco entre cônjuges e companheiros e seus filhos, a se constituir em verdadeira banalização do mal. Por outro lado, o sistema não conseguiu, ainda, transformar em lei a proteção às vítimas e testemunhas, o que muito facilita a aplicação da *lei do silêncio*, garantindo-se a impunidade da maioria dos criminosos.

Digna de aplauso a criação e ampliação de Delegacias da Mulher, não porque mereçam elas tratamento policial distinto daquele que é dispensado ao homem, mas simplesmente para que possam – perante um igual – denunciar as agressões e estupros. Contudo, inexistem (em qualquer parte do mundo) incentivos e atitudes concretas que impeçam e combatam o terrorismo de Estado (torturas em dependência policiais), por suas repercussões na Família. Não há, ademais, como evitar comparar essas vítimas com aquelas cujas *mães*, tias, irmãs, ou avós, "passeiam", pelas *Plazas de Mayo*, de Buenos Aires e do mundo, e que, ao cabo, são todas vítimas de um sistema econômico-financeiro mundial, volátil e impiedoso, imposto pela hegemonia de um povo sobre os outros.

Analisando-se o que aconteceu com os *órfãos* dos *anos de chumbo*, pode-se concluir com Victoria Martínez, Marta Pechman e Mónica Marciano que: "... estas crianças encontram como modelo pais que por lutarem por seus valores, por rebelarem-se diante do instituído, acabaram desaparecidos, foram penalizados, torturados... Pareceria então que *o caminho seguro é a submissão?*" (g. n.) (in *Era de Névoas*, Horácio Riquelme U. (Editor), EDUC–Editora da PUC-SP, 1993, pp. 105 e ss.).

Novamente, há que distinguir circunstâncias de Estado daquelas da Família. Se os filhos de desaparecidos do terror estatal não possuem referencial e pensam na submissão, será desta forma que devem reagir os filhos do proletário, do *lumpen*, do burguês desempregado? Estes últimos, atirados às portas da miséria absoluta, na condição de chefe de família, no exercício – seja homem ou mulher – do poder parental, também enveredam pela bebida, pela criminalidade, pelo tóxico, pela prostituição, quando não, pela doença mental e sucumbem ao desejo da desforra, em casa, desfechada contra seres indefesos, enquanto que, na rua, prestam-se à submissão mais abjeta. Assim, completa-se um quadro trágico de transgressão aos mínimos direitos da cidadania e os "condenados", pais e filhos, todos, conformam-se à injustiça no lar, e fora dele, completando um quadro de colonização física e mental (v. *Rebeldia e Submissão – Estudos sobre Condição Feminina*, Albertina de Oliveira Costa e Cristina Bruschini (orgs.), Edições Vértice e Fundação Carlos Chagas, 1989).

Coroa Portuguesa (p. 27) – Não há como falar de Portugal e de seu Reino sem referir ao Marquês de Pombal, e seu governo de três décadas. Antes dele, o resto da Europa tinha desse país "uma imagem triste", de acordo com Kenneth Maxwell, que afirma: "O escritor racionalista do século XVIII que precisasse de um estereótipo de superstição e atraso quase que invariavelmente recorria a Portugal. Voltaire resumia bem essa atitude. Ao escrever sobre o monarca português Dom João V, com toda a sua riqueza em ouro, ele observou: 'Quando queria uma festa, ordenava um desfile religioso. Quando queria uma construção nova, erigia um convento. Quando queria uma amante, arrumava uma freira'. Havia, claro, um núcleo de verdade nesses preconceitos. Dom João V teve longos relacionamentos amorosos com várias freiras. O rei teve muitos filhos com Madre Paula (Teresa da Silva), entre eles Dom José, que se tornou inquisidor-geral. Outro filho, Dom Antônio, nasceu de uma francesa, enquanto Dom Gaspar que se tornou bispo de Braga, era filho do rei com Dona Magdalena de Miranda, uma dama de companhia da corte. Esses três filhos foram reconhecidos pelo rei. Também é fato que Dom João V realmente gastou vastas somas de ouro brasileiro para construir seu grande mosteiro-palácio em Mafra. E em 1750 Portugal, com uma população de menos de três milhões de pessoas, contava com um verdadeiro exército no clero: duzentos mil membros, segundo algumas estimativas. O número de conventos e mosteiros havia chegado a 538 por volta de 1780. Charles Boxer comentou que o Portugal do século XVIII foi 'mais dominado por sacerdotes do que qualquer outro país do mundo, com a possível exceção do Tibete'. Também é verdade que os portugueses queimaram pessoas na fogueira em cerimônias públicas até 1761. A tortura e a destruição pública, em 1759, de membros das duas famílias mais ilustres de Portugal, acusados de tentativa de assassinato do rei Dom José I no infame caso Távora, chocou particularmente os estrangeiros. Muito embora tal consternação, cabe notar, se devesse menos à tortura, quebra de braços e pernas e queima na fogueira do que ao fato de as vítimas serem aristocratas e não pessoas comuns, nem judeus, nem hereges, pois semelhante tratamento tinha sido coisa comum na península Ibérica durante séculos" (in *Marquês de Pombal – Paradoxo do Iluminismo*, Ed. Paz e Terra, 1996, p. 17).

Não é outra a opinião de Vainfas, quando historiando a chegada do primeiro visitador da Inquisição, à Bahia, esclarece ter este determinado a publicação de Edital da Fé e de Monitório da Inquisição, sendo que, pelo primeiro, eram os fiéis "convocados a confessar e delatar as culpas atinentes ao Santo Ofício, sob pena de excomunhão maior. Que ninguém fosse poupado, qualquer que fosse o 'grau, estado e preeminência' dos indivíduos, devendo todos confessar ou acusar as heresias e apostasias de que cuidava a Inquisição. Em tese, vê-se que a pretensão do Santo Ofício era mesmo a de colocar-se acima de todos, verticalizando em seu único benefício as relações sociais, diluindo as hierarquias, dissolvendo as solidariedades de todo tipo. Na prática, porém, como se viu no sem-número de rituais e protocolos da instalação da visitação, mancomunava-se o visitador com os 'homens de bem' do lugar" (in *Santo Ofício da Inquisição de Lisboa – Confissões da Bahia*, Ronaldo Vainfas (org.), Companhia das Letras, 1997, p. 20).

A vinda da família real – num sonho, fomentado por ingleses, de união da Coroa à Colônia, para assim melhor dominar e colonizar a ambos – de algum modo melhorou a vida no Brasil; mas a D. João VI faltou aquele tanto de determinação e algo de arbitrariedade que qualificavam o Marquês de Pombal. Oliveira Lima, excelso historiador brasileiro, define: "O governo de Dom João VI foi igualmente reformador, posto não fizesse tanto, ou antes não obrasse com tamanho vigor no momento, o que não impediu os seus benefícios de serem mais duradouros, porque, se era menor a correspondência do meio, eram incomparavelmente superiores as suas reservas e possibilidades. Faltavam a Dom João VI, em grau idêntico a Pombal, resolução, cinismo e disciplina mental. Os melhoramentos que introduziu na administração brasileira foram palpáveis, numerosas as vantagens que para o país se derivaram da presença do seu soberano. No entanto nunca foram as desigualdades mais acentuadas, nunca foi mais frisante o contraste entre o que se realizava e o que se ideava, o que era e o que devia ser, o que se fazia e o que se descurava. O caráter nacional oferecia o mesmo aspecto. 'Resulta dessa mistura de inação e estupidez com orgulho e ganância – escrevia Jay –, uma série de contrastes; atividade num gênero de indústria, negligência profunda em tudo mais; nudez e porcaria no interior das habitações, esplendor e fausto nos vestidos; amenidades, ou antes fraqueza no caráter, e cruel indiferença pela sorte dos índios. Assim foi o governo *até estes últimos tempos*, inflexível no que interessava o fisco, pouco atento ao que tocava à instrução e aos costumes, rico de diamantes e pobre de armas, de canais e de tudo o que constitui a força dos estados'" (in *D. João VI no Brasil*, 3ª ed., 1996, Topbooks, p. 486).

E, assim fomos sendo moldados, a partir de um colonizador flébil, lânguido, que ao mesmo tempo que trazia para seus lençóis as escravas e mucamas – as mesmas que ao sentirem a fraqueza de suas donas passaram a comandar a vida sexual dos senhores, tornando aquelas tristes e repelidas, enquanto povoavam estas terras de mulatos e quilombos – estes mesmos senhores, sem saber distinguir as distâncias entre intenção e gesto, mas cujos corações perdoavam, antes que as mãos cegas executassem, não se viam impedidos de, no dizer de Chico Buarque e Ruy Guerra, praticar abortos, infâmias, lascívias, assassinatos e vinganças, também e especialmente, no seio da família.

Alfredo Bosi, citando Ferreira Gullar, nos diz que o novo é, contraditoriamente, "a liberdade e a submissão"; enquanto insiste na releitura de *Raízes do Brasil*, de Sérgio Buarque de Holanda, da obra máxima de Gilberto Freyre, *Casa Grande & Senzala*, extrai: "...sobre costumes africanos ou indígenas que os senhores de engenho ou os bandeirantes adotaram por força das novas condições de vida no trópico. Temos, na maioria dos casos, exemplos de desfrute (sexual e alimentar) do africano e de sua cultura por parte das famílias das casas-grandes, ou de simples apropriação de técnicas tupi-guaranis por parte dos paulistas. O colono *incorpora*, literalmente, os bens materiais e culturais do negro e do índio, pois lhe interessa e lhe dá sumo gosto tomar para si à força do seu braço, o corpo de suas mulheres, as suas receitas bem-sucedidas de plantar e cozer e, por extensão, os seus expedientes rústicos, logo indispensáveis, de sobrevivência."

(...) para prosseguir: "Gilberto Freyre insiste, em *Casa grande & senzala*, em louvar o senhor de engenho luso-nordestino que, despido de preconceitos, se misturou, fecunda e *poligamicamente*, com as escravas, dando assim ao mundo exemplo de um convívio racial democrático. Sérgio Buarque prefere atribuir a miscigenação à *carência de orgulho racial* peculiar ao colono português. Ainda aqui seria preciso matizar um tanto as cores para não resvalar de uma psicologia social incerta em uma certa ideologia que acaba idealizando o vencedor. A libido do conquistador teria sido antes falocrática do que democrática na medida em que se exercia quase sempre em uma só dimensão, a do contacto físico: as escravas emprenhadas pelos fazendeiros não foram guindadas *ipso facto*, à categoria de esposas e senhoras de engenho, nem tampouco os filhos dessas uniões fugazes se ombrearam com os herdeiros ditos legítimos do patrimônio de seus genitores. As exceções, raras e tardias, servem apenas de matéria de anedotário e confirmam a regra geral. As atividades genésicas intensas não têm conexão necessária com a generosidade social" (in *Dialética da Colonização*, Companhia das Letras, 2ª reimpressão, 1992, pp. 28 e 29).

Vida doméstica (p. 26) – As dificuldades da historiografia das origens da Colônia, são idênticas àquelas da formação do Continente europeu nos seus desenvolvimentos; o que falta de escritos e apontamentos dirigidos, sobeja nos autos da devassa ou nos processos da Inquisição. Do, já citado, *História da Vida Privada no Brasil* (1º v., Companhia das Letras, 1997) vale a transcrição do trecho (Capítulo 3, "Famílias e vida doméstica") de autoria de Leila Mezan Algranti, quando reafirma a inter-relação jurídica e histórica: "Os dados sobre a vida doméstica, recolhidos em inventários e testamentos, escritos de cronistas e viajantes, correspondências e devassas, tampouco informam se no momento da partilha dos bens, ou do registro da observação, os membros da família compartilhavam um cotidiano. O domicílio, portanto, se sobrepõe à família numa análise desse tipo, na medida em que as famílias, além de se constituírem a partir de diferentes tipos de uniões (sacramentadas ou não), encontravam-se muito freqüentemente dispersas por longos períodos – característica de certa forma imposta pela própria colonização. Ora era o pai que se ausentava a serviço da Coroa ou em virtude de suas atividades, ora era a filha que se casava fora do local de seu domicílio, ou o filho que partia numa expedição ao sertão. Isso sem contar esposas e maridos que abandonavam a família para viver com outros companheiros, além, é claro, das repetidas interrupções dos laços familiares causadas por mortes prematuras. É o espaço do domicílio que reúne, assim, em certos casos, apenas pessoas de uma mesma família nuclear e um ou dois escravos; em outros, somavam-se a essa composição agregados e parentes próximos, como mães viúvas ou irmãs solteiras. Por vezes encontramos domicílios compostos de padres com suas escravas, concubinas e afilhadas, ou então comerciantes solteiros com seus caixeiros. Em alguns domicílios verificamos a presença de mulheres com seus filhos, porém sem maridos; também nos deparamos com situações em que um casal de cônjuges e a concubina do marido viviam sob o mesmo teto. Isso sem falar nos filhos naturais e ilegítimos que muitas vezes eram criados com os legítimos. Tantas foram as *formas que a família colonial assumiu*, que a historiografia recente tem explorado em detalhe suas origens e o caráter das uniões, enfatizando-lhe a multiplicidade e especificidades em função das características regionais da colonização e da estratificação social dos indivíduos" (pp. 86 e 87 – g. n.).

Fascismo (p. 26) – Ao idílico que se pretende impor à colonização portuguesa, como se estivessem os portugueses infensos ao alquebrar d'alma por influência de cor, ou raça, vê-se que assim não era, pois: "...'Limpeza de sangue', 'raças infectas', o uso de tais expressões pelos portugueses no período colonial poderia sugerir – como de fato sugeriu a vários estudiosos da América portuguesa – que os preconceitos raciais emergentes naquele tempo se ancoravam na escravidão de negros e índios. No entanto, a idéia de que o preconceito racial decorreu do escravismo é, no fundo, uma simplificação errônea, pois supõe uma identificação quase absoluta entre preconceito racial e preconceito de cor. Não resta dúvida de que ambos andaram juntos e de que o escravismo ajudou a uni-los a ponto de quase confundi-los na Colônia. Mas eram, na verdade, preconceitos de natureza distinta, sendo que os estigmas propriamente raciais provinham de Portugal, surgindos antes e independentes do colonialismo escravocrata. Percebemo-los, por exemplo, nos estatutos de 'limpeza de sangue' que inabilitavam para os cargos e honrarias do Estado os descendentes das chamadas 'raças infectas'– os negros, mulatos e índios, é verdade, mas também os mouros e sobretudo os judeus. Os chamados cristãos-novos ou judeus convertidos ao catolicismo foram, a rigor, o principal alvo da ação inquisitorial portuguesa por mais de duzentos anos e os mais estigmatizados, ao menos do ponto de vista jurídico, pela obsessão da 'pureza de sangue' que grassava em Portugal" (in *História da Vida Privada*, v. 1, Capítulo 5, "Moralidades Brasílicas", Ronaldo Vainfas, pp. 238 e 239).

Este autor, ao examinar a violência e a promiscuidade, enfatiza a primeira, através da qual eram constrangidas crianças, escravos, mulatos, dentro de um conceito racista, que ultrapassava os batentes e poiais, invadindo, posteriormente, o recesso dos cortiços, os bairros operários, a vida dos casados, amancebados, concubinos e que timidamente começava a surgir nos fóruns: "A mesma violência, real ou simbólica, se poderia estender, portanto, às relações heterossexuais, marcadas antes de tudo pela misoginia: maus-tratos de todo tipo, como se vêem nos processos de divórcio e na obsessão das esposas por 'acalmar' seus maridos por meio de magias; mulheres sumariamente assassinadas por mera suspeita de adultério; promessas de casamento não cumpridas" (...) e conclui poder, através da sedução e da sujeição, resumi-las "... (n)as linhas de força do colonialismo mescladas à vida íntima e erótica de nosso passado colonial" (in ob. cit., pp. 271 e ss.).

Imigrantes europeus (p. 27) – Aqui as citações ultrapassariam a permissão de um "estudo bibliográfico", transpondo-se para uma *bibliografia confessional*, se acaso fosse permitida tal licença.

São tantas e, para o autor, tão importantes que, desde a literatura e a poesia, a transmissão oral, os atavismos e influências gestuais e de paladar, até as obras políticas e sociológicas, talvez formassem um novo livro... Ainda bem que, em parte, já estão a permear todo o ensaio, bastando a brevíssima menção, sem qualquer outro atrevimento. Porém, não é possível omitir alguns: *Storia della Letteratura Italiana*, de Francesco De Sanctis, revista por Benedetto Croce, Laterza, Bari, 1949; *Manuale della Letteratura Italiana*, de Francesco Torraca e G. C. Sansoni, Firenze, 1930; e, por fim, *Literatura Italiana*, de Giorgio Bárberi Squarotti (org.), Ed. Nova Stella/ Istituto Italiano di Cultura e Edusp, 1989, além da obra de Antonio Gramsci, traduzida para o português, especialmente as *Cartas do Cárcere* e *Os Intelectuais e a Organização da Cultura*; desta trazemos o magnífico conceito: "Descobrir por si mesmo uma verdade, sem sugestões e ajudas exteriores, é criação (mesmo que a verdade seja velha) e demonstra a posse do método; indica que, de qualquer modo, entrou-se na fase da maturidade intelectual na qual se pode descobrir verdades novas" (Ed. Civilização Brasileira, 1968, p. 125).

Dentre as obras literárias: *O Leopardo*, de Tomaso di Lampedusa, Círculo do Livro, 1982; *I malavoglia*, de Giovanni Verga, Newton Compton Editore, Roma, 1984; toda a obra traduzida de Italo Calvino, de Dino Buzzati, de Gadda. Os poetas italianos, Dante, Leopardi, Trilussa, Foscolo, Quasimodo, e, das cançonetas napolitanas interpretadas por Murolo, Caruso, Becchi e Gigli às óperas de Verdi e de Puccini, todas essenciais ao espírito italiano, mesmo aos seus filhos do Brasil. Temos ainda: Paula Beiguelman: *Os companheiros de São*

Paulo, Símbolo, 1977; Maria Auxiliadora Guzzo Decca, *A vida fora das fábricas*, Paz e Terra, 1987; Constantino Ianni, *Homens sem Paz*, Civilização Brasileira, 1972; depois, Antônio de Alcântara Machado, *Brás, Bexiga e Barra Funda*, José Olympio, 1961; Alexandre Ribeiro Marcondes Machado, *Juó Bananére*, Folco Masucci ed., 1966; Zelia Gattai, *Anarquistas, graças a Deus*, Record, 1979; Mario Carelli, *Carcamanos e Comendadores*, Ática, 1985; Domingos Meirelles, *As noites das grandes fogueiras*, Record, 2ª ed., 1995. Por imprescindíveis, mencionam-se: Ecléa Bosi, *Memória e Sociedade*, Companhia das Letras, 3ª ed., 1994; Gaetano Salvemini, *Scritti sul fascismo*, v. VI, t. II, Giacomo Feltrinelli Editore, Milão, 1966; Alessandro Manzoni, *História de la columna infame*, Alianza Editorial, Madri, 1987.

Cabeças de porco (p. 26) – Esta era a denominação corriqueira para os cortiços situados nos limites da expansão burguesa, na cidade do Rio de Janeiro; destruídos, sob a avalanche da valorização imobiliária, do paisagismo e a acusação de propagarem a febre amarela, obrigando a atividade saneadora das brigadas higiênicas, enquanto seus moradores eram atirados às sarjetas ou chutados para os morros.

Os negros – escravos recém-libertos – nesses cortiços encontravam algum refúgio, uma espécie de moradia e a possibilidade de se abrigarem e às suas famílias. Ante a destruição, acabaram sendo empurrados, definitivamente, para os morros (v. Sidney Challoub, *Cidade Febril*, Companhia das Letras, 1996). Esse autor assim descreve as conseqüências da "atividade saneadora": "O episódio da destruição do Cabeça de Porco se transformou num dos marcos iniciais, num dos mitos de origem mesmo, de toda uma forma de conceber a gestão das diferenças sociais na cidade. Vamos localizar aqui dois pontos fundamentais dessa forma de lidar com a diversidade urbana. O primeiro é a construção da noção de que 'classes pobres' e 'classes perigosas'– para usar a terminologia do século XIX – são duas expressões que denotam, que descrevem basicamente a mesma 'realidade'. O segundo refere-se ao surgimento da idéia de que uma cidade pode ser apenas 'administrada', isto é, gerida de acordo com critérios unicamente técnicos ou científicos: trata-se da crença de que haveria uma racionalidade extrínseca às desigualdades sociais urbanas, e que deveria nortear então a condução não-política, 'competente', 'eficiente', das políticas públicas. Essas duas crenças, combinadas, têm contribuído muito, em nossa história, para a inibição do exercício da cidadania, quando não para o genocídio mesmo de cidadãos" (pp. 19 e 20).

Não se pretende com a transcrição desses ensinamentos afastar aqueles, fundamentais, de Fustel de Coulanges, em *A Cidade Antiga*; apenas enfatizar que existem novos enfoques para situar a Família diante da diversidade e selvageria da expansão urbana. Exemplo radical de estudo recente sobre o assunto se extrai da obra de Riccardo Mariani, quando examina a ascensão da burguesia na Itália: "De fato, enquanto era possível pintar, esculpir ou escrever independente das encomendas burguesas, por outro lado, não era possível projetar casas, bairros ou cidades de modo autônomo e fora dos interesses da classe hegemônica. A conseqüência mais imediata é que a *cidade* permanece por longo tempo o campo onde é realizada, sem nenhum controle ou defesa, a manipulação da cultura burguesa sobre as massas recém-urbanizadas, que a *cidade* torna-se, entre outras coisas, o mais potente meio de divulgação política à disposição da classe dominante. Além disso, para o agravamento dessa situação, contribui enormemente o desinteresse do *socialismo* pelos modos através dos quais a burguesia geriu o 'espaço formal' da cidade, relegando-os aos aspectos marginais da questão capitalista e, em geral, como corolário da questão das habitações. De fato, embora crescendo o interesse popular pela *revolução* ou por uma *democracia* mais real (de acordo com os países), a 'cultura popular' ia, progressivamente, conformando-se aos modelos propostos e realizados pela burguesia, mesmo que com mediações específicas. O único interesse de um certo relevo observa-se ante as tentativas de 'sanear os bairros insalubres' da cidade e as propostas democráticas de *cidade-jardim* ou *cidade-operária*. Tudo isso, porém, permanecia estranho a um interesse mais vasto e organizado pelo desenvolvimento total da *cidade* como elemento global e fundamental na formação de uma 'cultura popular', portanto, da sua consciência política" (in *A cidade moderna entre a História e a Cultura*, Ed. Nobel/Istituto Italiano di Cultura di São Paulo/Instituto Cultural Ítalo-Brasileiro, 1986, pp. 124 e 125).

Informática (p. 29) – Cibernética, imagem virtual, fibras óticas etc., fenômenos da tela; domínio do vídeo, na condução da vida e das pessoas – algo imbecilizadas – seja a tela de televisor ou de computador. Jean Baudrillard, pensador francês que escreve para o jornal *Libération*, afirma e define: "A virtualidade aproxima-se da felicidade somente por eliminar sub-repticiamente a referência às coisas. Dá tudo, mas sutilmente. Ao mesmo tempo, tudo esconde. O sujeito realiza-se perfeitamente aí, mas quando está perfeitamente realizado, torna-se, de modo automático, objeto; instala-se o pânico" (in *Tela total*, Ed. Sulina, Porto Alegre, 1997, p. 149).

A interferência da *tela* na vida e no comportamento de pessoas e famílias é perturbadora e ainda raro objeto de reflexões. A invasão dos lares por programas mentirosos, medíocres e violentos, não deixa de ser retomada e aperfeiçoada pela *Internet*, pela linguagem virtual, que nada mais é do que o prosseguimento do colonialismo, capaz de "sub-repticiamente" submeter, pela ideologia dos vídeos, os povos à nação hegemônica.

Em outra obra, o mesmo autor aterroriza consciências quando escreve: "A Aids, o craque da bolsa, os vírus eletrônicos, o terrorismo não são intercambiáveis mas têm uma parecença. A Aids é uma espécie de craque dos valores sexuais, os computadores desempenharam papel 'virulento' no craque de Wall Street mas, eles mesmos infectados, estão ameaçados pelo craque dos valores informáticos. O contágio é ativo não apenas no interior de cada sistema mas passa de um a outro sistema. O todo gira em torno de uma figura genérica, a da catástrofe. É claro que os sinais desse desajuste vêm aparecendo há muito: a Aids em estado endêmico, o craque com seu célebre precedente de 1929 e o risco sempre presente, a pirataria e os acidentes eletrônicos já com 20 anos de história. Mas a conjunção de todas essas formas endêmicas e sua passagem quase simultânea ao estado de anomalia galopante criam uma situação original. Os efeitos não são forçosamente de ordem idêntica na consciência coletiva: a Aids pode ser vivida como verdadeira catástrofe; já o craque aparece mais como um jogo de catástrofe; quanto ao vírus eletrônico, pode ser dramático em suas conseqüências sem deixar de conter uma ironia desopilante, e a súbita epidemia que se abate sobre os computadores pode provocar, ao menos em pensamento, um júbilo justificado (exceto para os profissionais). Outros aspectos concorrem para o mesmo efeito. A arte, sempre sujeita ao falso, à cópia, à simulação e simultaneamente ao sobrelanço delirante do mercado de arte – verdadeira metástase de um corpo irradiado pela grana. O terrorismo. Nada se assemelha tanto à reação em cadeia do terrorismo em nossas sociedades irradiadas (aliás, irradiadas através de quê? Pela superfusão de felicidade, da segurança, da informação e da comunicação? Pela desintegração dos núcleos simbólicos, das regras fundamentais, dos contratos sociais? *Who knows*?) quanto a da Aids, dos *raiders* e dos *hackers*. E o contágio do terrorismo e seu fascínio são tão enigmáticos quanto os de todos esses fenômenos. Quando um construtor de *software* introduz uma *soft bomb* no programa, usando sua destruição como meio de pressão, não está tomando o programa e todas as suas operações como reféns? E os *raiders,* não estão eles tomando e mantendo como reféns empresas, especulando sobre a morte ou a resurreição delas na bolsa? Todos esses efeitos operam de acordo com o mesmo modelo do terrorismo (os reféns têm uma cota de valor assim como as ações ou os quadros); mas também se pode interpretar o terrorismo de acordo com o modelo da Aids, do vírus eletrônico ou da OPA (operação financeira): um não tem precedência sobre o outro, é uma mesma constelação de fenômenos. (Ilustração recente: a divulgação de um disquete com informações sobre a Aids que continha um vírus destruidor dos computadores)". E, deixa assente: "A lei que nos é imposta é a da confusão dos gêneros. Tudo é sexual. Tudo é político. Tudo é estético. Simultaneamente." (...) "Quando tudo é político, nada mais é político, e a palavra já não tem sentido. Quando tudo é sexual, nada mais é sexual, e o sexo perde toda a determinação. Quando tudo é estético, nada mais é belo nem feio, e a própria arte desaparece" (in *A transparência do mal*, Papirus Editora, 1996, respectivamente, pp. 44-45 e 15-16).

Clara Allain, traduziu para o jornal *Folha de S.Paulo* ("Tecnologia, pobreza e educação", ed. 11.11.1998) algumas perguntas respondidas por Nicholas Negroponte, e que trazem visão mais otimista que a de Baudrillard. Ao responder se a tecnologia digital teria influência positiva ou negativa sobre a pobreza mundial, afirma: "Os computadores são cruciais para o ensino. As mentes jovens formadas no mundo digital se acostumam com uma dieta constante e vitalícia de informações sempre novas, ricas, sem fronteiras. O incremento à educação pode ter ligação direta com a redução da pobreza. Infelizmente, muitas escolas e famílias não podem arcar com o custo dos computadores – e os fabricantes têm demorado muito para produzir computadores mais baratos. A baixa qualidade do ensino e o acesso precário à tecnologia são encontrados nas regiões de baixa renda e nos países em via de desenvolvimento, onde a necessidade é maior. Outro problema é que o mundo digital freqüentemente é visto como uma coleção de ferramentas de trabalho que, para usar, as pessoas precisam ser treinadas no ensino superior – ou até mesmo no trabalho –, não como parte do ensino primário ou secundário. Uma perspectiva mais correta é que ele oferece uma maneira fundamentalmente nova de viver, aprender e fazer descobertas" (*informática*, Caderno 5, p. 2).

Mais crítico, Pierre Lévy enfrenta o problema do "acesso para todos" aos novos sistemas e ferramentas de comunicação, afirmando que "não pode ser reduzido às dimensões tecnológicas e financeiras habitualmente pressupostas. Não basta se encontrar diante de uma tela munida de todas as interfaces de fácil manuseio para que se supere uma situação de inferioridade. É necessário sobretudo estar em condições de participar ativamente do processo de inteligência coletiva, que representa o principal interesse do ciberespaço. Os novos instrumentos devem servir, antes de tudo, para valorizar a cultura, as aptidões, os recursos e os projetos locais, para auxiliar as pessoas a participar dos vários projetos de ajuda mútua, de grupos de aprendizado cooperativo etc. Em outras palavras, na perspectiva tanto da cibercultura quanto das abordagens mais clássicas, as políticas voluntaristas de luta contra as desigualdades e a exclusão devem visar ao ganho em autonomia das pessoas ou dos grupos envolvidos. Elas devem, por sua vez, evitar a aparição de novas dependências provocadas pelo consumo de informações ou pelos serviços de comunicação concebidos e produzidos numa ótica puramente comercial ou imperial e que, não raro, têm por efeito desqualificar os saberes e aptidões tradicionais de grupos sociais e regiões desfavorecidas" (Caderno *mais!*, 25.10.1998, p. 3).

Antes de abandonarmos o mundo virtual e a velocidade de fibras óticas, que comunicam, transcrevem-se impressões do jornalista Bernardo de Carvalho, contratado pelo citado periódico, *Folha de S.Paulo*, para, durante os dias de Carnaval de 1998, ficar integralmente voltado à intercomunicação via *Internet*, e cujo resultado, próximo da aguda consciência de Baudrillard, é o seguinte: "*Viver na Internet é uma regressão sem fim.* E depois de uma semana confinado na rede, até sua função de arquivo e instrumento de pesquisa (uma função, em princípio, adulta) perde o sentido. Diante dos milhares de sites à disposição, nada mais interessa, porque nada é diferenciado, não há mais qualquer critério qualitativo. O parâmetro é a quantidade. Tudo está colocado no mesmo nível. Tudo tem o mesmo peso e o mesmo valor. O bizarro deixa de ser bizarro, o inteligente deixa de ser inteligente, o cômico deixa de ser cômico, por causa do excesso. E, *se você não está ali com um objetivo específico e passa a tomar o que devia ser meio como fim, então tudo se transforma em pura masturbação*" (Caderno *ilustrada*, de 13.3.1998, p. 7 – g. n.).

Controle externo do Poder Judiciário (p. 29) – Já, por diversas vezes, expus pensamento contrário a qualquer espécie de controle externo ao Poder Judiciário: primeiro, por não existir quem controle o controlador e, segundo, porque os mecanismos aceitos e indicados, constitucionalmente, para controlar os demais Poderes, além de inferiores, são coerentes com os já escolhidos pelo legislador constituinte para controlar o Judiciário. Admitir-se tal investida, tendo como motivação o mero controle administrativo, constituir-se-á no primeiro passo para, em seguida, caminharmos, ditatorialmente, em direção ao controle das decisões e à interferência no livre convencimento dos juízes, sujeitos a perder, por ordem do controlador, predicados constitucionalmente garantidos. Dizer, ademais, que os juízes precisam ser controlados porque não são eleitos é outra balela que os norte-americanos bem conhecem, visto que grande parte de sua magistratura chafurda nos favores e submissões partidárias e na corrupção explícita, visando a obter verbas, capazes de os eleger.

O governo Fernando Henrique Cardoso hipnotizou-se, neste aspecto, por outras duas aberrações que, a todo entender, tornariam o controle externo absolutamente dispensável: a espúria união entre ***Medidas Provisórias*** (p. 29) e Súmulas Vinculantes. Com as primeiras, e de forma totalmente ilegal, ao desamparo do preceito constitucional (art. 62), tem o Executivo *legislado*, sem qualquer respeito aos Direitos do Cidadão e aos Direitos Constitucionais Fundamentais. Sendo elas elaboradas para resolver quaisquer assuntos ou necessidades, sem observar os requisitos de *relevância* e *urgência*, acabam repetidas *ad nauseam*, por não aprovadas pelo Congresso Nacional, no prazo fixado. A partir dessa flagrante ilegalidade, bastará convencer os 11 Ministros do Supremo Tribunal Federal para que decidam – óbvio, a favor do Executivo – qualquer disposição 'provisória', de forma definitiva e 'vinculante', momento em que, todos, poderemos prescindir da Lei, do Direito e, o que é mais, de qualquer espécie de Justiça e seus aplicadores.

Não poucas vozes fazem-se ouvir, quer contra, quer a favor. Insigne processualista, o Prof. Sergio Bermudes é daqueles adeptos à Súmula Vinculante, ao afirmar que ela "...não fará o juiz menos livre do que é no sistema da legalidade estrita. A súmula atua como norma de natureza interpretativa. Caberá ao juiz, diante da realidade processual, decidir se ela incide, e então aplicá-la, obrigatoriamente, tal como faz com a lide, ainda quando ela não reflita a sua convicção científica, mesmo quando a opção axiológica da norma não corresponda ao valor que o juiz daria ao fato por ela regrado".

Difícil obter ou extrair-se um entendimento coerente de um silogismo que envolve o cumprimento obrigatório de uma súmula, que não foi objeto de lei, *i.e.*, de processo legislativo; porém, mais difícil será aplicar súmula que não reflita a convicção (científica?) do magistrado (v. Sérgio Bermudes, "A Súmula Vinculante e a Independência Jurídica do Juiz" e Caetano Lagrasta Neto, "Educação e Justiça Supranacional", in *Revista da Escola Superior da Magistratura do Estado de Pernambuco*, v. 2, n. 6, 1997, respectivamente, pp. 400 e 129 e ss., além de Revista *AJURIS*, novembro de 1998, Edição Especial: "Por uma Escola Supranacional", pp. 211 e ss.).

Aids **(p. 259)** – v. Capítulo específico na Segunda Parte: "A jurisprudência do Futuro".

Capítulo III

Igualdade entre homem e mulher e alimentos (p. 47) – A reforma do Código Civil não trouxe as modificações profundas e tão aguardadas pelos lidadores do Direito; apenas, repetiu questões que já estavam consolidadas pela jurisprudência, numa evolução difícil e morosa do direito costumeiro. É o caso do concubinato e, especialmente, dos alimentos e da guarda conjunta: o legislador, de tanto aguardar a promulgação do novo Código, acabou por jogar o novo em desuso ao ser superado pela velocidade das mudanças na família brasileira. As críticas são veementes, a ponto de, quanto aos alimentos, Dilermando Cigagna Júnior afirmar: "...continua deixando a questão ao livre-arbítrio, com regras paupérrimas a respeito, com o tal binômio necessidade-possibilidade, impedindo a renúncia, abrindo portas escancaradas às revisionais, simplesmente, em um 'gigantesco passo' à igualdade entre homem e mulher, incorporando a seu texto, no art. 1.731, aquilo que a Lei do Divórcio já regulamentava em seu art. 20 (a contribuição proporcional aos ganhos, por parte de cada cônjuge, em relação aos filhos)". O mesmo autor, citando Brandão Lima, transcrito por Cahali, afirma que esta espécie de paternalismo, que protege indevidamente um dos cônjuges, em geral a mulher, está a criar uma verdadeira casta de "parasitas do vínculo matrimonial", com exceção, apenas, aos casamentos "à antiga", em que a mulher dedicava-se exclusivamente aos afazeres domésticos, enquanto o homem podia desenvolver-se profissionalmente, sempre, porém admitido "...o básico como pensão e eventual verba em caráter indenizatório e por prazo determinado..." (in "Os alimentos no novo Código Civil", *Revista da Escola Paulista da Magistratura*, ano 2, n. 4, 1998, p. 59).

Globalização da Economia (p. 51) – v. Caetano Lagrasta Neto, *Globalização e Mercosul*, Ed. Juarez de Oliveira, 1999.

Capítulo IV

A Justiça a serviço do crime (p. 56) – Quando, no início deste ensaio homenageei Dácio Aranha de Arruda Campos, o fiz, induvidosamente, pela amizade que sempre nos uniu e, também, porque em determinada madrugada, de '73, ao nos despedirmos, recebi de suas mãos seu livro, com este título, e o conselho para que prestasse concurso para a Magistratura. Apesar do horário tardio, de uma das tantas madrugadas que passávamos a conversar sobre mazelas do Judiciário, cheguei em casa e o li, decidindo-me, na manhã (ou já seria o meio do dia?) seguinte, a tentar o ingresso na carreira.

O livro causara estrépito entre juízes, mas, principalmente, ferira suscetibilidades e vaidades de desembargadores, tornando o início dos anos 60 um perigo para todos aqueles que, como Dácio, punham-se a pensar e não se submetiam a uma pretensa hierarquia entre magistrados. Mas os tempos ficaram mais difíceis, especialmente, para o próprio, e para seu heterônimo (ou seria pseudônimo?) *Matias Arrudão* – que escrevia no "Estadão" – e, com o golpe militar, Dácio acabou injustamente cassado.

Deixemos, porém, a lembrança gratificante, ainda que dolorosa, do passado.

De tantos trechos importantes na minha formação, destaco do seu livro o que segue, também pela atualidade: "O enfraquecimento dos laços de família, produzido pela permanência da mulher fora do lar; o súbito enriquecimento de certas camadas sociais, com maus exemplos ferindo as populações sofredoras; o espantoso envilecimento da moeda, tirando a segurança mesmo aos mais previdentes, tudo agravado por um longo período de guerra, acabaram desarticulando uma parte da sociedade, criando em quase todo o mundo um estado de inquietação coletiva como jamais houve outra igual".

Certeiras, mas não menos pungentes são suas primeiras palavras na Introdução: "O Direito ainda é uma cristalização da força. É uma ficção sistematizada, que se criou para que os homens possam viver em sociedade e defender seus privilégios, sem choques e sem lutas insolúveis. Constitui de certo modo uma projeção da humanidade, que não é fixa nem imutável, não tem pressupostos dos quais possam ser extraídas deduções lógicas e exatas, invariáveis e uniformes, no tempo e no espaço. Suas regras não são como as da física, que permanecem constantes e não admitem progressos nem recuos. Diante delas, as leis dos indivíduos são garatujas hesitantes, grotescas e freqüentemente anti-sociais" (in *A Justiça a serviço do crime*, Saraiva, 1960, pp. 55 e 1).

Capítulo V

Processos cautelares (p. 57) – Há que se recorrer a Cândido Rangel Dinamarco, especialmente no *A Instrumentalidade do Pro-*

cesso, ao referir Calamandrei e os provimentos cautelares, que: "'representam uma conciliação entre duas exigências geralmente contrastantes na Justiça, ou seja, a da celeridade e a da ponderação'; 'entre fazer logo porém mal e fazer bem mas tardiamente, os provimentos cautelares visam, sobretudo, a fazer logo, deixando que o problema do bem e do mal, isto é, da justiça intrínseca do provimento, seja resolvido mais tarde, com a necessária ponderação, nas sossegadas formas do processo ordinário'" (8ª ed., Malheiros Editores, 2000, p. 260).

De forma percuciente e cuidadosa, Ovídio A. Baptista da Silva faz distinção entre *asseguração* e *satisfação* dos direitos, tomando, dentre outros o exemplo dos alimentos provisórios ou provisionais e definitivos: "Se tivermos nossa visão voltada exclusivamente para o plano das normas jurídicas, sem qualquer preocupação com o que acontece no mundo da realidade, talvez possamos dizer que a satisfação obtida pelo credor que logre receber os alimentos sob forma de provisionais poderá ser uma satisfação diversa da que ele próprio obteria se o juiz do Processo de Conhecimento o declarasse, em sentença, verdadeiro credor dos alimentos definitivos. Se, no entanto, examinarmos a questão sob outro ângulo para determinar se os provisionais apenas *asseguram* ou, ao contrário, *satisfazem* – ainda que provisoriamente – a pretensão alimentar, veremos que o uso que o credor irá fazer da pensão, tanto provisional quanto definitiva, será rigorosamente o mesmo. A contraposição entre alimentos provisórios e alimentos definitivos *dá-se exclusivamente no plano lógico das normas jurídicas*. Os que são provisórios ou definitivos não são os alimentos, mas os respectivos provimentos judiciais. Esta distinção é de uma importância capital. Os alimentos provisionais – enquanto prestação percebida periodicamente pelo alimentando – são tão definitivos (posto que irrepetíveis) quanto os alimentos concedidos pela sentença do Processo de Conhecimento. Nossa conclusão, portanto, é a de que os alimentos provisionais são satisfativos da pretensão alimentar, embora essa satisfação se dê sob a condição de *provisoriedade*. Eles atendem e realizam a pretensão alimentar. Logo, satisfazem o credor" (*Curso de Processo Civil*, 2ª ed., Ed. RT, 1998, v. 3, pp. 31 e 32).

Cautelar de Busca e Apreensão de menor (p. 57) – A posição de Wambier *et alii*, em recente obra, resume como finalidades dessa cautelar: "Assegurar a exeqüibilidade do provimento (do processo principal). Preservar os efeitos de outra medida cautelar. Satisfativa". Mais adiante, citam Vicente Greco Filho, ao analisar a hipótese de dispensa da interposição da principal: "...a busca e apreensão pode ser ação principal se com ela se pretende um provimento definitivo, como, por exemplo, a pretensão do pai que teve seu filho retirado de sua guarda por terceiros. Ele não tem necessidade alguma de definir a guarda ou o pátrio poder, que lhe é inerente. Pede a busca e apreensão do menor em caráter definitivo, e não cautelar" (*Curso avançado de processo civil*, Luiz Rodrigues Wambier (coord.), Flávio Renato Correia de Almeida e Eduardo Talamini, Ed. RT, v. 3, 1998, pp. 78 a 82).

"Fumus boni iuris" e "periculum in mora" (p. 58) – Considerados como os pressupostos da interposição de medidas cautelares, significa a primeira expressão "a aparência do bom direito", e é correlata às expressões *cognição sumária, não exauriente, incompleta, superficial* ou *perfunctória*. "Quem decide com base em *fumus* não tem conhecimento pleno e total dos fatos e, portanto, ainda não tem certeza quanto a qual seja o direito aplicável" (Wambier, ob. cit., p. 28). Os dois institutos, também na lição de Wambier e outros, constituem-se em requisitos para a concessão de medida liminar e da sentença de procedência, do primeiro exigindo-se menos para a propositura da cautelar (idem, p. 29).

Ovídio A. Baptista da Silva caracteriza a cautelar como "forma de proteção jurisdicional que, em virtude da situação de urgência, determinada por circunstâncias especiais, deve tutelar a simples *aparência* do direito posto em estado de risco de dano iminente" (ob. cit. pp. 36 e ss.). Esse mesmo autor prefere tratar o perigo na demora, como perigo de dano iminente e irreparável, enquanto que a fumaça do bom direito é "a exigência de que o direito acautelado seja tratado, no juízo da ação asseguratíva, não como um direito efetivamente existente, e sim como uma simples probabilidade de que ele realmente existe" (idem, p. 58).

Estas duas noções são básicas para a compreensão dos requisitos formais e sua extensão. Na Vara de Família a urgência é absoluta – quando implica em agressão, insuportabilidade da vida em comum ou violência contra a prole – podendo parecer óbvio que seja também relativa. A impaciência ou ansiedade das partes e dos advogados não podem ser assimiladas pelo magistrado. Há que pensar que a vida já era insuportável, de há muito, até o momento em que todos resolvem comparecer perante o juiz. Não se pode, por outro lado, esquecer a presença do perdão e da volta à convivência, nestes incluídos, necessariamente, a retomada do relacionamento sexual. Acresce que as agressões entre cônjuges (ou companheiros) ou foram objeto de representação ou comunicação à Polícia ou acabaram 'assimiladas' pelo ofendido. Tratando-se de violência, física ou sexual, contra menores, a concessão de liminar também deve ser bem sopesada, não sendo de estranhar que, posteriormente, se apure ter um dos pais se aproveitado da infantil inocência para vingar-se do outro ou chantageá-lo, sendo infundada a acusação.

O que o magistrado não deve fazer é conceder e revogar, conceder e modificar, pois que a separação, seja entre adultos ou entre estes e os menores, sempre ocasiona seqüelas, e estas dificilmente são reparadas ou superadas. A inconstância ou insegurança das decisões depõem contra o magistrado e contra o Poder Judiciário. A luta do advogado pouco esclarecido para obter – a qualquer custo – uma liminar, considerada como "vitória", inclusive quanto aos honorários, muitas vezes acaba por se revelar em indiscutível prejuízo para o casal ou para este e seus filhos, e impediente de uma futura mediação ou composição amigável. Adverte-se aos promotores de Justiça que o acompanhamento das audiências de Família, especialmente aquelas que pretendem "justificar" uma medida violenta, é dever indeclinável. Nunca é demasia repetir que o trabalho conjunto dos lidadores do Direito e seus auxiliares, o entrosamento entre profissionais, é a única forma conhecida para se evitar o engodo e o desprestígio da Justiça, impedindo-se que alguns, por pretensamente poderosos, sirvam-se do processo para atingir objetivos inconfessáveis ou egoística satisfação.

Mudança de mentalidade dos juízes (p. 63) – Fenômeno devido à percuciente análise de magistrados como Kazuo Watanabe, Athos Gusmão Carneiro, Cândido Rangel Dinamarco e Sálvio de Figueiredo Teixeira (para lembrar apenas alguns), desde os idos de 80, tem-se procurado fincar as bases para uma *reforma do processo civil*. Dentre todas, avulta a da *tutela antecipada*, estabelecida como "... um grupo de regras que institui e disciplina uma figura completamente nova, tão revolucionária quanto perigosa, mas que bem utilizada pelos nossos juízes poderá se traduzir num meio de ataque frontal à injustiça representada pelo retardamento (...) da prestação jurisdicional (...) quer porque elimina em grande parte a necessidade de propositura de ações cautelares inominadas e a conseqüente duplicação de feitos, quer porque a antecipação da tutela, uma vez concedida, representará, por si só, grande incentivo à autocomposição bilateral. Outro aspecto dentro dessa mesma perspectiva é o efeito moralizador expresso pela antecipação fundada no 'abuso de direito de defesa ou o manifesto propósito protelatório do réu' (inc. II, do art. 273)", que, ainda, no dizer de Antônio Cláudio da Costa Machado, "...fomentará de maneira significativa (...) a possibilidade de acordos" (*Tutela Antecipada*, 2ª ed., Ed. Oliveira Mendes, 1998, pp. 17 e 18). Esse mesmo Autor, citando lição de Kazuo Watanabe (in *Da cognição no processo civil*, Ed. RT, São Paulo, 1987, pp. 21 e 22), confirma que a instituição da *tutela antecipada* vem cumprir garantia constitucional, prevista no art. 153, § 4º, da Constituição anterior (hoje art. 5º, XXV e LV): "O que Kazuo Watanabe, já àquela época, desejava enfatizar é que a garantia do devido processo legal inserta na Constituição, precisava deixar de ser enxergada – assim como outros tantos direitos – como objeto de mero 'conselho político' ou 'expectativa constitucional' (aqui, citando Fábio Konder Comparato, nota 47), resultado da 'propensão conformista' (aqui, Barbosa Moreira, idem) de qualificar as promessas constitucionais de difícil realização como normas programáticas, e passar a ser vista como regra de aplicação imediata pelo Judiciário, como disposição constitucional de normatividade efetiva, de sorte a permitir a compreensão da existência de instrumentos adequados à proteção eficaz de todos os direitos" (ob. cit., p. 60).

A menção singela a tão grave e importante instituto da nova processualística civil está vinculada expressamente ao título deste ensaio bibliográfico, a demonstrar que u'a magistratura eficiente e que consegue caminhar em direção ao povo não pode prescindir de juízes independentes e que sejam não os aplicadores cegos da lei, mas que sejam seus reformuladores e intérpretes profundos. A *tutela antecipada* deve ser aplicada largamente nas questões de Família, especialmente naquelas que digam respeito às manobras dos separados (divorciados ou que encerram a união conjugal) em relação aos filhos ou à verba alimentícia. Instrumentos existem que permitem ao magistrado impedir que a parte zombe do Poder Judiciário, humilhando o ex-cônjuge ou o ex-companheiro e os filhos, para satisfazer vaidade egoística ou servir-se da Justiça para fins inconfessáveis; talvez, o que falte seja a compreensão exata do poder de que dispõem os juízes para a condução e pacificação das demandas.

Capítulo VI

Memória e Sociedade – Lembranças de velhos (p. 66) – Mencionar o livro de Ecléa Bosi resultou num dever de consciência. Muito tempo depois de ter deixado a judicatura de Família, ao ler sua obra senti o chamado da literatura, até daquela jurídica. O cuidado e sentimento com que ela escreve sua defesa de tese de livre docência, preparada como "argüição", *i.e.*, "escrito para ser falado", exprime-se mesmo numa linguagem coloquial (Marilena Chauí, ob. cit.). São tantos os trechos marcados, que o livro mais parece um alfarrábio da época dos glosadores, dos exegetas. Desde aquele momento (idos de 94), comecei a esboçar um plano deste ensaio que, ao cabo, resultou algo parecido e diverso (?), porém, na essência, absolutamente fiel ao que pensei e assinalei no texto. Suas primeiras colocações sociológicas, permitem perceber que Ecléa conseguiu atingir uma forma de captar e transmitir experiências vivas, numa trabalho científico, sem cansar o leitor. Ademais, a realidade das lembranças, acaba por se constituir no âmago da descoberta, justificando a obra.

Assim, o velho ao recordar o passado, ao contrário do que pode parecer, não está em repouso ou devaneando "...está se ocupando consciente e atentamente do próprio passado, da substância mesma da sua vida" (p. 60).

O depoimento sobre fatos ou lembranças, que servem para fundamentar decisões, por que não poderiam ser utilizados para fundamentar a doutrina jurídica? O conto que me contam não o transmito como me foi contado, conto-o da forma que compreendi; através de minhas palavras, imbuído de meus atavismos e coerente com minha formação: transmito-o; logo, conto outro conto, que não o conto que me foi contado. Posso ser prolixo ou sucinto, tudo a depender do meu estilo (como pretendia Buffon), porém, com certeza, a verdade do contista original não será a do segundo contador.

Mas, a questão que se coloca é a da validade e necessidade de, num ensaio jurídico, transcrever fatos ou lembranças, por intermédio de atores ou partícipes originais. Desde logo, uma circunstância alcança validade indiscutível: o livro estaria livre do ranço de um linguajar pseudoprofissional e do tom doutoral ou profético daqueles que interpretam, ou pensam interpretar, a Lei.

Ecléa ensina: "A velhice, que é fator natural como a cor da pele, é tomada preconceituosamente pelo outro. Há, no transcorrer da vida, momentos de crise de identificação: na adolescência também nossa imagem se quebra; mas o adolescente vive um período de transição, não de declínio. O velho sente-se um indivíduo diminuído, que luta para continuar sendo um homem. O coeficiente de adversidade das coisas cresce: as escadas ficam mais duras de subir, as distâncias mais longas a percorrer, as ruas mais perigosas de atravessar, os pacotes mais pesados de carregar. O mundo fica eriçado de ameaças, de ciladas. Uma falha, uma pequena distração são severamente castigadas. Para a comunicação com seus semelhantes precisa de artefatos: próteses, lentes, aparelhos acústicos, cânulas. Os que não podem comprar esses aparelhos ficam privados de comunicação" (ob. cit., p. 79).

A dureza com que se investe contra crianças e velhos, na sociedade e na família, revela a selvageria de um sistema econômico que os despreza, e aniquila a frágil sustentação familiar. A desagregação, que incentiva a violência contra crianças e o desprezo pelos velhos, não permite que a família resista, apenas em razão daqueles que trabalham e, de certa forma, sustentam o lar e os que nele habitam. Simone de Beauvoir, citada pela autora, pondera: "... se o trabalhador aposentado se desespera com a falta de sentido da vida presente, é porque em todo o tempo o sentido de sua vida lhe foi roubado. Esgotada sua força de trabalho, sente-se um pária, e é comum que o escutemos agradecendo sua aposentadoria como um favor ou esmola" (idem, p. 80).

O final do século, com seus acenos de crise do capital financeiro e a ameaça constante contra o sistema previdenciário e a assistência médica, fará suas vítimas entre velhos e crianças – lógico, às famílias. A luta pela sobrevivência, cada vez mais dura, não reserva lugar para estes dois extremos da vida. A impessoalidade, a falta de legados e heranças tornam a morte um ato desprezível, o caminho natural para o velho que nada mais faz; ou para a criança que não tem forças para resistir e acaba eliminada pela *ordem natural das coisas...*

Neste ponto, pergunta-se: como enfrentar a morte cerebral e a doação de órgãos (v. Capítulo XII), questões que certamente interferem no Direito de Família? Será possível ou justo opor-se à eutanásia e à ortotanásia? Walter Ceneviva, conceituado advogado e jornalista, a propósito da morte do Rei Hussein, questiona tal possibilidade, enxergando-a inaceitável sob o enfoque da ciência jurídica brasileira e do direito, "porquanto ninguém está autorizado a tirar ou abreviar, voluntariamente e por ação, a vida do outro, sejam quais forem as condições deste" (in *Folha de S.Paulo*, caderno 2, *são paulo*, 13.2.1999, p. 3). E ao aborto das mulheres proletárias, absolutamente distantes das suas semelhantes das classes burguesas, na freqüência a clínicas antissépticas? A inseminação artificial poderá fazer com que haja o nascimento de um ser concebido após a morte do pai; com qual intuito? perpetuar-lhe a memória ou avançar-lhe na herança? À "locadora da barriga" estão garantidos direitos em relação ao produto da gestação e assegurada assistência durante a gestação e no pós-parto? O aborto será permitido, mesmo com o sacrifício do feto? A locadora poderá ser responsabilizada pela morte do feto, se agir com culpa? Ou a morte do feto será sempre encarada como prática dolosa abortiva?

Como diz Ecléa: "A civilização burguesa expulsou de si a morte; não se visitam moribundos, a pessoa que vai morrer é apartada, os defuntos já não são contemplados" (idem, ibidem, p. 88). E, porque não? as crianças também morrem sós: nas ruas, nos nosocômios, nos depósitos de lixo, acorrentadas nos barracos, fumando *crack*, estupradas ou exploradas nos prostíbulos ou nas minas de carvão, agora, também, na condição de soropositivos; quantas seqüestradas e operadas, para delas se extraírem órgãos, traficados para países ricos?

O Direito de Família, no limiar do próximo milênio, irá sobrepor-se às questões de convivência entre pais e filhos, avançando pelo lamaçal pestilento das novas epidemias, da venda de cadáveres, da inseminação laboratorial, da gestação do alheio, dos conflitos entre doadores e locadoras de útero, enquanto que a miséria das populações, destinadas ao desemprego, o desamparo de infância e velhice, tornarão, para a grande maioria da população, inexistente o Direito das Sucessões.

Infância e velhice, antigos receptáculos do sagrado, acabarão integralmente profanadas, seja pela mídia, pela *Internet* ou pelo ciberespaço, que, agindo em consciências amortecidas, irão transformá-las não apenas nas vítimas de atentados aos Direitos Humanos, mas em personagens curiosas de estúpida telenovela.

Extermínio indígena (p. 65): *O paraíso destruído*, do Frei Bartolomé de Las Casas, Ed. L&PM, 1984, sempre em outra versão que não original, eis que a mesma desapareceu para sempre, quiçá por mãos espanholas, estima (p. 29) que o extermínio da população indígena ficou em torno de 15 milhões! Sem mais delongas na transcrição de verdadeiros flagelos e tantas outras ignomínias, os genocidas conquistadores assim agiam com as antigas famílias indígenas: "Estando as guerras terminadas e mortos todos os homens, eram comumente reservadas as pessoas jovens, as mulheres e as crianças que distribuíam entre si, dando a um trinta, a outro quarenta, a outro cem ou duzentas, segundo o favor do *tirano-mor* a quem chamavam de Governador: davam-nas comumente aos espanhóis sob a condição de lhes ensinarem a Fé Católica, sendo que essas pessoas que tomavam a si próprias o encargo das almas eram geralmente indivíduos idiotas, homens cruéis, muito avaros e viciados" (p. 37, g.).

Noutra passagem, ao descrever o martírio a que foi submetido um cacique e seu povo, antes do derradeiro golpe por seus carrascos, presenciou Frei Bartolomé a conduta de um franciscano piedoso que procurou dar algum consolo àquele homem, explicando-lhe as vantagens da conversão, na glória e no repouso eternos; perguntou-lhe o índio se espanhóis iam para o céu; ante a resposta positiva, "o cacique disse incontinenti, sem mais pensar, que não queria absolutamente ir para o céu; queria ir para o inferno a fim de não se encontrar no lugar em que tal gente se encontrasse" (p. 41).

A situação de conflito entre a mensagem do colonizador e sua atitude hostil e sangüinária repercute durante os séculos seguintes, sempre a demonstrar a impossibilidade de assimilação. O intuito do dominador é, apenas, a conquista e a submissão, com a entrega de todos os bens materiais que sejam do interesse do civilizado. Nada em relação às tradições e aos costumes indígenas: em suma, o sufocar de um povo – como ocorreu na América do Norte e, até hoje, na América do Sul – confinado em reservas onde além de padecer de todas as doenças venéreas ou não dos civilizados, vêem suas mulheres e filhos estuprados e escravizados, enquanto lhes roubam terras, animais e liberdade.

Assim, da família primordial restam os soluços e os gritos de horror, nada se sabendo de como educavam os filhos, quais eram as bases do relacionamento sexual e familiar; mas, nada obstante, nota-se que tinham melhor noção de respeito mútuo e para com os filhos. Hoje, não mais adianta reconhecermos que somos impiedosos e que destruímos uma civilização, pois, o que diria um índio se fosse transportado – em qualquer destes anos e séculos anteriores – para os campos de batalha ou de concentração dos países civilizados ou se pudesse entender o que fizeram com a África, com a Índia ou com o Vietnã?

Todas as vezes que tratamos de civilizações indígenas restam-nos na memória ressaibos de sangue e podridão, que não nos chegam de suas entranhas, mas das nossas...

Soberania compartilhada (pp. 55 e 70) – Tenho denunciado que a Diplomacia brasileira preocupa-se excessivamente com a vertente econômica, deslembrada da jurídica, ao tratar do Mercosul.

Mas, ao mesmo tempo, numa política de tentativa e erro, mais erra e desconcerta do que acerta, sem dar às leis e aos tratados o exato conceito do que seria a soberania compartilhada, ao contrário da Argentina que, no dizer de alguns de seus juristas, considera o tratado como elemento fundacional de integração: "...está para o direito comunitário como a Constituição para o direito constitucional. Os tratados são a Constituição Comunitária. Bem por isto, o constitucionalismo da realidade caracteriza-se pela constitucionalização dos tratados e a colocação dos tratados com hierarquia superior às leis" (in Caetano Lagrasta Neto, "Mercosul e integração legislativa: o papel da magistratura perante a justiça social", *Caderno de Doutrina* da APAMAGIS, março de 1997, p. 129, e *Revista da Esmape* (Escola da Magistratura de Pernambuco), v. 2, n. 4, 1997, p. 55).

A preocupação fixa-se na proteção dos particulares (pessoas físicas ou jurídicas) em seus relacionamentos empregatícios, de consumo, penais, de família. Sempre deve ser colocada a questão de que a movimentação de trabalhadores (e de suas famílias) deverá implicar na assimilação de hábitos e costumes, desconhecidos no país em que prestarão serviços. Quem e como irá julgá-los? Qual Tribunal será competente?

Tratando-se de pobres operários é evidente que o julgamento deverá ser realizado no local onde fixou residência; onde estão sua esposa e filhos. Preocupa-me a formação deste novo juiz mercosulino que, no dizer de Cândido Dinamarco, doravante deverá ser um *juiz cidadão... do Continente.*

Capítulo VII

Morte encefálica (p. 94) – Em breve monografia, Maria Celeste Cordeiro Leite Santos analisa a Lei de Transplante de Órgãos, sob os aspectos médico-legais, concluindo: "Não cabe à Lei, porque lhe seria impossível, definir ou determinar quando se deu a morte. Caberá aos médicos, à Ciência estabelecer os critérios para quando se considere tenha aquela ocorrido. Nesta seara o Direito só pode intervir para exigir segurança quanto à realização do ato em determinados estabelecimentos, sempre porém, a última palavra caberá à Medicina, à decisão do facultativo e de sua consciência". E transcreve a definição de morte encefálica da *American Society of Neuroradiology* como: "O estado irreversível de cessação de todo o encéfalo e funções neurais, resultante de edema e maciça destruição dos tecidos encefálicos, apesar de a atividade cardiopulmonar poder ser mantida por avançados sistemas de suporte vital e mecanismos de ventilação. A ausência de fluxo sangüíneo encefálico é geralmente aceita como *signo da morte encefálica.* A razão desse signo é, porém, incerta. Uma pressão intracraniana alta não é a única explicação para a ausência de perfusão cerebral. Estudos vasculares cerebrais com angiografia por contraste SPECT têm sido usados para a confirmação e documentação do diagnóstico clínico" (in *Morte Encefálica*, Ed. Oliveira Mendes, 1998, pp. 39 e ss.).

A segurança absoluta não se vê ou não se crê. Bem andou, então, o legislador ao modificar a lei que cuidava das doações de órgãos, afastando a obrigatoriedade, pela omissão, que em tudo feria o discernimento dos cidadãos, especialmente daqueles que vêem na moral religiosa o refúgio para as dúvidas.

Capítulo VIII

Crise do sistema carcerário (p. 98) – Antonio Cassese, professor de Direito Internacional em Florença, durante quatro anos presidiu um corpo de inspetores internacionais, criado pelos 23 governos do Conselho da Europa, a fim de verificar as condições dos cárceres europeus e, nada obstante houvesse o compromisso do sigilo, algumas conclusões puderam ser publicadas e estão na sua obra: *Umano – Disumano – Comissariati e prigioni nell'Europa di oggi*, Ed. Laterza, Bari, 1994.

Uma de suas conclusões é a de que a tortura é praticada nos comissariados (delegacias) de polícia ou nos quartéis de alguns países, o que inexiste no âmbito dos presídios e de outros órgãos estatais, apesar das condições subumanas de sobrevivência e alojamento. Guardadas as devidas distâncias, em razão de sistemas diferentes – em geral, os países europeus possuem magistrados que são promotores de justiça e ao início de carreira exercem, indistintamente, o cargo de juiz de Instrução – concluiu a Comissão que muitos juízes demonstram escasso interesse pelo destino das pessoas. Estas circunstâncias são do conhecimento dos brasileiros – de hoje e de ontem – apenas que o tratamento desumano ou a tortura em relação à família reside, sempre, no afastamento do preso de seu lugar de origem, tornando impossível que seja visitado por parentes, pela mulher ou pelos filhos. O desamparo impede que ele continue a ter esperança, enquanto que os de fora desistem da espera, premidos pela fome e pela miséria, desacreditando da Justiça e refugiando-se na "proteção" do crime organizado, das máfias, escondendo-se numa *lei do silêncio* que nada mais é do que uma *vingança* contra a sociedade.

Essencial, sob este aspecto, a leitura de *Estação Carandiru*, de Dráusio Varela, Companhia das Letras, 1999.

Luta anti-máfia (p. 100) – Antonino Caponnetto, juiz siciliano, que no crepitar dos máxi-processos contra a máfia inscreveu-se para participar de um deles, na companhia de Falcone e Borsellino, encontra-se hoje aposentado e contou parte de sua vida em Palermo ao jornalista Saverio Lodato (in *I miei giorni a Palermo*, Garzanti, 1992). Utilizando-se da definição de Rita Costa, esposa do Procurador da República assassinado aos 6 de agosto de 1980, existem três espécies de magistrados no Palácio da Justiça de Palermo: aqueles que, com paixão, dedicam-se aos processos anti-máfia; aqueles que jamais conseguem sair do limbo da ineficiência e aqueles que estão do outro lado – completando Caponnetto: "Existe uma atmosfera de envenenamento geral, feita de invejas, incompreensões, resistências, enormes diferenças culturais entre certos grupos de magistrados mais velhos e magistrados mais jovens" (p. 84 – traduzi). A partir destas constatações e de injustiças praticadas contra Falcone, em especial, torna-se crítico acerbo da formação do Conselho Superior da Magistratura, lá, absolutamente subjugado ao Poder Executivo, que o controla interna e externamente. Aprofundando a análise do crime organizado, propõe um olhar mais perscrutador em direção às mulheres da máfia, afastando a conceituação mentirosa de alguns "arrependidos" de que seriam elas estranhas "por natureza e por tradição às empresas e aos negócios das famílias...". Pelo contrário, afirma, com apoio nas palavras de outra juíza, Maria Grazia Mazzola: "Na realidade (...) é a mulher o elo de ligação da cadeia de parentesco que mantém unida a *Cosa Nostra* e se constitui num de seus aspectos fundamentais, ou seja a organização *familística*. Os matrimônios no interior da Cosa Nostra constituem-se em verdadeiros acordos entre os vértices das famílias" (idem, p. 158, *grifei*).

Mulher e vida marginal (p. 100) – Em livro recente, Claire Longrigg, jornalista do *The Guardian* da Inglaterra, profunda conhecedora do sul da Itália, analisa a vida das mulheres marcadas por casamentos ou por assassinatos promovidos por organizações mafiosas (in *L'altra metà della mafia*, Ed. Ponte allle Grazie, Milão, 1997). Após individualizar mulheres que postaram-se contra filhos e maridos, para evitar que colaborassem com a Justiça; outras que corajosamente denunciaram as entranhas do crime organizado e outras ainda que, "arrependidas" preferiram o suicídio, para escapar à implacável condenação pela própria mãe, como é o caso de Rita Atria, recorre à experiência do juiz Falcone, quando descreve como é a *Cosa Nostra* (máfia siciliana) que, à semelhança das demais, é "fortemente conservadora" e "conformista", quer na sua adesão puramente formal aos valores católicos tradicionais, quer na sua aparente desaprovação dos relacionamentos extramatrimoniais. "Um homem que teve mais de u'a mulher ou mantém relações extraconjugais em público, que não consegue um autocontrole no plano sexual e sentimental, não é um homem confiável, sequer no plano 'profissional'. A única mulher verdadeiramente importante para um mafioso é e deve ser a mãe de seus filhos. As outras 'são todas putas'. Casou com a mulher errada? Problema seu. E conforme-se com os valores-chave da família, faça com que mãe e filhos sejam respeitados e convenientemente mantidos. Depois, no resto, faça como melhor lhe aprouver, sempre, porém, com a máxima discrição". Prossegue a Autora: "O que a análise de Falcone destaca é um claro rompimento entre norma e realidade: o 'código de honra' da *Cosa Nostra* é lembrado em momentos em que se pretende demonstrar que a máfia tutela os valores tradicionais da família. Quando *Totó* Riina (alcunhado de 'la Belva' – 'a fera' – com condenações por oito homicídios) avistou-se com seu principal acusador, o 'arrependido' Tommaso Buscetta (um homem com três casamentos às costas – falecido neste ano, após viver sob a proteção do sistema policial norte-americano), Riina recusou-se a falar, afirmando que não podia responder a acusações de um homem carecedor de princípios morais" (p. 242 – traduzi).

Quando o aparelho estatal desampara a grande maioria das crianças e dos jovens – os anciãos, nem pensar – que vivem à margem das grandes cidades, nos morros e periferias, sem escola, sem segurança, sem instrumentos básicos de cidadania, evidente que suas mães instintivamente os defendam. Como defendê-los se a sociedade não se faz presente naqueles ambientes desumanos e degradantes? Formando as organizações criminosas verdadeiros esquemas de segurança a fim de manter o *território*, isto é, o bairro, o morro, a favela, que dominam em razão do lucro na distribuição de tóxicos e de armas, acabam por aliciar entre aqueles os novos delinqüentes, enquanto suas mães percebem que o filho "é respeitado", possui, de alguma forma um "código de honra", enquanto que as filhas, sabe-se lá como, também trazem algum dinheiro, que a todos afasta, temporariamente, da doença e da inanição. Conformadas com a presença da morte – por desamparo social – elegem os traficantes como "protetores", o que lhes permite e aos filhos sobreviverem por mais alguns meses ou anos, mesmo que para isto tenham que manter a lei do silêncio (ninguém assiste ou depõe sobre chacinas), fingindo desconhecer que seus filhos são usados pelos traficantes como transportadores da droga e que suas filhas estão se prostituindo, quase todos eles fazendo uso da droga, sobrevivem até que não tenham condições de pagar o próximo fornecimento, quando então podem ser sumária e impunemente eliminados.

Um número assustador de excluídos – não só dos monturos que permeiam e circundam as grandes cidades, como também dos sertões e agrestes – desconhece o direito sucessório, o de família ou qualquer direito. Para eles Estado Democrático é o que dá algum dinheiro e o que comer, se possível com algum trabalho. No mais, a segurança ainda é a lei do mais forte e a família é a honra. Estas definições precárias induzem ao estupro das próprias filhas, às surras dos filhos e da mulher, em suma à violência como característica básica do grande Brasil, aquele que os privilégios escondem, mas que conosco convive todos os dias, através de nossas domésticas, de nossos faxineiros, de todos aqueles analfabetos que nos envolvem e fazem com que nossas vidas sejam mais suaves, apesar de algumas vezes seus gritos e sussurros atrapalharem a audição da novela das 8.

Capítulo XI

Guarda Conjunta (p. 120) – Constance R. Ahrons mostra que a situação nos EUA, durante a década de '60 obrigava o pai – caso pretendesse a guarda dos filhos – a comprovar que a mãe era ou inteiramenente incompetente, mentalmente débil, abusiva, alcoólatra ou dependente de droga. Porém, nos 15 anos seguintes a guarda conjunta passou a ser a forma de pedir mais comum, sendo que em 1980 apenas três Estados tinham lei específica, que, em 1992, passou a 42. Assim: "Em 19 Estados, a custódia conjunta ou os deveres paternais partilhados é a presunção ou preferência; em 24, constitui uma opção que pode ser requerida pelos pais; em cinco pode ser dada a critério do juiz". A situação, contudo, longe está de ser tranqüila; exigem-se especialistas e laudos, e grassa discussão acirrada entre a Associação de Custódia Conjunta e a Organização Nacional das Mulheres; dentre as dissidências, Ahrons ressalta, em primeiro lugar, a estabilidade da criança e a possibilidade de manter relacionamento sadio com ambos os pais; em segundo, o poder que tem o tribunal de determinar a cooperação entre pais inimigos ou conflituosos; um terceiro vincula-se ao anterior, no que diz respeito à definição do guardião, quando impossível o trabalho conjunto; por fim, a número quatro diz respeito ao sexo dos pais (in *O Bom Divórcio*, Objetiva, Rio de Janeiro, 1994, p. 255). O debate entre associações, nos EUA, significa muito mais do que no Brasil, eis que possuem legitimidade e representatividade asseguradas pelo número de participantes e pelo respeito que lhes dedica o Estado, como princípio de cidadania; contudo, apenas o debate n. 1 é de ser destacado: a igualdade está relacionada com a dupla jornada enfrentada pela mulher, enquanto que a participação do homem é mínima e pouco consciente. O debate n. 2 é fruto da intransigência, e esta será sempre aferível pelo bom magistrado: aquele dos guardiões que pauta sua vida pelo egoísmo medíocre, com certeza, será alijado da guarda, mantido apenas o regime de visitas. A determinação de pessoa estranha aos pais é medida excepcional e, na hipótese de ocorrer tal dissídio, melhor que a designação recaia sobre um dos avós ou sobre parente, uma vez que não possui o nosso país instituição estatal que o faça com dignidade.

Relações neuróticas (p. 129) – Karen Horney demonstra sua teoria de que os relacionamentos humanos são geradores de conflitos e que "...as tendências compulsivas das neuroses não são instintivas, mas oriundas de relações humanas perturbadas, que elas podem ser modificadas quando estas melhorem e que os conflitos daí decorrentes podem ser resolvidos (...) o que significava, mais explicitamente, que as neuroses são geradas por distúrbios nas relações humanas (...) Assim, formou-se uma teoria das neuroses, cujo centro dinâmico é um conflito básico entre as atitudes de 'aproximação', 'oposição' e 'afastamento', em relação às pessoas. Devido, por um lado, a seu temor a entrar em colapso e, por outro, à necessidade de funcionar como uma unidade, o neurótico faz esforços desesperados para solucionar seu problema. Embora possa ter êxito dessa forma, criando uma espécie de equilíbrio artificial, daí decorrem novos conflitos e precisa continuamente de novos expedientes para anulá-los. Cada passo, nessa luta por sua unidade, torna o neurótico mais hostil, inseguro e afastado de si mesmo e dos demais, fazendo com que as dificuldades responsáveis pelos conflitos fiquem mais agudas e sua verdadeira solução cada vez menos atingível" (in *Nossos Conflitos Interiores*, Civilização Brasileira, 4ª ed., 1969, pp. 170, 14 e 19).

Sentimento – Este conceito atravessa o livro como o principal motivo do comportamento das pessoas, especialmente daquelas que vivenciam uma experiência junto às Varas da Família. Merece, assim, alguma espécie de definição, que, de acordo com Jung, "é o conteúdo ou material da *função de sentir*, mediante a discriminação de um sentir determinado". Enquanto que o sentir é por ele incluído entre as quatro funções psicológicas fundamentais, acaba por não concordar com a orientação psicológica que concebe o sentir como um fenômeno secundário, subordinado a "representações" ou percepções; tal como Höffding, Wundt, Lehmann, Külpe, Baldwin e outros, vejo no sentir uma função independente *sui generis*. O sentimento é, em primeiro lugar, um processo que se verifica entre o Eu e um dado conteúdo, processo esse que concede ao conteúdo um *valor* determinado, no sentido de aceitação ou recusa ('agrado' ou 'desagrado'), mas que também pode produzir-se isoladamente, por assim dizer, como uma 'disposição', prescindindo do momentâneo conteúdo consciente ou das momentâneas percepções. Nada obstante a profundidade do pensamento junguiano, ele próprio conclui que: "...uma definição intelectual jamais conseguirá refletir suficientemente o que é específico do sentimento, enquanto nos contentarmos com os contornos do conceito" (in C. G. Jung, *Tipos Psicológicos*, Zahar, Rio de Janeiro, 1967, pp. 539 e ss.).

Curiosamente, ao distinguir entre os tipos sentimentais, introvertido e extrovertido, ao primeiro atribui como principal forma de neurose a histeria "com seu mundo inconsciente de características representações infanto-sexuais" (p. 419), enquanto que no segundo "A forma de neurose é (...) menos histérica que neurastênica, ressentindo-se, sobretudo nas mulheres, a saúde física, por exemplo, a anemia e suas conseqüências" (p. 453).

A terrível complexidade de elementos, herdados ou adquiridos, que formam o núcleo da responsabilidade e da representação, paterna ou materna, quer em relação aos próprios pais, quer em relação aos filhos, em suas inúmeras facetas, deve ser investigada e avaliada pelo juiz. Não será possível pacificar a demanda, os contendores e encaminhá-los à conciliação ou transação se não se dispuser o magistrado a ouvi-los com paciência – além do curto espaço de tempo de uma audiência. O tratamento respeitoso e a dignidade emprestada aos gestos e palavras acaba por conquistar aos mais renitentes litigantes.

O juiz de Família – assim como o advogado e o promotor de justiça – deve transmitir às partes o necessário grau de confiabilidade para que possa conquistar legitimidade no exercício de suas funções, no processo e fora dele. Para isto, é imprescindível que se disponha a examinar o próprio sentimento, indo em busca daquele das partes.

O Direito de Família continua sendo um grande laboratório da personalidade humana e quem com ele estiver envolvido certamente enfrentará a realidade subjetiva que subjaz a todos os atos, gestos e palavras, do ódio ou do sentimento.

QUARTA PARTE

BIBLIOGRAFIA TEMÁTICA

A JURISPRUDÊNCIA DO FUTURO

1. Introdução

1. Clóvis Bevilaqua, *RT* 139:446 e ss. – Em Parecer a respeito de Investigação de Paternidade, especialmente sobre prevalência entre a aplicação da lei no tempo ou da propositura da ação, em "aditivo", assim se expressa: "Desde que se faz retrotrair a ação de investigação de paternidade, para alcançar os filhos nascidos antes do Código Civil, essa ação mantém todos os seus predicados e vai alcançar o autor no momento em que a ação podia ser exercida, correndo, desde então, o prazo prescricional. Assim, se decorreram 30 anos, contados da data em que a ação podia ser proposta (no caso presente, de 1894, quando a filha pretendida completou 16 anos), a ação está prescrita".

Comentário

Extrai-se do texto que muitas ações – procedentes ou improcedentes – em virtude da aceitação de exames hematológicos, tipo HLA, podem, de acordo com nosso entendimento, e de expressiva parcela da jurisprudência, ser objeto de medida cautelar inominada de produção antecipada de prova ou de nova ação (rescisória), pois que a paternidade resultou confirmada ou infirmada, com base em falsa análise de prova, e mesmo de prova à qual não atribuiu a jurisprudência foros de cientificismo, portanto em sentença (ou Acórdão) inexistentes, o que os torna imprescritíveis. Decisões do STF jamais confirmaram o caráter científico dessa espécie de exame; assim, não é ilegal reiterar-se a propositura – sob a ótica de novos e mais seguros exames (DNA), capazes de confirmar ou rejeitar a pretensão. Refere-se, especialmente, casos em que o magistrado não se preocupou com a colheita das provas clássicas – p. ex., testemunhal, capaz de comprovar a coabitação à época da concepção ou a exceção do conúbio plúrimo – outras, ainda, em que houve a recusa estatal ao financiamento do exame, diante da miserabilidade de autor ou réu. Neste sentido, recente decisão do C. STJ, datada de 12.5.98, rel. Min. Barros Monteiro: "Antes de determinar a realização da prova pericial do DNA, deve o juiz de Direito promover a coleta de outras provas que permitam a formação de seu convencimento sobre a pretensão deduzida. Ainda assim, julgada indispensável, poderá determiná-la às expensas do Estado, que promoverá os meios necessários. Precedente da 2ª. Seção" (*DJU* de 31.8.1998). Também, no sentido de custear o Estado o exame pericial: STJ, 4ª T., RE n. 167.675-MS, rel. Min. Sálvio de Figueiredo Teixeira, j. 19.5.1998, in *Boletim AASP* 2.071, p. 146.

2. Cândido Rangel Dinamarco ("Universalizar a Tutela Jurisdicional", *Revista da Escola da Magistratura do Estado de Rondônia*, 4:69, Porto Velho, 1998), afirma que vem "... falando do *juiz-cidadão,* que é o magistrado de tal modo envolvido com o objetivo de expandir e aprimorar o acesso à justiça, que externa críticas construtivas ao sistema processual e ao Poder Judiciário mesmo, que propõe soluções legislativas, elabora anteprojetos de lei, reivindica melhores condições de trabalho. Foi um grupo de *juízes-cidadãos*, do qual fiz parte ao lado de magistrados do porte de Kazuo Watanabe e Caetano Lagrasta Neto, que redigiu o anteprojeto da Lei das Pequenas Causas" (ob. cit., p. 101).

2. Investigação de paternidade e subtemas

1. Caio Mário da Silva Pereira, "Paternidade e sua Prova", in *Revista de Direito Civil* 71:6 e ss. Posiciona-se o insigne civilista, quanto à recusa de submeter-se o investigado ao exame hematológico: "Ligada ao princípio do respeito à personalidade está a questão se o indivíduo pode ser compelido a submeter-se a uma narcoanálise, ou sujeitar-se a uma perícia hematológica. Entendemos que não. Se se trata de fato alegado em Juízo, a sua recusa pode ser interpretada desfavoravelmente, em razão da sonegação de elemento de convicção. Mas o respeito à integridade física do indivíduo permite-lhe opor-se a que se proceda a tais exames, por envolverem uma quebra do princípio da inviolabilidade da pessoa, física ou psiquicamente considerada". Prossegue o doutrinador: "No Direito Brasileiro, como nos sistemas ocidentais em geral, a paternidade resulta de um jogo de presunções. (...) O Código Civil não conhece outra hipótese de reconhecimento compulsório de paternidade, ou de ação de investigação de paternidade. Não existe em nosso direito ação de investigação de paternidade fundada exclusivamente em exame de sangue. (...) Se vier alguém pleitear o reconhecimento de paternidade baseado exclusivamente em perícia hematológica, sem referência a concubinato, rapto, relações sexuais, ou escrito do pai, o processo extingue-se de plano, sem julgamento de mérito... (...) Perícia hematológica (qualquer que seja ela) não é fundamento do pedido investigatório. Perícia hematológica não é meio de prova de paternidade, alegada na inicial, como pressuposto da relação parental. (...) A perícia hematológica constitui elemento probatório, a corroborar a prova do item essencial do libelo do autor..." E, conclui: "...fundada a ação investigatória em concubinato ou em relações sexuais, ou em escrito do pai, o investigante tem o dever de provar um ou outras. Não o fazendo, o desfecho será o desprovimento da declaratória da paternidade".

2. Luiz Fernando Jobim, e Maria Regina Rodrigo Cordeiro, "Resultados da Investigação de Paternidade pelo Sistema HLA no Rio Grande do Sul", in *Ajuris*, 46:182 e ss. Vale ressaltar que: "A freqüência com que acontecem as especificidades HLA é diferente para cada grupo racial, existindo certos HLA mais freqüentemente em brancos do que em índios ou orientais e vice-versa. Para tanto, a pesquisa genética deve ser realizada em diferentes raças para que se conheça a freqüência de seus genes HLA e seus haplotipos, fato importante para o cálculo da probabilidade de paternidade".

3. João Lélio Peake de Mattos Filho, "O impacto da introdução do exame DNA no conjunto de provas na investigação de paternidade", in *Repertório IOB de Jurisprudência*, 2ª Quinzena de Junho de 1992, n. 12/92, pp. 276 e ss.

_____ "Os quesitos na investigação de paternidade", no mesmo Repertório, 2ª Quinzena de junho de 1993, n. 12/93, pp. 234 e ss.

4. Artur Marques da Silva Filho, "HLA e DNA – Novas técnicas de determinação do vínculo genético", in *RT* 655:54 e ss.

5. Alfredo Gilberto Boeira, "O perfil de DNA como prova judicial – Uma revisão crítica". Dentre as advertências do autor destacamos o seguinte trecho: "Em trabalho de Jeffreys, citado por Pena, aparecem até 18% de casos em que os pais biológicos poderiam ser considerados como excluídos, ou seja, uma sensibilidade de 82%. No mesmo estudo, falsos pais não poderiam ser excluídos em até 43% dos testes ou seja uma especificidade de 57%". E encerra: "Como dizem os matemáticos Balding e Donnelly (Londres): 'Já está claro que algumas reivindicações iniciais sobre impressões digitais de DNA são injustificadas. Se foram devidas à ignorância, otimismo ou interesse comercial, é fato menos evidente. Persistem dúvidas legítimas sobre a apresentação e a interpretação da prova do DNA'. Ao julgador cabe agora apreciar o significado desta evidência e cotejá-la com as demais provas".

6. Maurício Benevides Filho, "Direito à intimidade e o processo de investigação de paternidade: direito à recusa ao exame hematológico", in *Dos Direitos Humanos aos Direitos Fundamentais*, Livraria do Advogado, Porto Alegre, 1997 (Coord. Willis Santiago Guerra Filho) pp. 159 e ss. O autor encontra no âmbito da convivência humana três esferas concêntricas e sobrepostas, sendo a primeira a Social, a segunda a Privada e a última, mais restrita e inviolável, a Íntima, definindo-a como: "Local onde o indivíduo tem o poder legal de evitar e excluir todos os demais" e que, por incluído no rol dos direitos fundamentais, aqueles que "não podem converter-se em direitos com mais restrições do que as diretamente impostas pela Constituição ou com a autorização dela", conclui que ao decidir o investigado que deve manter sob seu controle, informação relativa à sua intimidade, a recusa "pode, no máximo, no conjunto geral das provas colacionadas durante a instrução processual, ser apontada como um dado desfavorável, e nunca servir de arrimo a uma condenação sumária".

7. Athos Gusmão Carneiro, "Da causa de pedir nas ações de investigação de paternidade", Parecer, *Revista Forense* 328:113 e ss. Manifestando-se a favor do consulente, no sentido de ser a prova precária e lacunosa, incapaz de autorizar um decreto de procedência, traz à balha Acórdão do TJSP, 4ª C. Civ. Ap. 113/4777-1, rel. Des. Alves Braga, que diz: "Ainda que nas ações de investigação de paternidade não se chegue à verdade real, deve o juiz, para julgar procedente o pedido, ter pelo menos, pelos indícios e circunstâncias, a certeza moral de que o investigado é pai do investigante. Havendo dúvida, já se não há falar em certeza moral. Os indícios e circunstâncias devem estar bem concatenados, sem que haja solução de continuidade na cadeia indicante. Rompida essa cadeia, falha a estrutura da certeza moral. Persiste a dúvida, e, na dúvida, não se imputa a alguém fato duvidoso".

8. Sálvio de Figueiredo Teixeira, *Direitos da Família e do Menor: Inovações e Tendências* (coord.), Del Rey, Belo Horizonte, 1992.

9. João Baptista Villela, "O reconhecimento da paternidade entre o pós-moderno e o arcaico: primeiras observações sobre a Lei n. 8.560/92", in *Repertório IOB de Jurisprudência*, 2ª Quinzena de Fevereiro de 1993, n. 4/93, p. 76.

10. Álvaro Villaça Azevedo, "Investigação de Paternidade e petição de herança", Parecer in *Revista de Direito Civil* 25:183.

11. Philadelpho Azevedo, *RT* 139:450 e ss. Em Parecer sobre "Investigação de Paternidade: prescrição, petição de herança e meios de prova" (datado de 15 de janeiro de 1941) conclui: "...tendo em atenção aos termos da consulta, onde se alude expressivamente ao conhecimento que teria o indigitado pai da existência do filho, que educara, não há como deixar de concluir que o reconhecimento forçado não pode, em qualquer caso, prejudicar o testamento, na parte disponível".

12. Alcides de Mendonça Lima, "Ação de Investigação de Paternidade", *Revista de Processo* 11-12:243 e ss. Parecer, cuja resposta vale transcrita: "Os antigos AA. *podem mover nova ação de investigação de paternidade contra o pretendido pai*, utilizando-se do documento por esse assinado, no qual consta, de modo inequívoco e expresso, o reconhecimento da filiação, embora a anterior ação haja sido julgada improcedente, por falta de prova. Não se operou, assim, coisa julgada, porque a *causa petendi* é outra, baseada, até, em fato posterior ao julgamento da anterior. Quanto à *validade jurídica da carta*, para assegurar a procedência, isso dependerá da prova produzida em juízo. *A nova ação não poderá ser indeferida pelo juiz,* liminarmente, com base no art. 267, I, combinado com seu § 3º, nem decretar a coisa julgada, se suscitada pelo réu ou réus, cabendo-lhe rejeitar a argüição, e agir na forma do art. 331, II, todos do Código de Processo Civil (...)".

13. J. J. Calmon de Passos, in *Revista de Processo* 45:182 e ss. Ao examinar, em extenso Parecer, a questão probante na ação de Investigação de Paternidade, conclui o insigne processualista que um documento (carta) preenchido com máquina, utilizando letras maiúsculas, com rubrica ausente, apenas assinada na última de suas folhas, a título de comunicação que poderia ter sido pessoal, "é documento testemunhante com eficácia predominantemente confessória, constituindo-se prova atípica, disciplinada, por analogia, pelo disposto no art. 350 do CPC". E, mais adiante: "A exigência do art. 458, II, do CPC considera-se desatendida quando a motivação existe formalmente mas se mostra inaceitável jurídica e logicamente. Sentença com motivação que viola preceitos cogentes em matéria probatória é sentença suscetível de controle jurisdicional por via do recurso adequado".

______"Registro Público – Justificações de óbito – Efeitos probatórios na investigação de paternidade", in *Revista Ciência Jurídica*

46:281 e ss. Igualmente, em Parecer conclui o Autor: "... O juiz da investigatória não só pode como deve repelir os efeitos probatórios da justificação realizada perante outro juiz, com o objetivo único de subtrair de sua competência a apreciação do fato em sua existência ou inexistência, quanto ao momento de sua ocorrência e no tocante às conseqüências jurídicas que dele decorrem. E o dever do juiz (...) vai além da simples rejeição dos efeitos probatórios da justificação, porque se impõe a decretação de sua ineficácia, visto como nula *ipso jure*, por vício essencial de natureza processual (falta de citação dos interessados) e vício essencial de natureza substancial (modificação do estado civil resultante de uma relação de filiação)". E, prossegue: "Desnecessária ação anulatória, porque a invalidade do registro é decretável *incidenter*, em sede contenciosa, máxime em processo no qual terceiro, que não foi parte na justificação, pretende afastar pretensão que se apóia no fato sobre que ela versou. Conseqüentemente, também desnecessária e até inviável a rescisória, porque as decisões proferidas em justificação não transitam em coisa julgada material no tocante ao fato objeto da justificação, seja no que diz respeito a sua existência ou inexistência material, seja no pertinente a sua relevância ou eficácia jurídica".

14. Fábio Maria De Mattia, "Investigação de Paternidade, Alimentos, Filiação e conseqüências de nova norma constitucional", in *Repertório de Jurisprudência IOB*, 1ª Quinzena de Fevereiro de 1989, n. 3/89, pp. 49 e 50, louvando-se em Walter Moraes, no seu "O Direito Constitucional da Filiação", publicado no mesmo *Repertório*, n. 20/88, cita: "Daí que todos os filhos havidos fora do casamento hão de ter acesso constitucional (*art. 227, § 6º*) à recognição, voluntária (art. 357) e investigatória (art. 363); também os adulterinos na *efetiva constância* do casamento do pai ou da mãe, e os incestuosos".

15. Sergio Gischkow Pereira, "Eficácia Subjetiva da Coisa Julgada e Ação de Investigação da Paternidade ou Maternidade", in *Revista de Processo* 7-8:99 e ss.

16. Mário Moacyr Porto, "Ações de Investigação de paternidade ilegítima e petição de herança – Estudo de Direito Comparado", in *Ajuris* 46:236 e ss.

17. Maria Helena Diniz, *Curso de Direito Civil Brasileiro*, v. 5º, pp. 330 e ss., 12ª ed., Saraiva, 1997. Valiosa a contribuição da Autora ao elencar as conseqüências do reconhecimento de filho, dentre os quais avultam: concretizar liame de parentesco, registrado; impedir o reconhecimento ilegítimo por um dos cônjuges (art. 359 CC); garantir alimentos e assistência recíprocas; sujeição ao poder parental;

equiparação quanto aos efeitos sucessórios, por ausência de distinção entre filhos; permitir ao ilegítimo reconhecido ação de petição de herança, dentre outros.

18. Tycho Brahe Fernandes, "Do Termo Inicial dos Alimentos na Ação de Investigação de Paternidade", in *RT* 694:268 e ss. Conclui o Autor que: "A jurisprudência vem, pouco a pouco, aceitando a tese da fixação dos alimentos a partir da citação, afirmando tanto o fato de ser a sentença que julga o pedido de investigação de paternidade declarativa, quanto o de a citação constituir o devedor em mora...", mencionando precedentes.

19. Rolf Madaleno, "O Dano Moral na Investigação de Paternidade", in *Ajuris* 71:269. Admitindo ter recebido influência da jurisprudência argentina, cita recente decisão daquele país: "Se a filiação e o apelido (nome), como atributos da personalidade, não podem ser desconhecidos legalmente, e a ordem jurídica procura sua concordância com a ordem biológica, aquele que ilide voluntariamente seu dever jurídico de reconhecer seu filho torna-se responsável pelos danos ocasionados a quem tem o direito de ser incluído no respectivo estado de família". Anteriormente citara decisão da Sala L. CNCiv., datada de 1994, no sentido de que: "as lesões sofridas por quem intenta obter sua filiação atentam contra a honra, o nome, a honestidade, as afeições legítimas e a intimidade. Isto permite que se faça credora da indenização que reclama por dano moral, sem prejuízo que o menor, na oportunidade pertinente, possa reclamar do demandado uma condigna reparação". Por fim, aventa a forma de fixação e execução: "A indenização dar-se-á em procedimento de liquidação por arbitramento, da sentença transitada em julgado, que não somente reconheceu a paternidade do investigante como, também, em pedido cumulativo, condenou o pai relutante em danos morais, cuja quantificação jamais buscará apagar o dano moral causado, mas, antes, apenas compensá-lo, consagrando o reconhecimento e o valor jurídico deste bem imaterial, e o arbitramento do *quantum* devido estará em conformidade com as circunstâncias do caso e a situação econômica do responsável pela ofensa, pois, em caso contrário, jamais servirá como modelo de postura para a contundente repreensão de tão nefasta ofensa".

3. Aids e Direito de Família

1. Rubens Limongi França, "Aspectos jurídicos da Aids", in *RT* 661:14 e ss.

2. Eduardo Ignacio Fanzolato, "El SIDA y el derecho de familia", in *Revista de la Facultad*, Universidad Nacional de Córdoba, v. 2, n. 1, pp. 103 e ss.

3. Ruy Rosado de Aguiar (rel. do Ac. da 4ª. T. do STJ, RE 148:897-MG (Reg. 97 661245, julgado em 10.2.98), tece extensas e percucientes considerações a respeito do tema, estendendo-se filosoficamente sobre o exemplo de relação intersubjetiva ao dizer: "... o Direito não regula os sentimentos. Contudo, dispõe ele sobre os efeitos que a conduta determinada por esse afeto pode representar como fonte de direitos e deveres, criadores de relações jurídicas previstas nos diversos ramos do ordenamento, algumas ingressando no Direito de Família, como o matrimônio e, hoje, a união estável, outras ficando à margem dele, contempladas no Direito das Obrigações, das Coisas, das Sucessões, mesmo no Direito Penal, quando a crise da relação chega ao paroxismo do crime, e assim por diante". Prossegue o i. magistrado afirmando que: "O comportamento sexual deles pode não estar de acordo com a moral vigente, mas a sociedade civil entre eles resultou de um ato lícito, a reunião de recursos não está vedada na lei e a formação do patrimônio comum é conseqüência daquela sociedade. Na sua dissolução, cumpre partilhar os bens", com isso respeitando-se a opção moral e de vida entre companheiros do mesmo sexo, em que um deles viu-se compelido ao outro assistir durante o longo padecimento da infecção aidética.

4. Caetano Lagrasta Neto, "A Aids e o Direito de Família", in *Revista de Direito Civil* 47:141. Trabalho apresentado ao Congresso Extraordinário da Federação Latino-americana de Magistrados, Argentina, 21 a 23.9.88.

5. Cláudio Cohen, e Carla Júlia Segre Faiman, "Aids: Ataque ao Sistema de Defesas Psíquicas", in *Revista Bioética*, v. 1, n. 1, pp. 67 e ss. Afirmam estes autores, como conclusão, que: "Para se decidir sobre a autonomia do paciente, sua responsabilidade perante a lei e sobre a quebra ou não do segredo relativo ao diagnóstico, a equipe de saúde deve fazer um diagnóstico preciso das condições do paciente, e é muito importante que tal avaliação seja resultado de uma real aproximação e não a projeção de nossos 'pré-conceitos' e pavores".

6. Elisabeth Kübler-Ross, *Sobre a morte e o morrer*, Edart, 1977, citada por Cohen e Faiman.

7. Caio Rosenthal, "Reflexões sobre a Eutanásia nos Tempos da Aids", in *Revista Bioética*, v. 1, n. 1, pp. 71 e ss.

Nota do autor: A Comissão de Reforma do Código Penal passou a admitir pena de três a seis anos de detenção para o homicídio culposo (§ 4º do art. 121 – atual e do anteprojeto), com exclusão da ilicitude, assim grafado: "Não constitui crime deixar de manter a vida de alguém por meio artificial, se previamente atestada por dois médicos a morte como iminente e inevitável, e desde que haja consentimento do paciente, ou na sua impossibilidade, de ascendente, descendente, cônjuge, companheiro ou irmão". Em matéria do jornal *Folha de S.Paulo*, o Prof. Caio Rosenthal afirma: "Não são os médicos que decidem que o paciente seja torturado antes de morrer. Médicos que lidam com pacientes graves têm recursos emocionais mais fortes e sabem dizer quando o quadro é irreversível. Uma vez que foram esgotados todos os recursos, é preciso evitar o prolongamento desnecessário". Por sua vez, na mesma reportagem, o professor titular do departamento de medicina e bioética da USP, Dr. Marco Segre, vai mais longe: "Sou a favor de abrir uma brecha para que o suicídio assistido possa ser feito. O médico é parceiro do paciente e pode se associar tanto na preservação da vida quanto na abreviação dela" (em 5.4.98, p. 7).

8. Leocir Pessini, *Eutanásia e América Latina*, Editora Santuário, Aparecida, SP, 1990, pp. 71 e ss. e reportagem da *Folha de S.Paulo* acima mencionada.

9. Irineu Antonio Pedrotti, "Da Aids e do Direito", in *RT* 690:295.

10. Roberto Catanesi; Ignazio Grattagliano, e Pietro Rossi, "Medicina Penitenziaria e Aids – Indagine Sperimentale", in *Rassegna Italiana di Criminologia*, n. 4, pp. 513 e ss. Alertam os autores que: "La sieropositività, l'Aids, fanno parte ormai del nostro quotidiano, della nostra cultura, in particolar modo in carcere è importante un costante lavoro di decontaminazione emotiva, un gruppo com cui confrontarsi, una attenta supervisione rispetto al lavoro che si effetua. Questo pressupone una conoscenza delle dinamiche psicologiche relative alla professione medica che in larga parte i medici, e non solo quelli penitenziari ben inteso, non possiedono, poichè l'Università solo recentemente hà introdotto nel suo curriculum formativo tale problematica".

11. Bruno Magliona, "Accertamento sierologico dell'infezione da HIV, carcere e tutela dei diritti umani: dal concetto di popolazione speciale al principio della equivalenza", in *Rassegna Italiana di Criminologia*, n. 4, pp. 503 e ss. Afirma o Autor que: "Il *leitmotiv* che accomuna le diverse raccomandazioni in materia è costituito dal richiamo al cosidetto 'principio della equivalenza', in base al quale le misure preventive, di accertamento e di trattamento che sono applicate all'interno del sistema penitenziario non devono differire da quelle messe in atto nella comunità (Tomasevski, 1991)".

12. Scott Burris, "Prisons, Law and Public Health: The Case for a Coordinated Response to Epidemic Disease Behind Bars", in *University of Miami Law Review*, v. 47, n. 2. O Autor adverte que: "I cannot conclude this positive portrayal of effective strategies for addressing critical public health problems without, to some degree, abjuring it. HIV, TB, syphilis, and communicable diseases in general are now, and have been for at least the last few hundred years, associated with poverty in the form of poor nutrition and sanitary conditions. With the living standards of our poorest citizens falling, it is no surprise that public health is on the decline as well. It is depressing that prison, itself, is one of our major housing programs for poor".

13. Silvia Cherubini; Settimio Monetini, e Francesco Bruno, "Problematiche vittimologiche relative alla trasmissione dell'infessione da HIV nell'ambito delle misure alternative alla detenzione", Comunicação ao X Congresso da Sociedade Italiana de Criminologia, em Gargnano del Garda, de 13 a 15 de maio de 1994, in *Rassegna Italiana di Criminologia*, n. 2, pp. 209 e ss. Propõem os Autores uma visão crítica do sistema de penas, em relação ao sistema penitenciário e à propagação da Aids quando afirmam que: "...allo stato attuale, l'uscita dal circuito penitenziario per concessione di misura alternativa (in senso lato), comporta una valutazione positiva del 'comportamento' tenuto *nel circuito penitenziario stesso e una perfetta ignoranza sul destino familiare, lavorativo, sociale, sanitario del detenuto*. A questo esito porta la considerazione che le misure alternative servono sopratutto al mantenimento omeostatico del sistema penitenziario, più che agli 'interessi'(in senso lato) del detenuto (come intende chi aderisce ad un eccessivo *favor rei* fondato sul solo principio della finalità rieducativa della pena o della 'società'" (grifos dos aa.).

14. G. Demanet, "Secret professionnel et collaboration entre juristes et thérapeutes dans les secteurs de la toxicomanie et des enfants victimes de mauvais traitements", in *Revue de Droit Penal et de Criminologie*, n. 4, pp. 327 e ss.

15. Judith Anne Jarvis (Ed.), "Comments – Aids and immigration: the United States attempts to deport a disease", in *The University of Miami Inter-American Law Review*, v. 20, n. 1, pp. 131 e ss.

16. Richard Parker (coord.), *Políticas, Instituições e Aids – Enfrentando a epidemia no Brasil*, Jorge Zahar Editor/ABIA, 1997.

17. Regina Maria Barbosa, e Tania di Giacomo Do Lago, "Aids e direitos reprodutivos: para além da transmissão vertical", in Richard

Parker (ob. cit., n. 16): "A instância da assistência médica em que se apresentam as DSTs entre as mulheres é fundamentalmente o ambulatório ginecológico, através das queixas de leucorréia, que constituem a morbosidade mais freqüente do leque de demandas destes laboratórios. Assim, as vaginites e cervicites têm sido raramente enfrentadas enquanto doenças de transmissão sexual pelos serviços de atenção à saúde da mulher. Na realidade, obter atendimento quando a queixa é 'apenas' de corrimento já é tarefa difícil, na medida em que as lotadas agendas dos serviços públicos obedecem a critérios de priorização de gravidade, onde os riscos de uma demora para o tratamento de uma 'leucorréia' tendem a ser minimizados. Além disso, quando o atendimento ocorre, estará freqüentemente restrito à prescrição de medicação para a mulher e o parceiro e à orientação de abstinência sexual durante o tratamento. Raramente este momento será aproveitado para esclarecer a mulher sobre as formas de transmissão desta infecção e da importância da adoção de práticas sexuais mais seguras que impeçam a reinfecção ou aquisição de outras DSTs. (...) Com relação à esterilização, amplamente utilizada no Brasil, uma questão complicada se coloca, já que essas mulheres, que por diversas razões optaram por retirar do seu cotidiano a preocupação de evitar filhos, teriam que usar formas ou métodos de prevenção das DSTs/Aids num contexto talvez mais desfavorável ainda. A esterilização cirúrgica é mais freqüente entre mulheres casadas e com níveis de escolaridade mais baixos, perfil que coincide com os grupos populacionais mais atingidos pela epidemia do HIV/Aids, o que fortalece a idéia de que as mulheres que se esterilizam – pela falta de uma política adequada de oferta de serviços na área da saúde reprodutiva e pela dificuldade em compartilhar com o parceiro a contracepção e a criação dos filhos – são as mesmas que se encontram em situação de maior vulnerabilidade ao HIV e, fundamentalmente, pelas mesmas razões" (pp. 168 e ss.). As mesmas Autoras constatam que: "Apesar de as mulheres freqüentarem mais os serviços de saúde, sintomas que são comuns à Aids e a outras doenças, tais como fadiga, perda de peso e de apetite, insônia e falta de ar, teriam entre as mulheres maior probabilidade de serem entendidos como fatores psicológicos, ligados a estados depressivos e, portanto, não investigados, talvez como conseqüência de uma relação dos serviços de saúde com o corpo feminino, onde este é percebido a partir da sua função reprodutiva, que passa a assumir prioridade sobre as demais, inclusive com desqualificação e desatenção frente a algumas queixas (Barbosa & Villela, 1996). Por outro lado, *a dissociação entre os atendimentos ginecológicos, obstétricos e das doenças infecciosas torna não só possível como bastante provável que um ginecologista diagnostique e trate uma infecção vaginal de repetição ou uma displasia cervical sem que a possibilidade de uma infecção pelo HIV seja pensada* (Rodrigues-Trias & Marte, 1995; NIH, 1996)" (p. 168 – g.n.).

18. R. Barbosa, e W. V. Villela, "A trajetória feminina da Aids", in R. G. Parker, e J. Galvão, in *Quebrando o silêncio: mulher e Aids no Brasil*, ed. ABIA/IMS-UERJ/Relume Dumará, Rio de Janeiro, 1996.

19. C. Rodrigues-Trias, & C. Marte, "Challenges and possibilities; Women, HIV, and Health Care System in the 1990", in Beth Schneider, & Nancy Stoller, *Women Resisting Aids*, Filadélfia, Temple University Press, 1995.

20. NIH – National Institutes of Health, *Women and HIV infection*, Bethesda (1996).

21. Aureliano Biancarelli (Jornalista da *Folha de S.Paulo*), reportagem publicada em 25.3.1998, Caderno 2, p. 3.

_________, "Doença em foco: as reportagens sobre Aids publicadas pela *Folha de S.Paulo*", *Revista USP* 33:136.

22. Editorial da *Folha de S.Paulo*, p. 2, 17.2.1998.

23. Roberto Mangabeira Unger, "Violência e Ternura", colaboração para *Folha de S.Paulo*, idem.

24. Fernando Rossetti (Jornalista da *Folha de S.Paulo*), matéria publicada em 21.4.1998, Caderno 6, p. 3.

25. Antonio Cláudio Mariz de Oliveira, entrevista concedida a André Lozano na mesma matéria e local acima citados. Como ex-secretário da Segurança Pública do Estado de São Paulo, afirma: "O Estado esgotou sua possibilidade de oferecer segurança. Por isso, a comunidade deveria assumir o papel de parceira do Estado e ajudar a combater essa violência. Por exemplo, pais de alunos poderiam se revezar em turnos, para vigiar escolas".

26. Alessandra Blanco, na condição de correspondente estrangeira do jornal *Folha de S.Paulo*, informa de Nova York as espantosas estatísticas aferidas pela ONU (Caderno *mundo*, p. 19).

27. *SER Médico*, Revista do Conselho Regional de Medicina do Estado de São Paulo, Ano I, Abr/Mai/Jun/98, n. 3, pp. 19 e ss.

28. Edson Stefanini; Caio Rosenthal, e Sergio Simon, Debate sobre "Paciente Terminal – Qual o limite da intervenção?" Destacamos do texto a renovada opinião do Prof. Caio Rosenthal: "Na minha experiência com os serviços de Aids em pacientes terminais nos hospitais públicos, percebo que existe ainda muita resistência entre os residentes, a geração mais nova, em apressar o desfecho. Na maioria das vezes eles investem obstinadamente, não raro por motivos até de ordem religiosa. Já encontrei pacientes terminais em Aids pedindo para a gente parar. E fiquei surpreso com a atitude de residentes que acham que é dever do médico ir até o fim. Mas vamos abordar outra questão: quando um paciente terminal que é patrocinado por um convênio médico está na UTI, as opiniões mudam dependendo de quem vai pagar a conta do hospital. Essa é a dura realidade". Na seqüência do Debate, cuja transcrição integral seria merecida, Stefanini acrescenta: "Você respeita o desejo do paciente. Muitas vezes o paciente não tem oportunidade de se manifestar. Não existe família impossível e sim mal administrada. Se há um médico assistente que conhece a família e as ansiedades do doente, que sabe o que o doente gostaria que fosse feito, ele conversa com a família com dados mais concretos. O grande problema é que os médicos têm dificuldade em discutir estes tema". Arrematando Simon: "As doenças longas e a morte sempre provocam crise na família. E nesse momento vêm à tona ansiedades e problemas familiares que não foram resolvidos durante a vida. Alguns não conversaram como queriam com a pessoa que está morrendo. O outro tem sentimento de culpa pelo que deixou de fazer e acha que em três ou quatro dias vai resolver. Estes conflitos são muito freqüentes. Tentamos mostrar a falta de fundamento de se investir em um tratamento pesado. É o sentimento de culpa que os leva a essa atitude".

29. Paulo Roberto Teixeira, "Políticas públicas em Aids", in Richard Parker, ob. cit., pp. 43 e ss.

4. Reprodução humana assistida

1. Roger Abdelmassih, e Nilson Donadio, Banco de Dados da *Folha de S.Paulo*, Caderno *mundo*, e *Libération* (30.6.1998).

2. Maurício Tuffani, "Ciência arma golpe final na esterilidade", *Folha de S.Paulo*, Caderno *mundo*, p. 16, em 24.7.1998.

3. Paolo Vercellone, "As Novas Famílias", in *Revista Jurisprudência Brasileira* 156:47.

4. Maria Helena Diniz, "Reflexões sobre a problemática das novas técnicas científicas de reprodução humana assistida e a questão da responsabilidade civil por dano moral ao embrião e ao nascituro", *Livro de Estudos Jurídicos*, n. 8, pp. 207-231.

5. Franscisco Vieira Lima Neto, *Responsabilidade Civil das Empresas de Engenharia Genética*, Editora de Direito, Leme, SP, 1997.

6. Luís Nassif, *Folha de S.Paulo*, Caderno *dinheiro* de 3.7.1998, p. 3.

7. Norberto Bobbio (cit. por Lima Neto, ob. cit.), *A era dos Direitos*, Rio de Janeiro, Ed. Campus, 1992, p. 216.

8. Antunes Varela, "A inseminação artificial e a filiação perante o Direito Português e o Direito Brasileiro", in *Revista de Direito Comparado Luso-Brasileiro* 15:1 a 35.

9. Franscisco Vieira Lima Neto (ob. cit., pp. 47 e 48). Citando Hottois, pensador belga, para o qual o termo bioética "não designa uma nova disciplina tecno-científica, nem uma nova ética universal, não limitando, também, à ética ou deontologia médica, pois, embora estas constituam capítulos essenciais e aspectos muito importantes da bioética, este termo inclui as grandes questões relativas à manipulação genética e biotecnologia e as referentes à preservação das espécies não humanas, cobrindo, portanto, um campo que vai da deontologia e da ética médica à ética ambiental (ecoética), centrada sobre a solidariedade antropocósmica e próxima da filosofia da natureza, atentas às dimensões evolucionistas".

10. New Scientist. Citação da Revista *Veja*, 22.7.1998, revela a concepção, com a coleta de sêmen, após a morte súbita do doador: "A operação, relativamente descomplicada, teve de ser realizada nos minutos seguintes ao óbito. O médico (Cappy Rothmann) removeu e espremeu os epidídimos (cápsulas nos testículos que armazenam os espermatozóides maduros) do doador. Em seguida, ele seguiu os passos rotineiros da fecundação *in vitro*. O esperma retirado foi submetido a congelamento, para preservação, e depois injetado em óvulos fora do útero da mulher. Um dos óvulos, fertilizado, voltou a seu lugar de origem, e uma vida começou a ser gerada da mesma forma que acontece desde o início dos tempos". Revela ainda a notícia que num levantamento em 273 clínicas de fertilidade, nos EUA e Canadá, 14 delas já haviam armazenado esperma extraído após a morte, com a detecção de dois casos de roubo de sêmen. Paulo Eduardo Olmos, especialista em reprodução humana adverte, porém, que: "A experiência mostra que muitas vezes o motivo real das pessoas que recorrem a esse tipo de procedimento é assegurar o patrimônio futuro da criança".

11. José de Oliveira Ascensão, "Problemas Jurídicos da Procriação Assistida", in *Revista Forense* 328:69.

12. Arnaldo Rizzardo, "Fecundação Artificial", in Revista *Ajuris* 52:62. Enfoca o Autor aspectos do contrato de gestação, que não pode ser enquadrado como contrato de locação de coisa, eis que "na espécie, locação de útero, (...) uma pessoa entrega para alguém – locatário – durante certo espaço de tempo, e mediante uma remuneração combinada, o uso e o gozo de um bem não fungível (...) a gestadora (...) converte-se em prestadora de serviços relativamente aos pais genéticos e ao futuro feto". Mais adiante, ao especificar as características do contrato previsto no art. 1.216 do CCivil, afirma que: "A remuneração não encontra parâmetros para sua fixação. Corresponde não propriamente ao pagamento de uma atividade da pessoa, mas, sim, de uma função do corpo" – consistindo este em ponto nevrálgico das discussões.

13. Pedro F. Silva-Ruiz, "El Derecho de Familia y la inseminación artificial *in vivo* e *in vitro*", in *Revista de Derecho Privado*, Madri, Espanha, 1987, pp. 323 e ss. O Autor, ao analisar a situação da receptora, questiona, com relação a eventual acordo ou contrato com os pais genéticos, o fato de que o corpo humano está fora do comércio dos homens, sendo, "además, contrario al orden público acordar la procreación de un hijo, en unión a la renuncia de las relaciones paterno-filiales cuando éste nazca para que otra persona le adopte".

14. Sérgio Abdalla Semião, *Os Direitos do Nascituro – Aspectos cíveis, criminais e do biodireito*, Ed. Del Rey, Belo Horizonte, 1998.

15. Affonso Renato Meira; Antonio Mauro Martins, e Marylu M. e Silva Cunha, "Comparação da opinião, sob o ponto de vista ético, entre médicos e bacharéis em Direito a respeito da fecundação artificial", in *Revista da Ordem dos Advogados do Brasil* 60:107 e ss., 1995.

16. Luiz Roldão de Freitas Gomes, "Questões Jurídicas em torno da Inseminação Artificial", in *RT* 678:268.

________"A ética, o legítimo e o legal", in *Revista Forense* 335:121. Manifesta o Autor concordância com o texto de antiga Recomendação n. 1.100, do Conselho da Europa que "desde o momento em que o espermatozóide fecunda o óvulo, aquela diminuta célula (ovo humano) já é uma pessoa e, portanto, deve ser intocável aos engenheiros genéticos e pesquisadores biogenéticos".

17. Álvaro Villaça Azevedo, "Ética, Direito e Reprodução Humana Assistida", in *Repertório IOB de Jurisprudência* 1:17-1996 – afirma opinião favorável "somente à inseminação homóloga".

18. Caio Mário da Silva Pereira, *Reconhecimento de Paternidade e seus efeitos*, Forense, 1977, pp. 129 e ss.

19. Eugenio Carlos Callioli, "Aspectos da Fecundação Artificial *in vitro*", in *Revista de Direito Civil* 44:71.

20. Eduardo de Oliveira Leite, "As procriações artificiais e a filiação – Limitações da verdade biológica", in Revista *Unimar* 12:31 e ss., Maringá, PR, 1992.

21. José Antonio de Paula Santos Neto, *Do Pátrio Poder*, Ed. RT, 1994. Ao evidenciar a poder parental, já nos idos de 1994, em 106 conclusões, não aborda o Autor questões sobre o relacionamento do nascituro com o poder parental oriundo de inseminação artificial.

22. Euclides de Oliveira, "Indenização ao Nascituro", Edição do *Jubileu de Prata do 2º Tribunal de Alçada Civil do Estado de São Paulo*, Ed. Oliveira Mendes, pp. 215 e ss. Afirma o Autor que: "De qualquer forma, seja considerado como 'pessoa' desde a concepção, ou como *spes homini*, pessoa em formação, o certo é que o nascituro tem assegurados todos os direitos fundamentais da personalidade, na sua mais larga acepção".

23. Silmara Almeida, e J. A. Chinelato, "Direitos da Personalidade do Nascituro", in *Revista do Advogado*/AASP, São Paulo, 38:21. Menciona a Autora a proteção dispensada pela legislação alemã, dos anos 90, inclusive ao pré-embrião, "assim denominado o embrião ainda não implantado, isto é, enquanto *in vitro* ou *crioconservado*. O pré-embrião ou pré-nascituro – segundo terminologia por nós proposta – é uma pessoa *in fieri*, pois já dotado de carga genética própria, plenamente diferenciada quanto à do doador do sêmen e do óvulo".

24. Douglas Gabriel Domingues, "Problemas éticos e jurídicos das pesquisas biotecnológicas", in *Revista Forense* 323:377. Produz o Autor breve apanhado das diversas posições da ética religiosa, compilando três casos, extraídos da literatura internacional. O primeiro é o da patente de células malignas, portadoras de anticorpo único, por John Moore (Califórnia). O segundo narra a custódia de 'filhos pré-nascidos', de óvulos fertilizados, tendo magistrado americano, do Estado do Tennessee, considerado que 'embriões são pessoas' e não propriedade pessoal "e devem acompanhar a mãe porque a vida humana se inicia na concepção. As questões finais de custódia e direito de visita deveriam ser decididas posteriormente, se o nascimento ocorresse". Curiosamente, para católicos e budistas "o embrião é pessoa a partir da concepção, para os hebreus somente se torna pessoa aos 40 dias e para os muçulmanos a transformação ocorre aos 121 dias". O terceiro caso refere-se à patente de animal superior, rato de laboratório, propenso a desenvolver o câncer, "criado pela engenharia genética" para utilização nas pesquisas da moléstia. Pretendia a Du Pont, ao invés de vender as crias, conceder uma licença de uso, uma espécie de *leasing* de ser vivo. Em 23.7.1998, o jornal *Folha de*

S.Paulo (Caderno *mundo*, p. 16), com base em notícia da revista *Nature*, elaborada pela agência Reuters, confirmou a clonagem de 50 ratos, a partir de células de animais adultos, inclusive alguns já clonados, ou seja, clones de clones, batizado de *técnica de Honolulu*: "A técnica de Honolulu empregou cerca de 800 embriões para conseguir 17 ratos clonados, uma eficiência de cerca de 2%". Contudo, a eficácia do método – por exemplo, em relação ao da clonagem da ovelha Dolly – somente poderá ser aferida se aplicados, ambos, numa mesma espécie da animal.

25. Marcelo Starobinas, reportagem na *Folha de S.Paulo*, de 3.7.1998, Caderno *mundo*, p. 15, e, mesmo periódico, em 13.6.1998.

26. Göran Ewerlöf, "A inseminação artificial – Debates e legislação" (tradução de Walter Cruz Swensson), in *Revista de Direito Civil* 41:7. O Autor, ao analisar a legislação sueca sobre o tema, pressupõe que: "O objetivo deve ser que não se considere como algo 'negativo' o fato de haver sido gerado por inseminação, senão que possa ser completamente comparável com, p. ex., a qualidade de filho adotivo".

27. Pascal Kasimba, e Karen Dawson, "Can fetal tissue transplantation be done legally?", in *The Sydney Law Review*, v. 12, n. 2/3, 1990, pp. 362 e ss. Os Autores transcrevem medidas adotadas pela Sociedade Médica Sueca: "Tissue can be taken from a dead fetus; The Transplants Act should be observed and the consent of the mother should be obtained; Persons using the fetal tissue should not have any influence in the choice of an abortation technique and there should be no connection between the donor and recipient; Tissue from the nervous system should be isolated and fragmented but in other cases parts or whole organs can be transplanted; and each project relating to fetal tissue transplants should be assessed by an ethics committee".

28. Rubens Limongi França, "Esboço preliminar a um projeto de lei sobre a tutela do embrião humano com vistas a uma lei uniforme para a comunidade Européia e para a comunidade Latino-americana a partir da MERCOSUL", in *Revista de Direito Civil* 58:296.

29. José Celso de Camargo Sampaio, "A inseminação artificial no Direito de Família", in *RT* 670:14.

30. Carlos María Romeo-Casabona, "Genética y Derecho Penal: los delitos de lesiones al feto y relativos a las manipulaciones genéticas", in *Revista Brasileira de Ciências Criminais* 16:23.

31. Volnei Garrafa, "Bioética: os limites da manipulação da vida", in *Revista Brasileira de Ciências Criminais* 17:167. Posiciona-se o

Autor a favor da ciência e contra mentalidades autoritárias: "A força da ciência e da técnica está em apresentar-se como uma lógica utópica de liberação, que pode prometer para o futuro inclusive a imortalidade. Tudo isso deveria, pois, desaconselhar as tentativas de impor uma ética autoritária, alheia ao progresso técnico-científico. Deveria, além disso, induzir-nos a evitar formulações de regras jurídicas estabelecidas sobre proibições. É preferível que os vínculos e os limites das leis sejam declinados positivamente e que seja estimulada uma moral autógena, não imposta mas inerente. Em outras palavras, é necessário que entre sujeitos ético-jurídicos não seja desprezada a contribuição daqueles que vivem a dinâmica própria da ciência e da técnica, sem chegar todavia a delegar somente a estes, decisões que dizem respeito a todos".

5. Guarda conjunta

1. Carlos Roberto Gonçalves, *Direito de Família*, 2ª ed., Saraiva, 1998, p. 124.

2. Gustavo A. Bossert, e Eduardo A. Zannoni, *Manual de Derecho de Familia*, Editorial Astrea, Buenos Aires, 1996.

3. Edoardo Giusti, *A arte de separar-se*, Nova Fronteira, 2ª ed., 1987, p. 179.

4. Dilermando Cigagna Junior, "Os Alimentos no novo Código Civil", in *Revista da Escola Paulista da Magistratura*, 1998, ano 2, n. 4, p. 53.

5. Ruy Rosado de Aguiar, relator do RE 148.897-MG (Reg. 97661245), 4ª T., j. 10.2.1998, *DJU* de 6.4.1998.

6. Segismundo Gontijo, "A Família em mutação", *COAD, Seleções Jurídicas*, OAB, pp. 37 e ss., 1995.

7. Eduardo de Oliveira Leite, *Famílias monoparentais*, Ed. RT, 1997.

8. F. Dekeuwer-Défossez, e F. Vauville, "Droits de l'homme et droits de l'enfant", in *Recueil Dalloz-Sirey*, 1988, cit. por Oliveira Leite, ob. cit.

9. Caetano Lagrasta Neto, "Direito de Família: Solidão e Limbo", in *RT* 660:53.

10. H. J. Golberg, e M. Graham, "Joint Custody of Children Following Divorce, citados por Oliveira Leite, ob. cit.

11. Eliane Michelini Marraccini, e Maria Antonieta Pisano

Motta, "Guarda dos filhos: algumas diretrizes psicanalíticas", in *RT* 716:346 e ss.

12. Jérôme Bonnard, "La garde du mineur et son sentiment personnel", in *Revue trim. dr. civ.*, n. 90, 1991.

13. Caetano Lagrasta Neto, "Guarda de Filhos e Regime de Visitas", Palestra proferida na Associação dos Advogados de São Paulo, em 25.6.1992.

14. Priscila M. P. Corrêa da Fonseca, "Modificação da Guarda de Filhos", in *Revista do Advogado* 25, Maio de 1998, p. 76.

15. Revista *Veja*, 19.8.1998, pp. 84 e ss. Ed. Abril.

16. Antonio Negri, "O Papa militante", *Folha de S.Paulo*, Caderno *mais!* 5:3, 5.4.1998.

OBRAS CONSULTADAS

AMORIM, Sebastião Luiz, e OLIVEIRA, Euclides de. *Separação e Divórcio.* 4ª ed., LEUD, São Paulo, 1997.

ANCEL, Marc. *A nova defesa social.* Forense, Rio de Janeiro, 1979.

ARANTES, Rogério Bastos. *Judiciário e Política no Brasil.* EDUC/ FAPESP/ IDESP, São Paulo, 1997.

ARLACHI, Pino. *La mafia imprenditrice.* Ed. Il Mulino, Bologna, 1994.

AUERBACH, Erich. *Mimesis.* 3ª ed., Editora Perspectiva, São Paulo, 1994.

AYALA, Giuseppe (con Felice Cavallaro). *La guerra dei giusti.* Arnoldo Mondadori Editore, Milão, 1993.

AZEVEDO, Álvaro Villaça. "*União Estável*". *Revista do Advogado.* Associação dos Advogados de São Paulo, n. 58, Março de 2000.

AZEVEDO, Noé. *As garantias da liberdade individual em face das novas tendências penaes.* Empreza Graphica da Revista dos Tribunaes, 1936 (dissertação de livre-docência).

AZEVEDO, Plauto Faraco. *Aplicação do Direito e contexto social.* 2ª ed., Ed. RT, São Paulo, 1996.

BARTHES, Roland. *Fragmentos de um discurso amoroso.* 8ª ed., Ed. Francisco Alves, Rio de Janeiro, 1998.

BERIZONCE, Roberto O. *Efectivo acceso a la justicia.* Libreria Editora Platense, La Plata, Argentina, 1987.

BERIZONCE, Roberto O.; HITTERS, Juan; MORELLO, Augusto M., e NOGUEIRA, Carlos A. *La justicia entre dos epocas.* Libreria Editora Platense, La Plata, Argentina, 1983.

BITTENCOURT, Edgard de Moura. *Alimentos.* Ed. LEUD, São Paulo, 1976.

__________. *Guarda de Filhos.* Ed. LEUD, São Paulo, 1977.

__________. *O concubinato.* Ed. LEUD, São Paulo, 1975.

__________. *O Juiz.* Ed. Jurídica Universitária, São Paulo, 1966.

BOBBIO, Norberto. *Teoria do ordenamento jurídico.* Ed. Universidade de Brasília e Editora Polis, 1991.

__________, e BOVERO, Michelangelo. *Sociedade e Estado na Filosofia Política Moderna.* 1ª reimpressão, Ed. Brasiliense, São Paulo, 1996.

__________; MATTEUCCI, Nicola e PASQUINO, Gianfranco. *Dicionário de Política.* Ed. Universidade de Brasília, 2ª ed., 1986.

BOLZANI, Atillio, e LODATO, Saverio. *C'era una volta la lotta alla mafia.* Garzanti Editore, Milão, 1998.

BOVERO, Michelangelo, e BOBBIO, Norberto. *Sociedade e Estado na Filosofia Política Moderna.* 1ª reimpressão, Ed. Brasiliense, São Paulo, 1996.

CAHALI, Yussef Said. *Alimentos.* 2ª ed., 2ª tir., Ed. RT, São Paulo, 1994.

__________. *Divórcio* e *Separação.* 9ª ed., Ed. RT, São Paulo, 1999.

CAPELLA, Juan Ramón. *El aprendizaje del aprendizaje.* Editorial Trotta, Madri, 1995.

CAPPELLETTI, Mauro, e GATH, Bryant. *Access to Justice.* Giuffrè-Sijthoff, Milão, 1978.

__________. *Giudici Legislatori?* Giuffrè Editore, Milão, 1984.

__________. *Proçeso, Ideologias, Sociedad.* Ed. Juridicas Europa-America, Buenos Aires, 1974.

CAVAGLIERI, Guido, e FLORIAN, Eugenio. *I vagabondi.* Fratelli Bocca Editore, Torino, 1897.

CHOMSKI, Noam. *Os caminhos do poder.* Artmed, Porto Alegre, 1998.

CINTRA, Antonio Carlos de Araújo; GRINOVER, Ada Pellegrini e DINAMARCO, Cândido Rangel. *Teoria Geral do Processo.* 16ª ed., Malheiros Editores, São Paulo, 2000.

CIRILLO, Giampiero Paolo, e SORRENTINO, Federico. *La responsabilitá del giudice.* Jovene Editore, 1988.

DENTI, Vittorio. *Processo Civile e giustizia sociale.* Edizioni di Comunitá, Milão, 1971.

DE MASI, Domenico. Programa *Roda Viva,* TV 2 Cultura. São Paulo, em 4.1.1999.

__________. *A Emoção e Regra.* 5ª ed., Editora UnB e José Olympio Editora, Rio de Janeiro, 1999.

DI ARGENTINE, Adolfo Beria. *Giustizia anni dificili.* Rosconi, Milão, 1985.

DI RUFFÍA, Paolo Biscaretti. *1988-1990; Un trienio di profonde trasformazioni costituzionale.* Giuffrè, Milão, 1991.

__________. *Diritto costituzionale.* 4ª ed., Casa Editrice Dott. Eugenio Jovene, Nápoles, 1956.

DINAMARCO, Cândido Rangel. *A instrumentalidade do Processo.* 8ª ed., Malheiros Editores, São Paulo, 2000.

__________. *A reforma do processo civil.* Malheiros Editores, São Paulo, 1995.

__________. *Fundamentos do Processo Civil Moderno.* 2ª ed., Malheiros Editores, São Paulo, 2000.

__________; CINTRA, Antonio Carlos de Araújo; e GRINOVER, Ada Pellegrini. *Teoria Geral do Processo.* 16ª ed., Malheiros Editores, São Paulo, 2000.

DINIZ, Maria Helena. *Curso de Direito Civil Brasileiro.* v. V, 10ª ed., Saraiva, São Paulo, 1998.

DÖHRING, Erich. *La Prueba, su practica y apreciación.* Ediciones Juridicas Europa-America, Buenos Aires, 1972.

FACHIM, Luiz Edson. *Elementos Críticos do Direito de Família.* Ed. Renovar, Rio de Janeiro, 1999.

FALCONE, Giovanni. *Cose di Cosa Nostra.* 3ª ed., Rizzoli Libri, Milão, 1993.

FARIA, José Eduardo. *As reformas do Ensino Jurídico.* Sérgio Fabris Editor, Porto Alegre, 1987.

FAVA, Giuseppe. *A Mafia.* Edições 70, Lisboa, 1990.

FERRO, Marc. *História das Colonizações.* Ed. Companhia das Letras, São Paulo, 1996.

FLORENTINO, Manolo, e GÓES, José Roberto. *A paz das senzalas.* Ed. Civilização Brasileira, Rio de Janeiro, 1997.

FLORIAN, Eugenio, e CAVAGLIERI, Guido. *I vagabondi.* Fratelli Bocca Editore, Torino, 1897.

FOUCAULT, Michel. *Surveiller et punir.* NRF-Ed. Gallimard, Paris, 1975.

FRANCK. *Philosophie du droit penale.* Germer Baillière, Libraire-Editeur, 1864.

FREITAS, Teixeira de. *Vocabulário Jurídico.* Ed. Saraiva, São Paulo, 1983.

GATH, Bryant, e CAPPELLETTI, Mauro. *Access to Justice.* Giuffrè-Sijthoff, Milão, 1978.

GERBI, Antonello. *O mundo novo.* Ed. Companhia das Letras, São Paulo, 1996.

GÓES, José Roberto, e FLORENTINO, Manolo. *A paz das senzalas.* Ed. Civilização Brasileira, Rio de Janeiro, 1997.

GOMES, Orlando. *Direito de Família.* 10ª ed., Forense, Rio de Janeiro, 1998.

GORPHE, François. *L'appréciation des preuves en Justice.* Librairie du Recueil Sirey, Paris, 1947.

__________. *Las Resoluciones Judiciales*. Ediciones Jurídicas Europa-America. Buenos Aires, 1953.

GRAMSCI, Antonio. *Cartas do Cárcere*. Ed. Civilização Brasileira, Rio de Janeiro, 1966.

__________. *Os Intelectuais e a Organização da Cultura*. Ed. Civilização Brasileira, Rio de Janeiro, 1968.

GRINOVER, Ada Pellegrini. *Novas tendências do Direito Processual*. Forense Universitária, Rio de Janeiro, 1990.

__________; CINTRA, Antonio Carlos de Araújo, e DINAMARCO, Cândido Rangel. *Teoria Geral do Processo*. 16ª ed., Malheiros Editores, São Paulo, 2000.

HALL, Jerome. *Delito, Derecho y Sociedad*. Ed. Depalma, Buenos Aires, 1974.

HAUSER, Arnold. *Historia Social de la literatura y del arte*. Ediciones Guadarrama, Madri, 1969.

HELLER, Agnes. *Além da Justiça*. Ed. Civilização Brasileira, Rio de Janeiro, 1990.

HITTERS, Juan; MORELLO, Augusto M.; BERIZONCE, Roberto O., e NOGUEIRA, Carlos A. *La justicia entre dos epocas*. Libreria Editora Platense, La Plata, Argentina, 1983.

HOFMANN, E. *Nouveux Eléments de Médicine Légale*. Librairie J. B. Baillère et fils, 1881.

JACK, Young; TAYLOR, Jan, e WALTON, Paul. *Criminologia Crítica*. Ed. Graal, 1980.

JHERING, Rudolf von. *A luta pelo direito*. José Bushatsky Editor, São Paulo, 1978.

LANGELÜDDEKE, Albrecht. *Psiquiatría Forense*. Espasa-Calpe S.A., Madrid, 1972.

LUPO, Salvatore. *Storia della mafia*. Donzelli Editore, Roma, 1996.

MAGNOLI, Demétrio. *O corpo da pátria*. Editora UNESP e Editora Moderna, São Paulo, 1997.

MARTÍNEZ, Soares. *Filosofia do Direito*. 2ª ed., Livraria Almedina, Coimbra, 1995.

MARTÍNEZ, Stella Maris. "Manipulação genética e Direito Penal". *IBCCrim*. n. 6, 1998.

MASCHKA, G. *et alii*. *Trattato di Medicina Legale*. Presso Nicola Jovene & Cº Librai-Editori, Nápoles, 1893.

MATTEUCCI, Nicola; BOBBIO, Norberto, e PASQUINO, Gianfranco. *Dicionário de Política.* 2ª ed., Ed. UnB, 1986.

MAXIMILIANO, Carlos. *Hermenêutica e aplicação do Direito.* 14ª ed., Forense, Rio de Janeiro, 1994.

MAYER, Hans. *Os marginalizados.* Editora Guanabara, Rio de Janeiro, 1989.

MELLUSI, Vincenzo. *Del amor al delito.* J. Góngora, Impressor, Madri, 1914.

MENGHI, Angelo. *Nuovo Dizionario di terminogia giuridica.* 5ª ed., Edizioni Libreria Cortina, Milão, 1983.

MERNISSI, Fátima. *Sonhos de transgressão.* Companhia das Letras, São Paulo, 1996.

MINELA, Walter (org.). *Giudici e Malaffare.* Ediesse, Rivista Ulisse, Roma, 1994.

MINGARDI, Guaracy. *O Estado e o crime organizado.* IBCCrim. n. 5, 1998.

MONTEIRO, Washington de Barros. *Curso de Direito Civil.* v. 2, 28ª ed., Saraiva, São Paulo, 1990.

MORAES, Alexandre de. *Direito Constitucional.* Ed. Atlas, São Paulo, 1997.

MOREIRA, José Carlos Barbosa. *O Novo Processo Civil Brasileiro.* 18ª ed., Forense, Rio de Janeiro, 1996.

MORELLO, Augusto M.; BERIZONCE, Roberto O.; HITTERS, Juan, e NOGUEIRA, Carlos A. *La justicia entre dos epocas.* Libreria Editora Platense, La Plata, Argentina, 1983.

NALINI, José Renato. *O futuro das profissões jurídicas.* Ed. Oliveira Mendes, São Paulo, 1998.

NOGUEIRA, Carlos A.; MORELLO, Augusto M.; BERIZONCE, Roberto O., e HITTERS, Juan. *La justicia entre dos epocas.* Libreria Editora Platense, La Plata, Argentina, 1983.

OLIVEIRA, Euclides de, e AMORIM, Sebastião Luiz. *Separação e Divórcio.* 4ª ed., LEUD, São Paulo, 1997.

PASQUINO, Gianfranco; BOBBIO, Norberto, e MATTEUCCI, Nicola. *Dicionário de Política.* Ed. Universidade de Brasília, 2ª ed., 1986.

PEREIRA, Caio Mário da Silva. *Instituições de Direito Civil.* v. V, 2ª ed., Forense, Rio de Janeiro, 1993.

PIMENTEL, Manoel Pedro. *Direito Penal Econômico.* Ed. RT, São Paulo, 1973.

RADBRUCH, Gustav. *Filosofia del Derecho*. 4ª ed., Editorial Revista de Derecho Privado, Madri, 1959.

RICE, Edward. *Sir Richard Francis Burton*. Companhia das Letras, São Paulo, 1991.

ROBERT, Henry. *O advogado*. Ed. Martins Fontes, São Paulo, 1997.

RODRIGUES, Silvio. *Direito Civil*. v. VII, 13ª ed., Saraiva, São Paulo, 1993.

SADEK, Maria Tereza. *Uma introdução ao estudo da Justiça*. IDESP/Ed. Sumaré, São Paulo, 1995.

___________. *O Judiciário em debate*. IDESP/Ed. Sumaré, São Paulo, 1995.

SALEM, Salwa. *Cabelos ao vento*. Ed. Bestseller, São Paulo, 1993.

SALVEMINI, Gaetano. *Scritti sul fascismo*. v. VI, t. II, Giacomo Feltrinelli Editore, Milão, 1966.

SANTOS, Regina Beatriz T. da Silva Papa dos. *Dever de Assistência Imaterial entre cônjuges*. Forense Universitária, Rio de Janeiro, 1990.

SPAGNOLO, Giuseppe. *L'associazione de tipo mafioso*. 5ª ed., Cedam. Pádua, 1997.

SASSON, Jean P. *Princesa*. 14ª ed., Ed. Best Seller, São Paulo, 1992.

SAUTET, Marc. *Um café para Sócrates*. José Olympio Editora, Rio de Janeiro, 1997.

SILVA, José Afonso da. *Curso de Direito Constitucional Positivo*. 18ª ed., Malheiros Editores, São Paulo, 2000.

SILVA, Juary C. *A macrocriminalidade*. Ed. RT, São Paulo, 1980.

SILVEIRA, Alípio. *Hermenêutica no Direito Brasileiro*. Ed. RT, São Paulo, 1968.

SODRÉ, Ruy de Azevedo. *Ética Profissional e Estatuto do Advogado*. Edições LTr, São Paulo, 1975.

SORRENTINO, Federico, e CIRILLO, Giampiero Paolo. *La responsabilitá del giudice*. Jovene Editore, 1988.

TAYLOR, Jan; WALTON, Paul, e JACK, Young. *Criminologia Crítica*. Ed. Graal, Rio de Janeiro, 1980.

TEIXEIRA, Sálvio de Figueiredo (coord.). *As Garantias do Cidadão na Justiça*. Ed. Saraiva, São Paulo, 1993.

TESORO, Sergio. *La Psicologia della Testimonianza*. Fratelli Bocca Editori, Torino, 1929.

THEODORO JÚNIOR, Humberto. *Curso de Direito Processual Civil*. Ed. Forense, Rio de Janeiro, 1996.

VIDIGAL, Maurício. *Citações e Intimações.* Ed. Oliveira Mendes (São Paulo) e Livraria Del Rey Editora (Belo Horizonte), 1998.

VIGORITI, Vincenzo. *La responsabilità del giudice.* Ed. Il Mulino, 1984.

VILANOVA, Lourival. *As estruturas lógicas e o sistema do direito positivo.* Ed. RT, São Paulo, 1997.

WALTON, Paul; TAYLOR, Jan, e JACK, Young. *Criminologia Crítica.* Ed. Graal, Rio de Janeiro, 1980.

WATANABE, Kazuo (coord.). *Juizados de Pequenas Causas.* Ed. RT, São Paulo, 1985.

__________. *Controle Jurisdicional e Mandado de Segurança contra Atos Judiciais.* Ed. RT, São Paulo, 1980.

__________. *Da cognição no processo civil.* Ed. RT, São Paulo, 1987.

ZANOLA, Silvio. *La defensa de los derechos humanos en America Latina.* Unesco, 1963.

VIII Conferência Mundial de Lei Processual. *Justice and Efficiency – General Reports and Discussions.* Ed. W. Wedekind-Klever Law and Taxation Publishers, Deventer. Antuérpia-Boston, 1989.

Comentários ao Código de Processo Civil. Diversos Autores. Ed. Forense, Rio de Janeiro, 1975.

Comentários ao Código de Processo Civil. Diversos Autores, Ed. RT, São Paulo, 1974.

Le Nouvel Observateur. Edição especial: *Café Philo – As grandes indagações da filosofia.* Jorge Zahar Editor, Rio de Janeiro, 1999.

Revista da Associação dos Magistrados Brasileiros. "*Cidadania e Justiça*". Ano 2, n. 4, 1º semestre de 1998.

ABREVIATURAS

AI – Agravo de Instrumento
Ap. Civ. – Apelação Cível
AJURIS – Revista da Associação dos Juízes do Rio Grande do Sul
AMB – Associação dos Magistrados Brasileiros
APAMAGIS – Associação Paulista dos Magistrados
AASP – Associação dos Advogados de São Paulo
C. – Câmara
DJ – Diário da Justiça (seguido da sigla dos Estados)
DJU – Diário da Justiça da União
EI – Embargos Infringentes
HC – *Habeas Corpus*
IBCCrim – Instituto Brasileiro de Ciências Criminais
JTJ – Julgados do Tribunal de Justiça
JSTJ – Julgados do Superior Tribunal de Justiça
JTA – Julgados dos Tribunais de Alçada Civil do Estado de São Paulo
JC – Jurisprudência Catarinense
JM – Jurisprudência Mineira
m.v. – maioria de votos
RE – Recurso Extraordinário
REsp – Recurso Especial
RJSTJ – Revista de Jurisprudência do STJ
RJTJE – Revista de Jurisprudência do Tribunal de Justiça (seguido da sigla dos Estados)
RT – Revista dos Tribunais
RTJ – Revista Trimestral de Jurisprudência
SER Médico – Revista do Conselho Regional de Medicina de São Paulo
STF – Supremo Tribunal Federal
STJ – Superior Tribunal de Justiça
TJ – Tribunal de Justiça (seguido da sigla dos Estados)
TRF – Tribunal Regional Federal
v.u. – votação unânime

LEGISLAÇÃO REFERIDA

Constituição Federal: arts. 4º; 5º; 37, § 6º; 62; 196; 226, §§ 3º, 4º e 5º; 227, § 6º.

Constituição Federal de 1969: art. 153, § 4º.

Código Civil: arts. 147, II; 159; 178, § 3º; 178, § 4º, I; 183, IX; 199; 200, § 1º; 201; 214, parágrafo único; 218; 219, II e III; 219, I e III; 219, I e III; 221; 223; 242; 319 (revogado); 319 e parágrafo (revogado); 337; 338, II; 340; 344; 346; 348; 357; 359; 363; 366; 380 e parágrafo; 399; 402; 627; 1.216; 1.363; 1.432; 1.434; 1.443; 1.444; 1.460; 1.521; 1.611; 1.676; 1.731; 1.796.

Código Civil Francês: art. 287.

Código Penal: art. 121, § 4º.

Código de Processo Civil: arts. 77, III; 100, I; 128; 130; 131; 145; 220; 267, I, e §3º; 267, IV; 273, § 2º; 289; 292, § 1º; 301, § 3º; 331, I e II; 333; 350; 403, 2ª parte; 421, § 1º; 440; 441; 442; 443; 458, II; 469, III; 485, VII; 520, II; 588, II; 733; 808, parágrafo único; 1.122, § 1º.

Convenção Internacional dos Direitos da Criança: art. 12

Decreto n. 1.752, de 25 de dezembro de 1995.

Lei n. 8.069, de 13 de julho de 1990 (Estatuto da Criança e do Adolescente): arts. 21; 27.

Lei de Introdução ao Código Civil (Decreto-lei n. 4.657, de 4 de setembro de 1942): arts. 2º, § 1º; 5º.

Lei n. 5.478, de 25 de julho de 1968 (Lei de Alimentos): arts. 2º, *caput* e § 3º; 4º; 13, § 2º.

Lei n. 6.515, de 26 de dezembro de 1977 (Lei do Divórcio): arts. 5º, § 1º; 5º, § 2º; 6º; 8º; 13; 20; 25; 28; 34, § 2º.

Lei Federal n. 883, de 21 de outubro de 1949: arts. 1º; 2º; 4º; 5º.

Lei Federal n. 7.649, de 25 de janeiro de 1988.

Lei Federal n. 8.489, de 18 de novembro de 1992.

Lei Federal n. 8.560, de 29 de dezembro de 1992: art. 7º.

Lei Federal n. 8.974, de 5 de janeiro de 1995.

Lei Federal n. 9.307, de 23 de setembro de 1996: art. 18.

Lei Federal n. 9.434, de 4 de fevereiro de 1997: art. 4º.

Lei Estadual n. 5.190, de 20 de junho de 1986.

Lei Estadual n. 9.934, de 16 de abril de 1998.

Lei Estadual n. 10.241, de 17 de março de 1999.

Medida Provisória n. 1.718, de 6 de outubro de 1998 (atual Medida Provisória 1.959-24, de 26.7.2000).

Recomendação do Conselho da Europa: n. 1.100.

Resoluções do Conselho Federal de Medicina do Brasil: ns. 1.358/92; 1.401/93.

Súmulas do STF: 291; 281; 380.

Súmulas do STJ: 5; 7.

ÍNDICE ONOMÁSTICO

ÍNDICE ALFABÉTICO REMISSIVO

D

J

S

* * *